EL CONDE LUCANOR
O
LIBRO DE LOS ENXIEMPLOS
DEL
CONDE LUCANOR ET DE PATRONIO

clásicos ✕ *castalia*

COLECCIÓN DIRIGIDA POR
DON ANTONIO RODRÍGUEZ-MOÑINO

Colaboradores de los primeros volúmenes

René Andioc. Eugenio Asensio. Juan B. Avalle-Arce. Francisco Ayala. M.ª Lourdes Belchior Pontes. Hannah E. Bergman. Bernardo Blanco González. José Manuel Blecua. Pablo Cabañas. José Luis Cano. Soledad Carrasco. José Caso González. Diego Catalán. Biruté Ciplijauskaité. Evaristo Correa Calderón. Maxime Chevalier. Bruno Damiani. Cyrus C. DeCoster. Albert Dérozier. John C. Dowling. Manuel Durán. José Durand. Rafael Ferreres. E. Inman Fox. José Fradejas Lebrero. Yves-René Fonquerne. Nigel Glendinning. Joaquín González-Muela. Robert Jammes. Ernesto Jareño. R. O. Jones. David Kossoff. Fernando Lázaro Carreter. Juan M. Lope Blanch. Francisco López Estrada. Joaquín Marco. Robert Marrast. D. W. McPheeters. Guy Mercadier. Edwin S. Morby. Marcos A. Morínigo. Luis Murillo. Robert E. Osborne. Joseph Pérez. Rafael Pérez de la Dehesa. Edwin B. Place. J. H. R. Polt. Francisco Rico. Elias L. Rivers. Juan Manuel Rozas. Alberto Sánchez. Russell P. Sebold. Alan S. Trueblood. Francisco Ynduráin.

DON JUAN MANUEL

EL CONDE LUCANOR

O

LIBRO DE LOS ENXIEMPLOS DEL
CONDE LUCANOR ET DE PATRONIO

Edición,
introducción y notas
de
JOSÉ MANUEL BLECUA

clásicos castalia

Madrid

SUMARIO

A Rafael Lapesa, maestro y amigo, en recuerdo de algunas mañanas de hace muchos años.

INTRODUCCIÓN
BIOGRÁFICA Y CRÍTICA

Vida de Don Juan Manuel

Sı del Arcipreste de Hita no sabemos nada que pueda probarse con un documento, de don Juan Manuel sabemos que descendía de malos "dormidores"; que uno de sus juglares se llamaba Arias Paes; que Jaime II le pide ayuda para luchar contra las grullas de Játiva, en 9 de noviembre de 1304, por haber enviado sus halcones al rey de "Castella porque caçe con ellos"; que fue amamantado por su propia madre, pero que cierta vez que ella estuvo enferma, diole de mamar una dama noble y no villana... Él mismo nos dirá que nació "en Escalona, martes, cinco días de mayo" de 1282 y que era hijo de don Manuel, hermano de Alfonso X el Sabio, y de doña Beatriz de Saboya. [1] Murió su padre en 1284 y su madre en 1290, y por cierta inscripción de un epitafio de la Trinidad, de Toledo, [2] sabemos que en 1289 murió Martín Fernández Pantoja, "ayo de don Juan, fijo del infante don Manuel". En el *Libro de los estados* y en el *Libro infinido* insistirá sobre los peligros que acechan al niño y al mancebo si los ayos y educadores les consienten hacer todo lo

---

[1] *Libro de las armas*, en *Obras de don Juan Manuel*, edic. de J. M.ª Castro y Calvo y M. de Riquer, I (Barcelona, 1955), p. 86. Los datos siguientes proceden de la obra de mi maestro A. Giménez Soler, *Don Juan Manuel, biografía y estudio crítico*, Zaragoza, 1932.

[2] Según una nota de F. J. Sánchez Cantón en su prólogo al *Conde Lucanor* (Madrid, 1920), p. 14.

que quieran. Pero a los doce años le envió el rey "a tener frontera con los moros" en el reino de Murcia, y sus hombres vencieron a Iahazan Abenbucar Abenzayen, que traía cerca de mil caballeros, aunque al jovencito don Juan Manuel le dejaron en Murcia, "ca non se atrevieron me meter en tan grant peligro porque era tan moço", según diría años más tarde. [3]

Si es cierto lo que cuenta en el *Libro de las armas*, en septiembre de ese mismo año recibió en Peñafiel a su primo Sancho el Bravo, ya muy enfermo, y poco más tarde acudió a Madrid, donde tuvo lugar la célebre conversación antes de morir, que relatará en el citado libro. Don Juan Manuel se vio envuelto en las luchas dinásticas derivadas de la muerte de don Alfonso de la Cerda, puesto que el rey de Aragón, Alfonso III, sucesor de Pedro el Ceremonioso, reconoció como rey de Castilla al hijo mayor de Alfonso de la Cerda, el cual le dio por su protección el reino de Murcia, cuyo adelantado era nuestro escritor y donde poseía Elche y su término. Como Jaime II, después de la toma de Tarifa, reconociese también los derechos de Alfonso de la Cerda, puede imaginarse que don Juan Manuel estuviese muy preocupado por la cuestión dinástica, ya que, además, su padre y él fueron siempre partidarios de don Sancho. Por eso, cuando Jaime II alegó sus derechos sobre Murcia, don Juan perdió Elche, por lo que exigió a doña María de Molina que le entregase Alarcón a cambio.

En 1299 casó con la infanta de Mallorca doña Isabel, que murió en 1301. En mayo de 1303 se entrevistó con don Jaime para ver de resolver el problema de Elche, que tanto le interesaba, y de paso hablarle de la política de Castilla y no en favor de doña María de Molina y de su hijo, precisamente. Deseoso de estar a bien con el rey de Aragón, y de engrandecerse, le pidió por esposa a su hija Constanza, niña de pocos años, a lo que accedió Jaime II, que se obligaba a

[3]   *Libro de las armas*, p. 87.

defender a nuestro escritor de sus posibles enemigos, al paso que don Juan Manuel lo aceptaba como rey de Murcia y señor natural, salvo en caso de guerra contra Castilla, en que permanecería neutral, lo cual, como es lógico, indignó a Fernando IV de Castilla, que hasta quería matarlo, según le avisó con un correo Jaime II. En 1304 se acordaron las paces entre Castilla y Aragón, por las cuales Elche se agregaba definitivamente a la corona de Jaime II, con las protestas consiguientes de don Juan Manuel, que conservaba Villena y además cambiaba Alarcón por Cartagena. En 1306 le vemos firmar las capitulaciones matrimoniales con doña Constanza, de seis años aún, con la promesa de ponerla en el Alcázar de Villena y no consumar el matrimonio hasta que ella cumpliese doce años. Al mismo tiempo moría su hermana doña Violante, asesinada, según voz popular, por su marido, el infante don Alonso de Portugal, hermano del rey don Dionís.

Tres años más tarde asistía a las vistas de Ariza de Fernando IV y Jaime II, de donde salió el acuerdo de atacar el reino de Granada. Como a don Juan Manuel no le entusiasmaba demasiado el proyecto y tampoco al infante don Juan, su primo, los dos abandonaron la lucha a principios de 1310, alegando diversos motivos contra el rey de Castilla, sin hacer caso de Jaime II tampoco. Esta "infamia", como la califica Giménez Soler, [4] hizo fracasar la expedición, y ambos Juanes anduvieron vagando por el reino de León, temerosos de las iras del rey de Castilla, aunque no tardaron en avenirse con él, con gran disgusto de otros magnates castellanos. El 3 de abril de 1311 casó por fin con la hija de don Jaime, que en febrero había cumplido los doce años. En el castillo de Garci Muñoz, adonde fueron los novios, recibió don Juan Manuel la noticia de la muerte de Fernando IV, lo que le ocasionaría serios disgustos durante la minoría de Alfonso XI. Por de pronto, los tutores regios, don Pedro y

[4] Obra citada. p. 40.

don Juan, le quitaron el adelantamiento de Murcia, alegando, y era verdad, que los murcianos no le querían, y nombraron a don Diego López de Haro para substituirle. La muerte de los dos tutores regios en 1319, durante la retirada del sitio de Granada, llevó a don Juan Manuel a ser corregente de Castilla, en unión de doña María de Molina y el infante don Felipe, y como tal intervino activamente en los negocios castellanos (y a veces con brutalidad manifiesta, como en la muerte de Diego García en 1321), sobre todo al morir doña María, hasta que el propio Alfonso XI le obligó a declinar la regencia. Entonces se le propuso el casamiento de su hija Constanza con el propio monarca, que tenía quince años, capítulo que le iba a proporcionar abundantes disgustos, ya que ese matrimonio no se realizó, aunque llegó a ser sancionado por las propias Cortes de Valladolid el 28 de noviembre de 1325. Herido en lo más íntimo, puesto que ahora veía el engaño, y el fracaso de sus ambiciones, muerta además su mujer y su suegro Jaime II, en 1327 se desnaturó del reino de Castilla y declaró la guerra a Alfonso XI, pidiendo incluso ayuda a los moros de Granada en una famosa carta escrita desde Zafra, carta que cayó en manos del rey de Castilla. Finalmente llegó a una concordia con su rey, en virtud de la cual don Juan Manuel conservaba todos sus privilegios y además obtenía de nuevo el cargo de adelantado de Murcia. Ese mismo año casó con doña Blanca Núñez de Lara, de quien tuvo a don Fernando, para quien escribiría más tarde el *Libro infinido* o de los *Castigos*. De 1329 a 1335 desarrolla una intensa actividad literaria, alejado un poco de la política y de las luchas. Pero todavía intervino pésimamente en la guerra contra el moro, no queriendo asistir al rey durante el cerco de Gibraltar, junto con su cuñado don Juan Núñez, por lo que Alfonso XI marchó contra ellos desde Sevilla en 1334, ya que además, especialmente el último, le estragaban las tierras. Esto obligó a don Juan Manuel a visitar al rey de Aragón, al que manifestó sus temores y sus deseos de congraciarse de nuevo con el rey de Castilla. Pero en julio de 1335 se desnaturó de nuevo, alegando, entre otros motivos, que Alfonso XI impedía la ida de su hija Constanza para casar con el famoso don Pedro de Portugal, por lo que el rey marchó ›hacia Peñafiel y don Juan se refugió en Valencia, aunque ya en abril de 1337 llegaron de nuevo a avenirse. Con Alfonso XI se halló en la victoria del Salado y en la toma de Algeciras. (La *Crónica* del citado rey no habla precisamente con mucho elogio de nuestro autor en el primer hecho.) Un poco más tarde, retirado en su fortaleza de Garci Muñoz, arregló la boda de su hijo don Fernando con una hija de Ramón Berenguer, el hijo menor de Jaime II. (Muerto don Juan, su hija doña Juana casó con don Enrique de Trastámara, más tarde rey de Castilla y tuvo por hijo a Juan I, con lo que la vanidad nobiliaria de don Juan Manuel hubiese quedado bien satisfecha de haber podido ver ese suceso.)

Don Juan Manuel pasó algunas temporadas en Murcia, muriendo el 13 de junio de 1348. [5] Su cadáver, de acuerdo con las instrucciones del testamento, fue enterrado èn el monasterio de los frailes Predicadores de Peñafiel, que él mismo había fundado, y donde había depositado antes su obra literaria, como veremos. [6]

En opinión de su mejor biógrafo, "don Juan Manuel es uno de esos hombres contradictorios de sí mismos: entre su vida y su obra hay una oposición enorme, antagonismo completo. Donde mejor se observa este hecho, por ser el más constante y más visible, y aun el más aparatoso, es en el aspecto guerrero que ofrece

[5] Vid. Derek W. Lomax, "The date of D. Juan Manuel's death", en el *Bulletin of Hispanic Studies*, XL (1963), p. 174.

[6] Se conserva un retrato de don Juan en el retablo de Santa Lucía de la catedral de Murcia, que reproducimos en esta edición, pintado por Bartolomé de Módena (h. 1400). Véase F. J. Sánchez Cantón, "Cinco notas sobre don Juan Mañuel", en el *Correo erudito*, I, (1940), p. 63. Una buena reproducción en color puede verse en Mercedes Gaibrois de Ballesteros, *El príncipe don Juan Manuel y su condición de escritor*, Madrid, 1945.

su biografía". [7] Porque don Juan Manuel siempre abominó de la guerra, como dirá a su hijo en el capítulo XXI del *Libro infinido*, pero tenía verdadera obsesión por el problema de la honra y de su estado, y en todo podía ver menoscabos y desprecios. (Nótese cuántas veces insiste en el *Conde Lucanor* en los problemas de honra y estado; casi son dos palabras claves de su obra literaria.) Se vanagloriaba de su linaje, de haber sido amamantado por su propia madre y de su inmenso poder. En el cap. VI del *Libro infinido* le dice a su hijo: "yo en Espanna non uos fallo amigo en egual grado; ca si fuere el rey de Castiella o su fijo heredero, estos son vuestros sennores; mas otro infante, nin otro omne en el sennorio de Castiella, non es amigo en egual grado de uos; ca, loado a Dios, de linage non deuedes nada a ninguno. Et otrosi, de la vuestra heredat [podedes] mantener çerca de mill caualleros, sin bien fecho del rey, e podedes yr del reyno de Navar[r]a fasta el reyno de Granada, que cada noche posedes en villa çercada o en castiellos de los que yo he. Et segund el estado que mantouo el infante don Manuel, vuestro abuelo, e don Alfonso su fijo, que era su heredero, e yo despues que don Alfonso murio [e] finque yo heredero en su lugar, nunca se falla que infante, nin fijo, nin su nieto tal stado mantouiesen commo nos tenemos mantenido. Et mandovos e consejovos que este estado leuedes adelante, et nos faga ninguno creyente que auedes a mantener estado de rico omne, nin tener esa manera. Ca sabet que el vuestro estado e de vuestros fijos herederos que mas se allega a la manera de los reys que a la manera de los ricos omnes". [8] Exceptuando a su abuelo Fernando III, desde Alfonso X a Alfonso XI, ninguno de los reyes mereció su aplauso: al revés, según dirá en el *Libro de las armas*, ninguno de ellos pudo obtener la bendición paterna. En cambio, su

[7] Ob. cit., p. 119.
[8] Cito por mi edición (Granada, 1952), págs. 36-37.

padre estaba destinado a fundar un gran linaje. Y fue, como hombre de su tiempo, tolerante en ideas religiosas, porque "Jesu Cristo mando en su ley que ningun omne de otra ley non fuese engannado nin apremiado por fuerça para la creer", como dirá en el capítulo XIX del *Libro de los estados*. De su afición a los médicos judíos del linaje de don Zag, tenemos también la prueba en la recomendación que hace a su propio hijo, en el capítulo II del *Libro infinido*: "Et mandovos e consejovos que en quanto pudieredes aver fisico que sea del linage de don Çag, que fue fisico de mio padre e mio, que nunca lo dexedes por otro fisico. Ca yo vos digo verdaderamente que fasta el dia de oy nunca falle tan buenos fisicos e tan leales, tanbien en la fisica commo en todos sus fechos". [9] La presencia judía en casa de don Juan Manuel está bien atestiguada además por cierta carta del rey don Jaime a su hija, del 18 de diciembre de 1321, en la cual leemos: "Filla, reçibiemos vuestra carta... en razon del fillo que hauedes parido... Mas filla, non fagades, como auedes acostumbrado, de criarlo a consello de los judíos". [10] Pero también creyó en el Imperio y en la reconquista y en el poder de Castilla, aunque la lucha contra los moros no le sedujese tanto como la lucha política interna. Amó sobre todo el deporte de la caza, en la que llegó a ser buen especialista, por lo que se permite hasta alguna broma graciosa con su suegro por el regalo de un halcón: "Otrosi, sabed, sennor, que me acorriestes a muy buen tiempo con el falcon que me embiastes. Ca sabed que me tenian ya en muy grand afincamiento los alcarauanos e los sisones nueuos. Et desque ellos sopieron que el uestro acorro me llegaua fueron mucho espantados cuydando que seria el acorro atal porque nos pudiesemos defender dellos". [11] Si la caza debió de ser una afición muy temprana, la pasión literaria parece

9 Págs. 23-24.
10 En A. Gimínez Soler, op. cit., p. 501.
11 Ibíd., p. 318.

tardía, a juzgar por las fechas de sus obras, aunque debió de ser también buen lector hasta en latín, a juzgar por las citas. Lo curioso de su figura literaria es que, presumiendo tanto en otros aspectos de su vida, demuestra siempre una evidente humildad, incluso en rehuir la cita clásica pedante, como ya veremos, tan frecuente en su tiempo, y de la que no se librará ni el Arcipreste. Compárense sólo los prólogos al *Conde Lucanor* y al *Libro de buen amor*.

Su obra literaria

Don Juan Manuel es el primer escritor español que acusa una serie de particularidades muy interesantes desde muchos ángulos, lo mismo desde el punto de vista estilístico (es el primero que ofrece una clarísima conciencia de escritor) que por sus curiosas referencias para la sociología de la literatura, pasando por el hecho —tan inusitado— de preocuparse por la transmisión correcta de su obra.

En primer lugar, acusa el hecho de ser criticado por dedicarse a escribir, lo que no deja de ser bastante significativo: "et commo quier que yo se que algunos profaçan de mi [me critican] porque fago libros, digovos que por eso non lo dexare [...] Et pienso que es mejor pasar el tienpo en fazer libros que en jugar a los dados o fazer otras viles cosas". [12] Conoce tempranamente esa crítica verbal que obligará a más de un escritor a corregir su obra (recuérdese el caso de *La Celestina* y el porqué de los cambios), y las notables diferencias de criterios: "muy pocos libros ley yo [...] que los que vinieron depues non dixiesen contra ellos: contra los unos, diziendo que fablaban muy luengo, et contra los otros, que fablauan muy breue et scuro. [...] Et por ende, vos catad en qual destas maneras dos

[12]   *Libro infinido*, págs. 73-76.

queredes que vos responda". [13] Bastan estas dos citas para ver cómo don Juan Manuel vive con plena vigilancia el hecho de ser escritor.

Porque conoce la vida intelectual, tan parecida siempre, sabe muy bien que no se perdonan ni las simples erratas, y por eso advierte a sus posibles lectores que no le achaquen los yerros de los copistas, porque "en los libros contesçe muchos yerros en los trasladar [...] et los que después fallan aquello escripto, ponen la culpa al que fizo el libro; et porque don Iohan se reçeló desto, ruega a los que leyeren qualquier libro que fuere trasladado del que él compuso, o de los libros que él fizo, que si fallaren alguna palabra mal puesta, que non pongan la culpa a él, fasta que bean el libro mismo que don Iohan fizo, que es emendado en muchos logares de su letra". [14] Incluso conoce el fenómeno de la trasmisión oral de la canción y los posibles cambios y deturpaciones, que ejemplifica en el "Prólogo general" con la vieja historieta (actualizada por él) del caballero poeta que tijeretea los zapatos que ha hecho un zapatero después de oir cómo le había estropeado su mejor canción. Sin embargo, aunque se preocupó de corregir de su propia mano la obra y la depositó en el convento de los frailes Predicadores de Peñafiel, este ejemplar desapareció. Han llegado a nosotros diversas obras, pero en algún caso incompletas y no demasiado bien copiadas. Sabemos qué obras se han perdido porque el propio don Juan Manuel hizo dos listas: la que figura en el "Prólogo general", que aparece al frente de toda su producción, y la que ofrece en el prologuillo al *Conde Lucanor*. Conviene que las copiemos en dos columnas para intentar establecer más tarde la cronología:

---

[13] *Libro de los estados*, cap. LXIII, f. 75v. (Citaré siempre por el mismo manuscrito, signª 6.376 de la Biblioteca Nacional de Madrid.)

[14] Págs. 47-48 de esta edición.

PRÓLOGO GENERAL	CONDE LUCANOR
*Libro de las armas	*Crónica abreviada
*Castigos y consejos a su hijo	Libro de los sabios
*Libro de los estados	Libro de la cavallería
*Libro del cavallero et del escudero	*Libro del infante
	*Libro del cavallero et...
Libro de la cavallería	*Libro del Conde [Lucanor]
*Crónica abreviada	*Libro de la caza
Crónica complida	Libro de los egennos
Libro de los egennos	Libro de los cantares
*Libro de la caza	
Libro de las cantigas	
Reglas de trovar	

Han llegado hasta nosotros los que llevan un asterisco, aunque los títulos no coincidan entre sí, como sucede con el *Libro del infante,* que figura en la lista del *Conde Lucanor,* y que es el *Libro de los estados,* como se dirá más adelante. Pero la lista del "Prólogo general" ofrece, a su vez, dos notas: aumenta el número de obras y silencia el título del *Conde Lucanor,* nada menos. Para ordenar cronológicamente las obras disponemos de varios datos, comenzando porque algunas de ellas, como el *Libro de los estados* y el *Conde Lucanor* están fechadas (1332 y 1335, respectivamente), y que a su vez don Juan Manuel se autocita: en el *Libro del cavallero et del escudero* cita el *Libro de la cavallería,* del que también se ofrecen extractos del contenido en el *Libro de los estados;* éste aparece citado en el *Conde Lucanor,* y los dos últimos se vuelven a citar en el *Libro infinido* o de *Consejos a su hijo don Fernando.* Por lo tanto, con toda seguridad podemos fechar esas obras, que, por otra parte, son las más importantes. El problema está en las restantes, y los estudiosos no se han puesto de acuerdo. Pero aunque el problema ahora no tenga una importancia decisiva, sí conviene insistir en algo curioso: en la ausencia del título del *Conde Lucanor* en la lista más extensa y en el hecho de que esa obra lleve, a su vez, un prólogo muy parecido al general. Si el *Conde Lucanor* se terminó de escribir el 12 de junio de 1335 en Salmerón, como dice al final de la obra, ¿hemos de pensar que el prólogo fue escrito entonces o más tarde? Yo creo que fue escrito entonces o muy poco después, por la sencilla razón de que en él no se cita el *Libro infinido,* en el cual, en cambio, se dan citas del *Libro de los estados* y del *Conde Lucanor,* por lo que no es difícil deducir que todas las obras citadas en el prólogo al *Libro de Patronio* son anteriores a 1335, y posteriores las que se añaden en el *Prólogo general,* en el que no se menciona tampoco, por ser más tardío, el *Tractado de la Asunçión de la Virgen María.*

Podemos considerar como obras perdidas las siguientes: el *Libro de los sabios,* que sólo se cita en el prólogo al *Conde Lucanor,* cree Giménez Soler que fue incorporado al *Libro de los estados,* [15] pero en este caso no se comprende cómo son citados los dos títulos con plena independencia. Por el título no podemos juzgar de su contenido, ya que lo mismo podía tratarse de una disputa que de un libro de consejos. Sabemos, en cambio, algo más del *Libro de la cavallería,* del que ofrece algunos extractos en los capítulos LXVI y LXXXV del *Libro de los estados,* por los que se deduce que sería obra de didáctica caballeresca, parecida quizá a la de R. Llull, que tanto admiró don Juan Manuel. Puesto que se cita en el *Libro del cavallero et del escudero,* será anterior a 1326. Nada sabemos de la *Crónica complida,* aunque se ha querido identificar con una breve y seca crónica latina, editada ya por el Padre Flórez, [16] que nada tiene que ver ni con el título de la obra de don Juan Manuel. (Nótese que frente a una *Crónica abreviada* se titula la otra *Crónica complida,* por lo que se debe pensar dos cosas: a) que fue escrita en

---

[15] Ob. cit., p. 108.
[16] En *España sagrada,* II (Madrid, 1747), págs. 207-216. Más tarde la vuelven a editar A. Benavides en *Memorias de Don Fernando IV de Castilla,* I (Madrid, 1860), págs. 675-679, y G. Baist, en *Romanische Forschungen,* VII (1893), págs. 551-556. (Baist sigue un ms. del British Museum).

romance, como todos los libros de nuestro autor, y b) que sería más extensa que la *abreviada*). El *Libro de los egennos* quizá fuese un tratado de máquinas bélicas, al paso que el *Libro de las cantigas* o *Libro de los cantares* sería una colección de poemas (no muy excepcionales a juzgar por las moralejas en verso del *Conde Lucanor*) y el de las *Reglas de trovar* un arte poética. Salvo el *Libro de la cavallería*, de cuyo contenido sabemos algo, de los demás, sensible pérdida, sólo conocemos los títulos.

De las conservadas, unas ofrecen más interés literario que otras, pero en algún caso, como sucede con el *Libro infinido* o el *Libro de las armas*, su interés autobiográfico es considerable. Porque, además, don Juan Manuel, como diremos, tuvo un gusto muy marcado —y muy raro en su tiempo— por figurar dentro de sus propias obras, como ya han visto los estudiosos. [17] Del mismo modo que tanto le gusta decir desde los prólogos las obras que ha escrito, o autocitarse. En cambio, y es éste otro rasgo muy característico, rehuye sistemáticamente la cita clásica, tan de moda en su época, de la que ni el Arcipreste de Hita, con todo su sabor popular, logra escaparse. [18]

La actividad cronística de don Juan Manuel, muy vinculada a la alfonsí, debió de ser muy temprana. Su pasión por las obras de su tío nos es bien conocida. En el prólogo al *Libro de la caza*, después de hacer un precioso elogio de las tareas de Alfonso X ("non podria dezir ningun omne quanto bien este noble Rey fizo sennaladamente en acresçentar e alunbrar el saber"), confiesa cuánto le agrada leer sus libros: "Et porque don Iohan, su sobrino [...] se paga muncho de leer en los libros que falla que conpuso el dicho Rey e fizo escriuir algunas cosas que entendia que cumplia para

---

[17] Véase, por ejemplo, Américo Castro, *España en su historia* (México, 1954), p. 372.

[18] Véanse las notables observaciones de María Rosa Lida de Malkiel en "Tres notas sobre don Juan Manuel", en *Estudios de literatura española y comparada* (Buenos Aires, 1966), págs. 111 y ss.

él de los libros que fallo que el dicho rey abia conpuesto, sennaladamente en las Crónicas de España". La frase "fizo escriuir" parece indicar que la actividad de nuestro escritor fue parecida a la de su tío, pero en la *Crónica abreviada* dice que el resumen "non lo fiço sinon para ssi en que leyesse". Sánchez Alonso [19] fue el primero en indicar que esta crónica se conserva en el manuscrito 1356 de la Biblioteca Nacional de Madrid, y que no es más que un resumen, capítulo por capítulo, de la *Crónica general*. El mismo historiador la fecha entre 1320 y 1322, mientras que los actuales editores, Raymond L. y Mildred B. Grismer, la fechan entre 1320 y 1324. [20]

El *Libro del cavallero et del escudero*, [21] escrito en noches sevillanas de insomnio (1326), como dice en el prólogo, es imitación de otro, según confiesa: "fiz este libro en que puse algunas cosas que falle en un libro [...] Et otrosi puse ý algunas otras razones que falle scriptas et otras algunas que yo puse que perteneçian para seer ý puestas". [22] También nos dice que lo escribe en "una manera que llaman en ésta 'fabliella'". [23] Para Menéndez Pelayo [24] había pocas dudas de que el "libro" no era otro que el famoso *Llibre del orde de la cavaylería*, de R. Llull, pero faltando en el de don Juan Manuel los capítulos II y del IV al XIV, más una parte del III, no sabemos con qué fidelidad copió el escritor, porque lo cierto es que también alude a otras lecturas y a las que él "puso" propias. La vértebra argumental sí que procede de R. Llull: Cierto Rey convoca cortes y un joven escudero decide asistir; por el camino

---

[19] En su *Historia de la historiografía española*, I (Madrid, 1941), p. 220.

[20] *Don Juan Manuel's Cronica abreviada*, edic. mimeográfica (Minneapolis, 1959). Véase la nota de su aparición en *Hispania*, XLII (1959), p. 441.

[21] Fue editado por S. Gräfenberg en *Romanische Forschungen*, VII (1893), págs. 427-550, y más tarde por J. M. Castro y Calvo y M. de Riquer en la edic. cit. Cito por esta última edición.

[22] Pág. 11.

[23] Pág. 9.

[24] *Orígenes de la novela*, I (Santander, 1943), p. 139.

encuentra a un caballero anciano, que vive retirado en una ermita, y el joven pasa con él cierto tiempo, preguntándole todo lo que que se le ocurre de lo divino y lo humano; marcha a la corte, es recibido por el Rey y los cortesanos, pero vuelve a la ermita, donde vive el caballero anciano y reside con él hasta verle morir y darle sepultura. Pero el tratado de don Juan Manuel no sólo se refiere a cuestiones caballerescas, porque el anciano caballero explica muchas cosas más: cuál es el mayor placer y el mayor pesar, qué "cosa" es Dios, qué son los cielos, el "omne", las "vestias"..., en donde es fácil rastrear influencias de las *Etimologías* isidorianas, de Alfonso el Sabio, el *Lucidario*, etc., etc. El propio autor, al final del capítulo XC del *Libro de los estados*, se cita con cierto orgullo: "et commo quiere que este libro fizo don Iohan en manera de fabliella, sabet, sennor infante, que es muy buen libro et muy aprouechoso. Et todas las razones que en él se contienen son dichas por muy buenas palabras et por los mas fermosos latines que yo nunca oy dezir en libro que fuese fecho en romançe, et poniendo declaradamente et complida la razon que quiere dezir, ponelo en las menos palabras que pueden seer". [25] Nótese esa autocrítica que es la primera que aparece en la literatura castellana.

El *Libro de la caza* [26] también responde a la tradición alfonsí, [27] como el mismo autor nos dice desde el prólogo, pero también responde a una experiencia archivivida, puesto que ya su padre había sido un gran cazador y él estaba harto de cazar y de hablar "con los mejores cazadores con quien él departio muchas

---

[25] Folio 95v.

[26] Fue editado por G. Baist en Halle, 1880. Posteriormente por José M.ª Castro y Calvo (Barcelona, 1947) que reprodujo también la paginación de Baist y la foliación del ms.

[27] "Por ende mando fazer muchos libros buenos en que puso muy conplida mente toda la arte de la caza, tan bien del cazar commo del benar commo del pescar [...] Et tan conplida mente lo fizo que bien cuydan que non podra otro emendar nin enader ninguna cosa mas delo que el fizo, nin aun fazer tanto nin tan bien commo el".

vegadas sobre esto". Como en el caso del *Libro infinido,*
él conoce perfectamente una tradición didáctica, pero
su pasión por la caza (que atestigua hasta la corres-
pondencia con Jaime II y Pedro IV) fue muy real, y
sus conocimientos, sorprendentes. No ignora, claro está,
que los cazadores suelen, más de una vez, abultar sus
proezas cinegéticas y que la gente los tiene por menti-
rosos, "porque los caçadores an presçio [llevan fama]
de chufadores et aun quando dizen verdat de las cosas
que les acaescen dizen las gentes que chufan". [28] Incluso
nos muestra un matiz curioso de su personalidad: la
afición a gastar bromas a los cazadores novatos cuando
desconocían la región: "Et aun dize que siempre ovo
él por costumbre de engañar muy de grado a los [que]
andan con él a caza, por les fazer entrar en tales o
lleg[u]en a tal lugar que se ayan a reir dellos". [29]

El libro es un tratado del arte de cuidar, adiestrar y
cazar con halcones, de curarlos cuando enferman y de
los sitios donde abunda más la caza, en el que no fal-
tan tampoco alusiones personales y hasta con gracia:
"Pero dize don Johan que en todo quanto a dicho fasta
aquí que, en buena verdat, non a dicho chufa ningu-
na". [30] El libro está escrito con una habilidad sorpren-
dente en el manejo de la lengua, ya que la materia no
se prestaba demasiado a lucimientos de estilo, pero sí
a lo espontáneo.

El famoso *Libro de los estados,* dedicado a su cuña-
do don Juan, arzobispo de Toledo, "fabla de las leyes
et de los estados en que biuen los omnes, et a nombre
Libro del infante o el *Libro de los estados.* Et es puesto
en dos libros: el primero fabla de los legos, el segundo
fabla de los estados de los clerigos", según dice al prin-
cipio de la obra. Esta dualidad de títulos apunta, por
una parte, al contenido novelesco, que gira alrededor
del infante Joas, y por otra, a la vertiente didáctica:

[28] Pág. 82.
[29] Ibíd.
[30] Pág. 43.

la posibilidad de que todos los hombres, en cualquier
estado, pueden salvar sus almas. Nos dice también, con
su intimidad característica, que no lo ha escrito en
tiempos felices, sino "segund el doloroso et triste tiem-
po en que yo lo fiz, cuydando commo podria acertar
en lo mejor et mas seguro" y además que lo comenzó
después de escribir el *Libro del cavallero et del escu-
dero*, "et tengo [que] a grant tienpo que lo oviera aca-
bado, si otros enbargos non oviera". [31]

La parte novelesca, muy delgada y tenue, se refiere
a que el rey "Moraban, por el grant amor que avia [a]
Joas, su fijo el infante, reçelo que si sopiese que cosa
era la muerte o que cosa era pesar, por fuerça avria a
tomar cuydado et despagamiento del mundo". [32] Por
eso le encomienda a Turín, caballero que "él amaua
mucho", el cual "le crio muy bien", por lo que su
padre decidió que "el infante andudiese por la tierra,
porquel conosçiessen las gentes et porque fuese apren-
diendo él en qual manera mantoviese el reyno despues
de los dias de su padre", [33] lo que ponen en práctica.
Pero cierto día, "acaesçio que en una calle por do él
passava tenian un cuerpo de un omne muy onrado que
finara un dia ante, et sus parientes et sus amigos et
muchas gentes que estavan ý ayuntados fazian muy
grant duelo por él". [34] El infante "marabillose ende
mucho" y preguntó a Turín qué era aquello. El ayo no
tiene ya más remedio que explicar lo que es la muerte,
y Joas, como es lógico, llega a la conclusión de que
él también se morirá, porque "el nasçer, el cresçer et el
envegesçer, et depues la muerte, que en todos los omnes
era igual". [35] Después de volver a la Corte, Joas explica

---

[31] Fol. 47v. (El *Libro de los estados* fue publicado por don Pas-
cual Gayangos en *Escritores en prosa anteriores al siglo XV*, t. LI
de la *Biblioteca de Autores Españoles*, y más tarde por A. Benavides
en *Memorias de don Fernando IV de Castilla*, I, págs. 444-599. En
estos momentos hay en prensa una edición preparada por J. M.ª Cas-
tro y Calvo.
[32] Cap. IV, f. 47v.
[33] Ibíd.
[34] Fol. 48.
[35] Fol. 50.

a su padre lo que ha visto y quiere saber qué ocurre
después de muerto y qué pasa con el alma. Como nadie
le puede dar razón, Turín sugiere llamar a Julio, "omne
bueno que andava pedricando por la tierra", el "qual
se fue luego con Turin para el rey", [36] a quien explica
que es natural de una tierra que "a nombre Castiella"
y que después de educar a un joven llamado don Juan,
hijo del infante don Manuel y de doña Beatriz de Sa-
boya, "fue pedricando por las tierras la ley et la fe
católica"; pero que siempre que volvía a Castilla lo
hallaba "en grandes guerras, a vezes con grandes omnes
de la tierra, et a vezes con el rey de Aragon et a vezes
con el rey de Granada, et a vezes con amos". [37] Julio
explicará a Joas toda la ley cristiana y cómo sólo en
ella podrá salvar el alma, por lo que se bautiza, junto
con su padre y toda la corte.

Aquí acaba la parte novelesca en la que don Juan
Manuel pensaba al titular su obra *Libro del infante,*
cuyos entronques con el *Barlaam y Josafat* son eviden-
tes, aunque los tres famosos encuentros (el ciego, el
leproso, el viejo decrépito) los reduce don Juan al
"omne finado", por lo que Moldenhauer creyó que la
fuente era un *Barlaam* latino. [38] La parte didáctica,
desde el título, responde a otra vertiente: puesto que
los hombres pueden ser desde emperadores a porteros
y desde Papas a sacristanes, Joas pregunta cuál es el
mejor estado para salvar el alma. Como es lógico, Julio
le contesta que así como "non ha estado en la ley de
los cristianos en que se omne non puede saluar si qui-
siere fazer buenas obras, bien asi non ay ningun estado
en que non puede perder el alma si las fizieren ma-
las". [39] A partir de aquí la obra consistirá en pasar

[36] Capítulos XVII-XIX.
[37] Cap. XX, f. 53.
[38] Véase M. Menéndez Pelayo, op. cit., p. 141, y G. Moldenhauer,
Die Legende von Barlaam und Josaphat auf der iberischen Halbinsel
(Halle, 1929) y del mismo, "De los orígenes de la leyenda de Bar-
laam y Josafat en la literatura española", en *Investigación y pro-
greso,* I (1927), pág. 57 y ss.
[39] Cap. XLVIII, f. 65v.

revista a todos los estados, y advertir los deberes inherentes a cada uno. Responde, en parte, al sentido teocéntrico de la sociedad "estamental" de la Edad Media, tan bien conocida y con tan vieja tradición literaria. [40]

La obra, por lo tanto, ofrece muy distintos intereses. Como novela es casi un puro diálogo, como ya advierte su autor en el cap. II al decir que "conpuso este libro en manera de preguntas et de respuestas que fazian entre si un rey et un infante, su fijo, et un cavallero que crio al infante et un philosopho" y sólo en algún momento ofrece realmente interés novelesco, como en el encuentro del joven con el muerto y en ciertos fragmentos de una retórica espléndida (descripción de la pasión del Señor, p. e.). Pero, en cambio, lo ofrece muy subido al historiador de las ideas y de la vida de la época, [41] y también porque con mucha frecuencia el propio autor aparece dentro de la obra, citado por Julio como autoridad, modelo o fuente; incluso se refiere una vez al mismo libro que está escribiendo, como ya notó M.ª R. Lida de Malkiel: "Digovos que despues que fue fecha esta partida deste libro, que me dixo don Johan...", citando incluso sus propios libros "insinuando una concepción del plano literario y del biográfico que no coincide con las netas categorías grecorromanas a las que está habituado el lector occidental". [42]

El *Libro infinido*, o de los *Castigos a su hijo don Fernando* responde a una clara tradición consiliaria,

[40] Véase Lucía de Stéfano, "La sociedad estamental en las obras de don Juan Manuel", en *Nueva revista de filología hispánica*, XVI (1962), págs. 329-354, y de la misma autora *La sociedad estamental de la baja Edad Media española a la luz de la literatura de la época* (Caracas [1966]).

[41] Véase, por ejemplo, M. Torres, "La idea del imperio en el *Libro de los estados* de don Juan Manuel", en *Cruz y Raya*, 2 (1933), págs. y "El arte y la justicia de la guerra", en íd., 3 (1933), págs. 33-72; D. L. Isola, "Las instituciones en la obra de don Juan Manuel", en *Cuadernos de historia de España*, XXXI-XXXII (1954), págs. 70-145, y J. M.ª Castro y Calvo, *El arte de gobernar en las obras de don Juan Manuel* (Madrid, 1945).

[42] Ob. cit., págs. 118-119.

pero aunque don Juan Manuel cita el *De regimini principum* de Egidio Colonna, su obra no se parece a ninguna otra, por ser, como dice el propio autor, resumen de experiencias muy vivas: "por ende asme de conponer este tractado que tracta de cosas que yo mismo proue en mi mismo e en mi fazienda e bi que contesçio a otros, de las que fiz e vi fazer, e me falle dellas bien e yo e los otros [...] porque sepa por este libro quales son las cosas que yo proue e bi". [43] Sin ninguna pedantería, sin "ejemplos" (tan abundantes en esta literatura), citando, en cambio, muchas veces su *Libro de los estados*, don Juan Manuel aconseja sobre muchas materias, en un estilo breve, sumamente ágil y claro, que recomienda a su propio hijo, [44] con abundantes referencias personales, inencontrables en los libros de *Castigos*.

Tampoco el *Libro de las armas* se parece a ningún libro medieval, ni a sus propias obras, ni por el contenido, ni por la forma. Aunque su asunto sea explicar, como dice en el "Prólogo general", "la razón porque fueron dadas al infante don Manuel, mio padre, estas armas, que son alas et leones, et por que yo et mio fijo, legítimo heredero, et los herederos del mi linage podemos fazer cavalleros non lo seyendo nos, et de la fabla que fizo conmigo el rey don Sancho en Madrit, ante de su muerte", lo cierto es que no se detiene aquí solamente, porque todo ofrece un carácter autobiográfico vivísimo, de exaltación de su persona y linaje; porque don Juan se sentía superior a todos los que descendían de Fernando III, ya que su padre fue el único que recibió la bendición paterna y hasta la famosa espada Lobera. En algún momento, como en la conversación con su primo Sancho IV antes de morir, logra unos efectos retóricos sorprendentes. Según Giménez

---

[43] Edic. cit., págs. 7-8.
[44] "quando ouieredes a dar respuesta, por tanto, guisad de la dar respondiendo a todas las fuerças de la carta en las menos palabras que pudieredes, con verdad e derechamente", págs. 71-72.

Soler[45] es la mejor prosa histórica del siglo XIV, y Américo Castro dice que debemos a don Juan Manuel "la primera página, íntima y palpitante, de una confesión escrita en castellano, situada novelescamente en un tiempo y un espacio".[46]

Lo último que debió de escribir don Juan Manuel es un ensayo, *Tractado de la Asunçión de la Virgen,* dedicado a fray Remón Masquefa, prior de los dominicos de Peñafiel, cuyo fin era dar "razones" para que nadie dude que "Sancta Maria non sea en el çielo en cuerpo e en alma".[47] Donde no falta tampoco una confesión íntima llena de interés: "Digovos que querria tan de buenamente aventurarme a qualquier peligro de muerte por defender esto, commo me aventuraria a morir por defendimiento de la sancta fe catolica, et cuydaria ser tan derecho martir por lo uno commo por lo al".[48]

La obra más importante de don Juan Manuel es el *Libro de los enxiemplos del Conde Lucanor et de Patronio,* según el prólogo, más conocido con el título de *El Conde Lucanor,* que consta de dos prólogos, cincuenta y un ejemplos, y otras cuatro partes, claramente diferenciadas, de las cuales la última es muy distinta a las restantes, como se verá, aunque también se encuentra en ella un "ejemplo" hábilmente intercalado. Según las líneas últimas, el libro fue terminado en Salmerón, el lunes doce de junio de 1335, como ya se dijo antes.

El prólogo primero plantea más de un curioso problema. En primer lugar, viene a decir lo mismo, aunque sin la anécdota del caballero, que el prólogo con que encabeza sus obras, en el que no se menciona, como se ha visto, el *Conde Lucanor.* Pero este breve prólogo no es un esbozo del "general", puesto que comienza muy claramente, como otros particulares: "Este libro fizo con Johan", y acaba: "Et de aquí adelante co-

---

[45] Ob. cit., p. 213.
[46] Ob. cit., p. 369.
[47] Cito por mi edición (Granada, 1952), p. 94.
[48] Ibíd. Para estas ideas, véase lo que sugiere Américo Castro, ob. cit., págs. 217 y ss.

miença el prólogo del *Libro de los enxiemplos del Conde Lucanor et de Patronio*". No obstante, a diferencia de otros prólogos, la obra no se dirige a ningún amigo o conocido, como si hubiese sido una especie de prólogo a un corpus que comenzase con esta obra. En segundo lugar, ofrece la lista de sus libros, que no coincide, como ya vimos, con la del "Prólogo general".

En tercer lugar, nos indica claramente su intención didáctica, puesto que lo escribió para que los "omnes fiziessen en este mundo tales obras, que les fuessen aprovechosas de las onras et de las faziendas et de los estados; et fuesen más allegados a la carrera porque pudiesen salvar las almas". Nótese que no se trata sólo de salvar las almas, sino también de aumentar 'onras', 'faziendas' y 'estados', lo que es harto significativo. Don Juan Manuel, como todos los moralistas medievales, estaba muy preocupado con la salvación del alma (la última parte del libro girará alrededor de este problema), pero luchó muchas veces por cuestiones de 'honra' y de 'hacienda'.

A su vez, el prologuillo interesa para la historia futura de la sociología literaria española, concretamente para el capítulo de la trasmisión textual. Compárese la actitud de don Juan Manuel, retocando las erratas de su obra, con la del Arcipreste de Hita, por ejemplo, o con la pasión de un Herrera o de un Juan Ramón por la obra bien editada. Otra vez vuelve a insistir en el *topos* de la humildad, por lo que escribirá en "romance para los legos et de non muy grand saber como lo él es".

El segundo prólogo es también muy interesante. Partiendo de que los hombres, pese a sus desigualdades, aprenden mejor aquello que más les gusta, "por ende, el que alguna cosa quiere mostrar [a otro] debegelo mostrar en la manera que entendiere que será más pagado el que lo ha de aprender". Por eso acude al procedimiento del médico que endulza la píldora para que aproveche mejor al hígado. (No es más que el viejo tema, sin estudiar entre nosotros, de lo 'dulce' y lo 'útil'). Pero también nos dice: "fiz este libro compuesto de las más apuestas palabras que yo pude, et entre las palabras, entremetí algunos exiemplos de que se podrían aprovechar los que los oyeren". Vuelve, como vemos, a insistir de nuevo en su decoro literario.

Otra nota singulariza este prólogo. Si se compara con el del *Libro de buen amor* (con el que coincide en algunos aspectos: vanidad literaria y topos de la humildad, *delectare* y *prodesse*) se notará inmediatamente la modernidad del de nuestro escritor. Mientras el Arcipreste cita en latín una retahíla de textos bíblicos o el *Decreto,* como dice, don Juan rehuye, como en otros casos, toda referencia culta y plantea con agudeza de ensayista moderno el problema del deleitar aprovechando, tópico que, en este caso, como en el de Cervantes o Unamuno, es además una actitud muy consciente y clara, y que merece la pena de un estudio serio. Por de pronto, Boccaccio, que escribe pocos años después su *Decamerón,* iniciará una corriente literaria que tendrá muy pocos seguidores en España, donde la "ejemplaridad" es bien palpable, hasta en los títulos, desde don Juan Manuel a Unamuno.

Porque conocemos las fuentes de casi todos los cuentos (véanse las notas correspondientes a cada uno), podemos hablar muy bien de la profunda originalidad de don Juan Manuel. El autor no tiene predilección por un tipo de cuento determinado, sino que acude lo mismo al *Calila e Dimna* que a una frase de Fernán González o a un proverbio castellano o árabe. Y esto ya indica una fuerte personalidad, con independencia no frecuente en los esquemas medievales. Basta repasar la cuentística anterior de la *Disciplina clericalis,* el *Calila* o el *Libro de los gatos,* para darse cuenta de la inmensa distancia que separa esas narraciones de las de don Juan. (La misma que separa el libro de los *Castigos e documentos* de Sancho IV de su *Libro infinido*). Lo mismo ocurre si los comparamos con los ejemplarios latinos de los predicadores, como los de la *Gesta romanorum,* la *Summa praedicantium* y otras semejantes. Lo que a veces no es más que una simple anécdota, se convierte en una pequeña obra maestra, llena de agudas observaciones de la realidad, con una técnica finísima, como en el cuento de don Illán. María Rosa Lida de Malkiel, tan sagaz como sabia, dice: "Porque, en efecto, si es que la invención absoluta del tema no pertenece a don Juan Manuel, éste aporta siempre la bien meditada arquitectura, la sugerencia muy precisa de un ambiente, el fino (aunque típico, no individual) trazado de caracteres. Piénsese en las doce incoloras líneas del *Promptuarium exemplorum* (Knust, p. 331): "Dicitur quod quidam nigromanticus habebat discipulum qui promittebat ei multa bona", etc., y en la historia de don Illán de Toledo, con su ilusionismo sutil que engaña al deán (y al lector), con su narración sabiamente demorada para desplegar con infinitos toques menudos la ingratitud del discípulo y las reiteradas pruebas a que lo somete la paciencia del maestro, con la evocación miniaturista de la cámara del nigromante, de los cabildeos de una elección episcopal, de los parientes, humorísticamente singularizados, que el clérigo prefiere siempre a don Illán. Tan prodigiosa trasmutación en éste y en la mayoría de los *Exemplos* es, desde luego, el don personal y particular título de gloria de don Juan Manuel". [49] Enmarcando todo, además, en una atmósfera contemporánea tan estupenda, que más de un cuento se ha creído suceso verdadero, porque don Juan Manuel fue capaz de atribuir el lance del falcón sacre y el águila (ejemplo XXXIII) a su propio padre nada menos, siendo una narración folklórica bien conocida. Por lo mismo que sitúa al ingenioso Alvar Fáñez Minaya ante la disyuntiva de escoger mujer, cuyo aire novelesco es tan evidente. Américo Castro dice: "En la épica, el tema poético era el gran suceso de dimensión nacional o colectiva; el tema del cuento

[49] *Ob. cit.,* p. 110.

castellano es ahora la anécdota, en donde el suceso no rebasa la dimensión de la persona". [50] La aguda observación de don Américo puede comprobarse perfectamente con la figura de Fernán González (ejemplos XVI y XXXVII), tan despojada de lo épico, o con la de Alvar Fáñez, el compañero del Cid, tan alejada del mundo bélico.

Por otra parte, aunque los intereses nobiliarios de don Juan son muy evidentes, por sus "exiemplos" desfilan abundantes clases sociales, desde su propio padre, nobles de la época de Fernando III, a mercaderes, 'omnes buenos', etc., etc., o reyes árabes, al lado de salteadores de sepulcros. Si don Illán es un gran mago, el golfín que sabe alquimia es un pillo con gracia. En más de un caso, la agudeza en el retrato de un tipo que, por otra parte, pretende generalizar, es asombrosa, como en la falsa beguina. La creación de la atmósfera en torno a algún personaje o suceso, como en el de Alhakem II y el albogón, no escapó a la finura crítica de un Azorín, por ejemplo. [51]

Frente al *Decamerón*, como ya se ha apuntado, el cuento de don Juan Manuel ofrece una severidad más que extraordinaria, como ya dijo Menéndez Pelayo. Jamás aparece la nota levemente erótica y se ensalza, en cambio, la fidelidad matrimonial, a veces exagerando, con gracia, las virtudes femeninas, como en doña Vascuñana, o la elegancia y habilidad con que la dama rechaza a Saladino, pasando por otras figuras femeninas de tipo muy distinto, como la caprichosa Ramayquía o la medrosa morita que se asustaba del glu-glu de la jarra, pero no de descoyuntar algún muerto para robar las vestiduras. Incluso en la quinta parte del libro, al hablar de "commo se engendra" dice: " Et porque este libro es fecho en romançe —que lo podrían leer muchas personas, tan bien omnes commo mugeres, que

[50] *Ob. cit.*, p. 372.
[51] *Los valores literarios*, en *Obras completas*, II (Madrid, 1947), p. 1037.

tomarían vergüença en leerlo, et aun non ternían por muy guardado de torpedat al que lo mandó escribir—, por ende non fablaré en ello tan declaradamente commo podría, pero el que lo leyere, si muy menguado non fuere de entendimiento, assaz entendrá lo que a esto cumple". [52] Recordemos de nuevo que casi todos los escritores españoles participan de estas ideas, hasta los seguidores de Pío Baroja.

Por otra parte, en don Juan Manuel aparece, y creo que por primera vez, el cuento "a lo divino", como sucede con el muy conocido del "medio amigo" (XLVIII), o el que sigue, el del hombre desterrado "desnuyo" a una isla.

Las partes II, III y IV tienen un carácter muy distinto. A juzgar por lo que dice el propio don Juan Manuel, su gran amigo, don Jaime de Jérica, le dijo "que querría que los mis libros fablasen más oscuro, et me rogó que si algún libro feziesse que non fuesse tan declarado". [53] Don Juan atendió los ruegos de su amigo, y con los mismos personajes que en la parte anterior escribió las tres siguientes, pero substituyendo las narraciones por una serie de sentencias que al pasar de una a otra se vuelven más oscuras por un procedimiento que doña María Goyri de Menéndez Pidal calificaba de infantil, [54] y que consistía en escribir una sentencia, alterando por completo el orden de las palabras, como en este caso: "Grand vengança para menester luengo tiempo encobrir la madureza seso es", que ordenada por Sánchez Cantón dice: "Gran madureza [del] seso es mester para encobrir luengo tiempo la vengança". [55] Estas partes tienen un interés extraordinario para la historia de la estilística castellana, porque, aunque la sentencia tenga a veces una fuente bien conocida, como se podrá ver en las notas correspondientes, la estructura de la frase, con juegos

[52] Pág. 297 de esta edic.
[53] Pág. 263 de esta edic.
[54] En *Romania*, XXIX (1900), p. 601.
[55] Pág. 282 de esta edic.

sutiles de palabras, preludia un conceptismo: "El rey rey, reina; el rey non rey, non reyna, mas es reynado"; "Del callar viene mucho bien; del callar viene mucho mal". En la tercera parte extrema este recurso y logra sentencias lapidarias: "La razón es razón de razón"; "Por razón es el omne cosa de razón".

La quinta parte no tiene ninguna relación con las cuatro anteriores, aunque continúan los mismos personajes. Patronio esboza el proyecto de otra parte, diciendo: "Et pues tantas cosas son escriptas en este libro, sotiles et oscuras et abreviadas, por talante que don Johan ovo de complir talante de don Jayme, dígovos que non quiero fablar ya en este libro de enxiemplos, nin de proverbios, mas fablar he un poco en otra cosa que es muy más aprovechosa". [56] Se trata de un ensayo sobre lo que se debe saber "para ganar la gloria del Paraýso". No es, precisamente, muy original en las ideas, salvo que de vez en cuando don Juan Manuel abre la espita de sus sentimientos y llega a una modernidad sorprendente en la confesión íntima: "Et ponga cada uno la mano en su coraçón, si verdat quisiere dezir, bien fallará que nunca passó día que non oviesse más enojos et pesares que plazeres". [57]

Aunque la prosa de don Juan Manuel se resiente aún del abuso de las construcciones copulativas, tan típicas en la prosa alfonsí, también es cierto que supone un avance considerable sobre la anterior cuentística, tan vinculada aún a sus modelos. Los diálogos son ya un hallazgo que en algún caso anticipa finuras del Renacimiento, sin que les falte la nota de humor o la ironía. Al tratar, como el Arcipreste de Hita, de una vida cotidiana, su vocabulario, aunque no llegue a la riqueza del de éste, sí es bastante considerable, sin necesidad de acudir, como un Berceo, a latinismos puros. Al revés, don Juan Manuel usa con mucha frecuencia la palabra más popular que puede encontrar, dentro de una dig-

[56] Pág. 284.
[57] Pág. 29.

nidad literaria muy consciente y estudiada. (De su conciencia de escritor ya se han visto algunos detalles.)

El mismo autor insiste en que será raro que no se halle en su libro una solución a cualquier problema que se le plantee a un hombre. Por eso, sus consejos pueden referirse a situaciones muy diversas y los temas morales ofrecen un abanico considerable. Enseñará lo mismo a huir de la soberbia, de la ira, de la terquedad, que a no hacer demasiado caso de la opinión ajena, a no creer en agüeros ni en simples apariencias, a tener vergüenza, y, sobre todo, a terminar con 'honra' cualquier situación. Todo dentro de una moral caballeresca, como era natural en un hombre de su condición, tan obsesionado por este problema. Y aunque hoy estamos lejos de esas vidas medievales, lo cierto es también que más de una vez los consejos de Patronio no deben echarse en saco roto, porque don Juan Manuel no es un moralista intrascendente, sino todo lo contrario.

José Manuel Blecua

NOTICIA BIBLIOGRÁFICA

El conde Lucanor es uno de los pocos libros medievales que tuvo la suerte de ser editado en la Edad de Oro. Argote de Molina, el gran historiador andaluz, lo publicó en Sevilla en 1575, y se reeditó en Madrid en 1642. Lo leyeron con provecho Cervantes, Lope de Vega, Tirso, Calderón y, sobre todo, Gracián, que lo elogia con mucha admiración. [58] Abundan las ediciones en los siglos XIX y XX, pero hasta la fecha carecemos de una edición crítica, porque la prometida por doña María Goyri, ya en 1902, no apareció. La publicada en Leipzig, en 1900, por el profesor Hermann Knust adolece de muchos defectos, debidos, en parte, a haber sido editada después de muerto el erudito medievalista. Aunque el texto, como ya dijo doña María Goyri, [59] no es muy riguroso, en cambio, las notas a los cuentos dan testimonio de una sabiduría sorprendente y las hemos tenido en cuenta en nuestra edición, como se verá.

Que corrió manuscrito y con evidente éxito lo prueba el hecho de que hayan llegado a nosotros hasta cinco códices, conocidos ya por las siglas **S, M, H, P, g.** He aquí una descripción muy sumaria, porque para más detalles puede verse la edic. de Eduardo Juliá: [60]

1.—**S.** Es el manuscrito núm. 6376 de la Biblioteca Nacional, que contiene además las restantes obras de don

[58] Erasmo Buceta, "La admiración de Gracián por el infante don Juan Manuel", en *Revista de filología española*, XI (1924), págs. 63-66.

[59] Véase la reseña en *Romania*, XXIX (1900), págs. 600-602.

[60] *El conde Lucanor* (Madrid, 1933), págs. XXIII-XXVI.

Juan, salvo la *Crónica abreviada*. 216 folios en letra del siglo xv. Mide 0,330 × 0,250.

2.—**M.** También de la Biblioteca Nacional de Madrid, signatura 4.236. Letra de la segunda mitad del siglo xv. 188 páginas.

3.—**H.** De la Academia de la Historia, Est. 27, gr. 3, E-78. Letra del siglo xv. 180 folios, aunque faltan dos, entre los 36 y 37 y entre el 99 y el 100.

4.—**P.** Conservado en la Academia española de la Lengua. Perteneció al Conde Puñonrostro y fue editado por Eugenio Krapf en Vigo en 1902.· (El ms. contiene además otros textos muy interesantes, como el *Libro de los Assayamientos et Engaños de las mugeres.*)

Figuran en él dos cuentos que no aparecen en los demás códices o ediciones, que pueden verse en la de Knust, p. 289 y ss. Llevan los siguientes títulos: *De la emaginación que puede sacar a omne de entendimiento et non se puede tornar de ligero sinon como aquí se dice* y *De como la onra deste mundo non es sino como sueño que pasa.* Este último es interesante para el estudio del tema de *La vida es sueño.* Ninguno de los dos se admite como de don Juan Manuel.

5.—**g.** Llamado así por haber pertenecido a don Pascual Gayangos y está en la Biblioteca Nacional, signatura 18.415. Letra del siglo xvi.

Salvo el primero y el último, los demás sólo contienen los textos de la primera parte; aunque en **g** faltan páginas del final.

Aparte se han perdido tres códices que utilizó Argote de Molina y otro que poseía la Biblioteca del Escorial.

Ediciones

El Conde Lucanor / Compuesto por el excelentissimo principe / don Iuan Manuel, hijo del Infante don Manuel, / y nieto del sancto rey don Fernando / Dirigido / Por Gonçalo de Argote de Molina, al muy Illustre señor / Don Pedro Manvel / Gentil hombre· de la Camara de su Magestad, y de su Consejo [*Escudo de los Manueles*] / Impresso en Seuilla, en casa de Hernando / Diaz / Año de 1575. / Con privilegio real.

El libro de Patronio o *El Conde Lucanor*, edic. de M. Milá y Fontanals, Barcelona, Juan Olivéres, 1853, Parte I.

Libro de Patronio, edic. de Pascual de Gayangos, en *Prosistas anteriores al siglo XV*, Madrid, Rivadeneyra, 1860, págs. 367-439. *Biblioteca de Autores Españoles*, T. LI.

El libro de Patronio o por otro nombre *El Conde Lucanor*, Vigo, Krapf, 1898, 2 vols., 2.ª edic., Vigo, 1902.

Juan Manuel, *El Libro de los Enxiemplos del Conde Lucanor et de Patronio*. Text und Anmerkungen aus dem Nachlasse von Hermann Knust. Herausgegeben von Adolf Birch-Hirschfeld.-Leipzig. Dr. Seele Co. 1900.

Don Juan Manuel, *El conde Lucanor*, prólogo y notas de F. J. Sánchez Cantón, Madrid, 1920.

El Conde Lucanor escrito por don Juan Manuel, edición, observaciones preliminares y ensayo bibliográfico por Eduardo Juliá, Madrid, Victoriano Suárez, 1933.

Don Juan Manuel y los cuentos medievales, selección y notas por María Goyri de Menéndez Pidal (*Biblioteca literaria del estudiante*, t. XXVII), Madrid, 1936. (Es una antología.)

Don Juan Manuel, *El conde Lucanor*, edición, estudio y notas por Ángel González Palencia (*Clásicos Ebro*, núm. 6. También se trata de una selección).

Juan Manuel, *Libro de los ejemplos del Conde Lucanor y de Patronio*, introducción, edición y notas de Pedro Henríquez Ureña, Editorial Losada, S. A., Buenos Aires, 1965. (Primera edic. 1939.)

Don Juan Manuel, *El Conde Lucanor*, versión modernizada por E. Moreno Báez, Valencia, Castalia, 1953. Cuarta edición corregida. 1969.

BIBLIOGRAFÍA SELECTA SOBRE EL AUTOR

BIBLIOGRAFÍA GENERAL

Juliá, Eduardo. *Ensayo bibliográfico,* incluido en su edic. cit. del *Conde Lucanor,* págs. XXIII-XLIX.

Simón Díaz, J. *Bibliografía de la literatura hispánica,* III (Madrid, CSIC, 1953), págs. 263 y ss. Del mismo, *Manual de bibliografía de la literatura española* (Barcelona, G. Gili, 1966), págs. 77-78.

BIOGRAFÍA

Giménez Soler, A. *Don Juan Manuel, biografía y estudio crítico* (Zaragoza, 1932).

ESTUDIOS

A la bibliografía ya citada en el prólogo y más adelante en la edición, añádase:

Alcalá, Manuel. "Don Juan Manuel y Shakespeare, una influencia imposible", en *Filosofía y Letras,* 19 (México, 1945), págs. 55-67.

Amador de los Ríos, J. *Historia crítica de la literatura española,* IV (Madrid, 1865), págs. 244 y ss.

Barcia, Pedro L. *Análisis del Conde Lucanor,* Enciclopedia literaria, 27 (Buenos Aires, 1968).

Bataglia, S. "Dall'esempio alla novela", en *Filología romanza,* VII (Nápoles, 1960), págs. 21-84.

Boggs, R. S. "La mujer mandona de Shakespeare y de D. Juan Manuel", en *Hispania,* X (Stanford, California, 1927), págs. 419-422.

Cirot, Gustave. "L'hirondelle et les petits oiseaux dans *Le conde Lucanor*", en el *Bulletin hispanique*, XXV (Bordeaux, 1933), págs. 294-97.

Doddis Miranda, A. y G. Sepúlveda Durán. *Estudios sobre don Juan Manuel* (Santiago de Chile, Universitaria, 1957), 2 vols.

Gaibrois de Ballesteros, Mercedes. *El príncipe don Juan Manuel y su condición de escritor* (Madrid, Instituto de las Españas, 1945).

Hanssen, Federico. "Notas a la versificación de don Juan Manuel". en *Anales de la Universidad,* CIX (Santiago de Chile, 1901), págs. 539-563. (Tirada aparte, Santiago de Chile, 1902.)

Huerta Tejadas, F. *Vocabulario de las obras de don Juan Manuel,* en el *Boletín de la Real Academia Española,* XXXIV (1954), págs. 285-310 y 413-451; XXXV (1955), págs. 85-132, 277-294 y 453-455; XXXVI (1956), págs. 133-150. Hay tirada aparte (Madrid, 1956).

Marín, Diego. "El elemento oriental en don Juan Manuel: síntesis y revaluación", en *Clavileño,* VII (Madrid, 1955), págs. 1-14.

Mazzei, A. "Un ejemplo del *Conde Lucanor*", en el *Boletín de la Academia Argentina de Letras,* XVII (Buenos Aires, 1948), págs. 71-3.

Rey, María Ramona. "*El libro de Patronio* como guía de vida", en *Trabajos de historia filosófica, literaria y artística del cristianismo y de la Edad Media* (México, El Colegio de México, 1945), págs. 285-320.

Ruffini, M. "Les sources de don Juan Manuel" en *Les lettres Romanes,* VI (Lovaina, 1953), págs. 27-40.

Sánchez Cantón, F. J. "Cinco notas sobre don Juan Manuel", en el *Correo erudito,* I (Madrid, 1940), págs. 63-64.

Steiger, A. "*El Conde Lucanor*", en *Clavileño,* 23 (1953), págs. 1-8.

Tamayo, J. A. "Escritores didácticos de los siglos XIII y XIV", en la *Historia general de las literaturas hispánicas,* II (Barcelona, 1949), págs. 459-464.

Valbuena Prat, A. *Historia de la literatura española,* I (Barcelona, Gustavo Gili, 1957), págs. 163-183.

Varvaro, A. "La cornice del *Conde Lucanor*", en *Studi di letteratura spagnola* (Roma, 1964), págs. 187-195.

Velasco y Arias, María. "*El Conde Lucanor*" *y sus mujeres.* Interpretaciones de tipos femeninos en el VI de su literaria existencia (Buenos Aires, L. J. Rosso, 1935).

NOTA PREVIA

NUESTRA edición está hecha copiando rigurosamente el texto de S, al que falta el folio 160, que tomo del manuscrito de la Academia de la Lengua o de Puñonrostro, al que se han modernizado, tachándolas, terminaciones de palabras, escribiendo encima la solución moderna: *deuedes = deueys*; o añadiendo *e* a voces como *dixol = dixole*, con letra más moderna. Otras veces se tacha alguna voz, como *al* y encima se ha escrito *otro*. Yo he copiado la lección tachada, por responder, como es lógico, a la copia original. Las adiciones de letras, palabras o frases van encerradas entre paréntesis cuadrados [ ]. Algunas correcciones son mías, y otras, las más extensas, de otros códices. Indico al final los errores del manuscrito que he salvado sin ninguna advertencia.

He respetado con todo rigor la ortografía, aun en voces muy vacilantes en sus grafías, como *conseiero, consejero* (cuya *i* o *j* ofrece en más de un caso muy poca nitidez), pero me he permitido alterarla en los siguientes casos: uso de *v* en voces como *vna = una*, y de *u* en *cauallero = cavallero, auéys = avéys*. La tilde de la abreviatura ante b o p la transcribo por *m*, porque el escriba vacila en su uso; en cambio, he conservado la tilde en los casos de *daño, cuñado*, etc., para facilitar la lectura. El signo ᴣ lo he resuelto por *et*, ya que esa es la forma en que aparece muchas veces; al paso que la voz *xptiano* se transcribe por *christiano*. A su vez, uno palabras que figuran separadas en el texto, como *natural mente = naturalmente*,

digo vos = digovos, dio gelo = diógelo, y he separado
voces como *delos = de los, alla = a lla*, para evitar
confusiones en la lectura. Las frases árabes que apa-
recen en el texto se han copiado con toda exactitud por
consejo de mi colega J. Vernet, concorde en este pun-
to con doña María Goyri de Menéndez Pidal, y he puesto
en nota las transcripciones de los mejores editores.
Dado el carácter de la colección, he acentuado tam-
bién numerosas voces, incluso los adverbios *ý, ó* para
que no hubiese dudas. Siguiendo la sugerencia de Y.
Malkiel (*Romance Philology*, 16, 1962-1963, p. 137),
he acentuado también *nós* y *vós* cuando son tónicos.

Doy las gracias a Juan Vernet por sus consejos, a
Inmaculada Ferrer de Alba y Ana Orta Sapera que
me han ayudado a cotejar varias veces el manuscrito
y a corregir las pruebas.

J. M. B.

EL CONDE LVCANOR.

Compuesto por el excelentissimo principe
don Luan Manuel, hijo del Infante don Manuel,
y nieto del sancto rey don Fernando.

Dirigido

Por Gonçalo de Argote y de Molina, al muy Illustre señor
DON PEDRO MANVEL
Gentil hombre de la Camara de su Ma-
gestad, y de su Consejo.

Impresso en Seuilla, en casa de Hernando
Diaz.   Año de 1575.

CON PRIVILEGIO REAL.

ESTE libro fizo don Iohan, fijo del muy noble infante don Manuel, deseando que los omnes. fiziessen en este mundo tales obras que les fuessen aprovechosas de las onras et de las faziendas [1] et de sus estados, [2] et fuessen más allegados [3] a la carrera [4] porque pudiessen salvar las almas. Et puso en él los enxiemplos [5] más aprovechosos que él sopo de las cosas que acaesçieron, porque los omnes puedan fazer esto que dicho es. Et sería maravilla si de qualquier cosa que acaezca a qualquier omne, non fallare en este libro su semejança que acaesçió a otro.

Et porque don Iohan vio et sabe que en los libros contesçe muchos yerros en los trasladar, [6] porque las letras semejan unas a otras, cuydando por la una letra que es otra, en escriviéndolo, múdasse toda la razón et por aventura confóndesse, et los que después fallan aquello escripto, ponen la culpa al que fizo el libro;

---

[1] *fazienda*: además de 'propiedad', significa también 'fortuna', 'negocio', 'asuntos', 'dificultad', como se irá viendo.

[2] *estados*: la condición, clase o función social que desempeña una persona, y tambi:n la profesión, oficio, etc., cosa que tanto preocupaba a don Juan Manuel. Las *Partidas*, IV, tit. XXIII, ley 4, lo definen así: "*Status hominum* tanto quiere decir en romance como el estado o la condición o la manera en que los omes viven o están".

[3] *allegados*: cercanos, próximos.

[4] *carrera*: camino. Cf.: "Nin creades a ninguno que vos diga nin conseje ar[r]edrar de la carrera de Dios". *Libro infinido*, págs. 15-16.

[5] *enxiemplo*: lo mismo que 'ejemplo', 'lección moral', pero también 'fábula', 'cuento', etc.

[6] *trasladar*: copiar.

et porque don Iohan se reçeló desto, ruega a los que leyeren qualquier libro que fuere trasladado del que él compuso, o de los libros que él fizo, que si fallaren alguna palabra mal puesta, que non pongan la culpa [7] a él, fasta que bean el libro mismo que don Iohan fizo, que es emendado, en muchos logares, de su letra. Et los libros que él fizo son éstos, que él a fecho fasta aquí: la *Crónica abreviada*, [8] el *Libro de los sabios*, [9] el *Libro de la cavallería*, el *Libro del infante*, [10] el *Libro del cavallero et del escudero*, el *Libro del Conde*, [11] el *Libro de la caça*, el *Libro de los engeños*, el *Libro de los cantares*. Et estos libros están en l' monesterio de los frayres predicadores que él fizo en Peñafiel. [12] Pero, desque vieren los libros que él fizo, por las menguas [13] que en ellos fallaren, non pongan la culpa a la su entención, mas pónganla a la mengua del su entendimiento, porque se atrevió a sse entremeter a fablar en tales cosas. [14] Pero Dios sabe que lo fizo por entención que se aprovechassen de

[7]   *pongan la culpa*: echen la culpa.

[8]   Véase lo que se dice en la *Introducción* a este volumen, p. 21.

[9]   Íd., Ibíd., p. 19.

[10]   Es el *Libro de los estados*, llamado también por el propio don Juan Manuel *Libro del infante*, como ya se dijo en la *Introducción*, p. 23.

[11]   Se trata del libro que editamos.

[12]   Este monasterio fue fundado por el propio don Juan Manuel en 1318.

[13]   *menguas*: faltas. Cf.: "Non havien nulla mengua si non traien aver". Berceo, *Duelo de la Virgen*, 69d.

[14]   Don Juan Manuel repetirá más tarde todo esto en el "Prólogo general" a sus obras: "Et recelando yo, don Johan, que por razón que non se podrá escusar, que los libros que yo he fechos non se hayan de trasladar muchas vezes, et porque yo he visto que en el trasladar acaeçe muchas vezes, lo uno por desentendimiento del scrivano, o porque las letras semejan unas a otras, et que en trasladando el libro porna una razon por otra, en guisa que muda toda la entencion et toda la suma, et sera traydo el que la fizo non aviendo ý culpa; et por guardar esto quanto yo pudiere, fize fazer este volumen, en que estan scriptos todos los libros que yo fasta aqui he fechos, et son doze... Et ruego a todos los que leyeren qualquier de los libros que yo fiz, que si fallaren alguna razon mal dicha, que non pongan a mi la culpa fasta que bea[n] este volumen que yo mesmo concerte; et desque lo vieren, lo que fallaren que es ý menguado, non pongan la culpa a la mi entencion, ca Dios sabe buena la ove, mas pongan[la] a la mengua del mio entendimiento". En *Obras de don Juan Manuel*, 1, edic. de J. M.ª Castro y M. de Riquer (Barcelona, 1955), p. 4-5.

lo que él diría las gentes [15] que non fuessen muy letrados [16] nin muy sabidores. Et por ende, fizo todos los sus libros en romançe, [17] et esto es señal [18] çierto que los fizo para los legos [19] et de non muy grand saber commo lo él es. [20] Et de aquí adelante, comiença el prólogo del *Libro de los Enxiemplos del Conde Lucanor et de Patronio.*

[15] Nótese que 'gentes' concierta con adjetivos masculinos.

[16] *letrado*: literato, educado. Cf. "Ca hauie hun diçiplo sauio e bien letrado". *Libro de Apolonio,* edic. de C. Carroll Marden (New York, 1965), 284d.

[17] *romance:* lengua vulgar, corriente, contrapuesta a la latina.

[18] *señal*: signo. De ahí 'cierto' en masculino. Cf.: "et dovos estas armas, que son sennales de alas et de leones". *Obras de don Juan Manuel,* p. 91.

[19] *lego*: que no ha hecho estudios, no letrado.

[20] Don Juan Manuel declara más de una vez que no presume de letrado. Cf.: "envío vos yo, que so lego, que nunca aprendi nin ley nin ninguna sciencia, esta mi fabliella", Edic. cit., p. 10.

E N el nombre de Dios: amén. Entre muchas cosas estrañas et marabillosas que nuestro Señor Dios fizo, tovo por bien de fazer una muy marabillosa; ésta es [que] de quantos [omnes] en el mundo son, non a uno que semeje a otro en la cara; ca[21] commo quier que[22] todos los omnes an essas mismas cosas en la cara, los unos que los otros, pero las caras en sí mismas non semejan las unas a las otras.[23] Et pues en las caras, que son tan pequeñas cosas, ha en ellas tan grant departimiento,[24] menor marabilla es que aya departimiento en las voluntades et en las entenciones de los omnes. Et assí fallaredes que ningún omne non se semeja del todo en la voluntad nin en la entención con otro. Et fazervos he[25] algunos enxiemplos porque lo entendades mejor.

Todos los que quieren et desean servir a Dios, todos quieren una cosa, pero non lo sirven todos en una ma-

---

[21]   *ca*: porque, de *quia*. Juan de Valdés en su *Diálogo de la lengua* (Clás. cast., 86, p. 104) se lamentaba de su desaparición: "Ca, porque, ha recibido injuria del tiempo, siendo injustamente desechado, y tiene no sé qué de antigüedad que me contenta".

[22]   *commo quier... pero*: equivale hoy a 'aunque, sin embargo'.

[23]   Era un lugar común en la Edad Media. Knust, en su edic., p. 297, cita textos de Plinio y de Jacobo de Vorágine, entre otros, donde se dice lo mismo.

[24]   *departimiento*: diferencia. Cf.: "Sennor infante, dixo Julio, entre el estado de los enperadores et de los reys non hay otro departimiento, si non que los enperadores son por eslecçion". *Libro de los estados*, f. 90a. (Citaré siempre por el propio manuscrito.)

[25]   *fazervos he*: os haré. Es construcción frecuentísima, como se verá.

nera: que unos le sirven en una manera et otros en otra. Otrosí, los que sirven [26] a los señores, todos los sirven, mas non los sirven todos en una manera. Et los que labran et crían et trebejan [27] et caçan et fazen todas las otras cosas, todos las fazen, mas non las entienden nin las fazen todos en una manera. Et así, por este exienplo, et por otros que seríen muy luengos de dezir, podedes entender que, commo quier que los omnes todos sean omnes et todos ayan voluntades et entençiones, que atán [28] poco commo se semejan en las caras, tan poco se semejan en las entençiones et en las voluntades; pero todos se semejan en tanto que todos usan et quieren, et aprenden mejor aquellas cosas de que se más pagan [29] que las otras. Et porque cada omne aprende mejor aquello de que se más paga, por ende el que alguna cosa quiere mostrar [a otro], dévegelo [30] mostrar en la manera que entendiere que será más pagado el que la ha de aprender. Et porque [a] muchos omnes las cosas sotiles non les caben en los entendimientos, porque non las entienden bien, non toman plazer en leer aquellos libros, nin aprender lo que es escripto en ellos. Et porque non toman plazer en ello, non lo pueden aprender nin saber así commo a ellos cumplía. [31]

Por ende, yo, don Johan, fijo del infante don Manuel, adelantado mayor de la frontera [32] et del regno

[26] *servir*: con el sentido también de 'servicio' en el vasallaje medieval. Cf.: "de los vasallos que sirven a los sennores, que en todas nos servieron muy mal e muy falsamente; et bi otros vasallos que a mi e otros servieron en todas estas cosas muy bien e muy lealmente". *Libro infinido*, p. 43.

[27] *trebejan*: juegan, tornean, etc. Cf.: "Et desque començare a fablar et sopiere andar deuenles dar moços con que trebejen aquellos trebejos que les pertenesçe segund su edad". *Libro de los estados*, f. 77a.

[28] *atán*: tan. Comp.: "Ella, quando lo vio venyr atan escalentado". *Libro de Apolonio*, 212c.

[29] *pagan*: contentan.

[30] *dévegelo*: débeselo.

[31] *cumplía*: convenía. Cf.: "tantos son los grandes fechos que an de fazer por guardar sus onras et sus estados, que abes les cumplen lo que an". *Libro de los estados*, f. 92a.

[32] *adelantado*: gobernador militar y civil de un territorio. Cf.: "adelantado tanto quiere dezir como ome metido adelante, en algun fecho señalado, por mandado del Rey [...] E este deue ser muy acucioso para guardar la tierra que se non fagan en ella asonadas, nin otros bollicios malos, de que viene daño al Rey e al reyno". *Partidas*, II, tít. IX, ley XXII.

de Murçia, fiz este libro compuesto de las más apues-
tas [33] palabras que yo pude, et entre las palabras en-
tremetí algunos exiemplos de que se podrían aprovechar
los que los oyeren. Et esto fiz segund la manera que
fazen los físicos, [34] que quando quieren fazer alguna
melizina [35] que aproveche al fígado, por razón que
naturalmente [36] el fígado se paga de las cosas dulçes,
mezcla[n] con aquella melezina que quiere[n] melezinar
el fígado, açúcar o miel o alguna cosa dulçe; et por el
pagamiento [37] que el fígado a de la cosa dulçe, en
tirándola [38] para sí, lieva con ella la melezina quel a
de aprovechar. Et esso mismo fazen a qualquier miem-
bro que aya mester [39] alguna melezina, que sienpre la
dan con alguna cosa que naturalmente aquel mienbro
la aya de tirar a sí. Et a esta semeiança, con la merçed
de Dios, será fecho este libro, et los que lo leyeren
[si por] su voluntad tomaren plazer de las cosas pro-
vechosas que ý [40] fallaren, será bien; et aun los que
lo tan bien non entendieren, non podrán escusar que,
en leyendo el libro, por las palabras falagueras [41] et
apuestas que en él fallarán, que non ayan a leer las
cosas aprovechosas que son ý mezcladas, et aunque ellos

---

[33] *apuestas*: hermosas, compuestas. Cf.: "Ca las palabras que se
dicen sobre razones feas e sin pro que non son fermosas nin apues-
tas al que las habla, nin otrosi al que las oye". *Partidas*, II, tít.
XV, ley II.

[34] *físicos*: médicos. Comp.: "Et mandovos e consejovos que en
quanto pudieredes auer fisico que sea del linage de don Çag, que
fue fisico de mio padre e mio, que nunca lo dexedes por otro fisico".
Libro infinido, págs. 23-4.

[35] *melizina*: medicina. Es aún de uso vulgar.

[36] *naturalmente*: por su propia naturaleza, espontáneamente. Cf.:
"E naturalmente mas piadosas son las madres que los padres". *Cas-
tigos y documentos*, edic. de A. Rey (Indiana, Bloomington, 1952),
p. 40. "Et la razon porque vos tomastes enojo et commo espanto de
la muerte fue por[que] naturalmente toda cosa viva toma enojo et
espanto de la muerte, porque es su contrario". *Libro de los estados*,
f. 48a.

[37] *pagamiento*: atracción, gusto. Cf.: "Del su continente ouo
grant pagamiento". *Libro de Apolonio*, 149a.

[38] *tirándola*: atrayéndola.

[39] *mester*: necesidad. Cf.: "mas la verdad es esta: que estas
cosas et otras qualesquier, en que haya mester fuerça o valentia,
non las pueden tener del todo por mannas". *Libro de los estados*,
f. 48a. Vid. también la nota siguiente.

[40] *ý*: allí. Cf.: "ca es ý mester de guardar los diez mandamien-
tos de la ley". *Libro infinido*, p. 13.

[41] *falagueras*: halagüeñas.

non lo dese[e]n, aprovecharse an dellas, así commo el fígado et los otros miembros dichos se aprovechan de las melezinas que son mezcladas con las cosas de que se ellos pagan. Et Dios, que es complido [42] et complidor [43] de todos los buenos [fechos], por la su merçed et por la su piadat, [44] quiera que los que este libro leyeren, que se aprovechen dél a serviçio de Dios et para salvamiento de sus almas et aprovechamiento de sus cuerpos; así commo Él sabe que yo, don Iohan, lo digo a essa entençión. Et lo que ý fallaren que non es tan bien dicho, non pongan culpa a la mi entençión, mas pónganla a la mengua del mio entendimiento. Et si alguna cosa fallaren bien dicha o aprovechosa, gradéscanlo a Dios, ca Él es aquél por quien todos los buenos dichos et fechos se dizen et se fazen.

Et pues el prólogo es acabado, de aquí adelante començaré la manera [45] del libro, en manera de un grand señor que fablava con un su consegero. Et dizían [46] al señor, conde Lucanor, et al consegero, Patronio.

---

[42] *complido*: perfecto. Comp.: "Ca Dios es poder conplido e en Dios es poder conplido; Dios es saber conplido et en Dios es saber conplido". *Libro infinido*, p. 5.

[43] *complidor*: "Don Juan hace aquí un juego de palabras: Dios es perfecto y por Él se cumplen las buenas obras", anota doña María Goyri de Menéndez Pidal en su edición (Madrid, 1935), p. 30.

[44] *piadat*: piedad (recuérdese cómo hoy se dice 'piadoso' y 'apiadar'). Es de uso muy frecuente en textos medievales. Comp.: "Rendieron a Dios gracias de buena boluntat, / a la sancta Reyna madre de piadat". Berceo, *Milagros*, 98ab.

[45] *manera*: materia. Cf.: "Alexandre, la iusticia es manera buena et de las maneras de Dios, et a las maneras de Dios non les puede omne dar cuenta". "Ya sopiestes que la madre de la madre es a la criatura atal commo es la olla a lo que cuezen en ella. Las complexiones son diuersas segunt las maneras, et las naturas contrarias ssegunt el yuntamiento". *Poridat de las poridades*, ed. de Lloyd A. Kasten (Madrid, 1957), págs. 42 y 62. Véase también la pág. 264 de esta edición.

[46] *dizían*: llamaban. Es aún de uso popular. Cf.: "Estrangilo le dizen, ombre era onrrado". *Libro de Apolonio*, 80c.

EXEMPLO I.º

DE LO QUE CONTESÇIÓ A UN REY CON UN SU PRIVADO *

ACAESÇIÓ una vez que el conde Lucanor estava fablando en su poridat [47] con Patronio, su consegero, et díxol: [48]

—Patronio, a mí acaesçió que un muy grande omne et mucho onrado, et muy poderoso, et que da a entender que es quanto mio amigo, [49] que me dixo pocos días ha, en muy grant poridat, que por algunas cosas quel acaesçieran, que era su voluntad de se partir [50] desta tierra et non tornar a ella en ninguna manera, et que por el amor et grant fiança [51] que en mí avía, que me quería dexar toda su tierra: lo uno vendido, et lo al, [52] comendado. [53] Et pues esto quiere, seméjame muy grand onra et grant aprovechamiento para mí; et vós dezitme et consejadme lo que vos paresçe en este fecho.

—Señor conde Lucanor —dixo Patronio—, vien entiendo que el mio consejo non vos faze grant mengua, [54] pero vuestra voluntad es que vos diga lo que en esto entiendo, et vos conseje sobre ello, fazerlo he [55] luego.

---

* Knust, p. 299, indica que la fuente de este ejemplo procede de una parábola del cap. 1V del *Barlaam y Josafat*, famosa obra novelesca atribuida a San Juan Damasceno, que a su vez pasa a la *Leyenda áurea*, cap. CLXXX. (Véase la edic. en la *Patrología griega* de Migne, vol. 96, col. 879 y ss.)

[47] *poridat*: secreto, reserva. Cf.: "En poridad fablar querria con amos". *Poema del Cid*, v. 194; "fabló luego el conde de poridat con ella". *Poema de Fernán González* (Clás. cast. 70), 615c.

[48] *díxol*: En don Juan Manuel aparece con mucha frecuencia la apócope del pronombre *le* enclítico.

[49] *que es quanto mio amigo*: que es muy amigo mío.

[50] *se partir*: esta construcción es frecuentísima en textos medievales.

[51] *fiança*: confianza. Cf.: "Toma fiança en cada vno commo deues e quanto deues". *Castigos e documentos*, p. 162.

[52] *al*: otro. Cf.: "de lo al non piensan nada". *Poema del Cid*, 592. "Lo al por la su alma preste al monesterio". *Libro de Apolonio*, 291b.

[53] *comendado*: encomendado, dejado. Cf.: "Quando vi que de muerte estorcer non podría... Comendeme a Cristo e a Sancta María". Berceo, *Milagros* (Clás. cast., 44), 447ac.

[54] *mengua*: necesidad, falta. Cf.: "así que ninguna de las pasiones et menguas que los omnes oy avemos non avien ellos a sentir ninguna". *Libro de los estados*, f. 59a.

[55] *fazerlo he*: es forma del futuro muy frecuente en textos medievales. Véase la nota 25.

Primeramente, vos digo a esto que aquél que cuyda-
des [56] que es vuestro amigo vos dixo, que non lo fizo
sinon por vos provar. Et paresçe que vos conteçió con
él commo contençió a un rey con un su privado.

El conde Lucanor le rogó quel dixiese cómmo fuera
aquello.

—Señor —dixo Patronio—, un rey era que avía un
privado en que fiava mucho. Et porque non puede seer
que los omnes que alguna buena a[n]dança [57] an, que
algunos otros non ayan envidia dellos, por la privança
et bien andança que aquel su privado avía, otros pri-
vados daquel rey avían muy grant envidia et trabajá-
vanse [58] del buscar mal con el rey, su señor. Et commo
quier que muchas razones le dixieron, nunca pudieron
guisar [59] con el rey quel fiziese ningún mal, nin aun
que tomase sospecha nin dubda dél, nin de su serviçio.
Et de que vieron que por otra manera non pudieron
acabar lo que querían, fizieron entender al rey que
aquel su privado que se trabaiava de guisar porque él
muriese, et que un fijo pequeño que el rey avía, que
fincase en su poder, [60] et de que él fuese apoderado de
la tierra, [que faría cómmo muriese el mozo et que
fincaría él señor de la tierra]. Et commo que fasta en-
tonce non pudieran poner en ninguna dubda al rey
contra aquel su privado, de que esto le dixieron, non
lo pudo sofrir el coraçón que non tomase dél reçelo.
Ca [61] en las cosas en que tan grant mal ha, que se
non pueden cobrar [62] si se fazen, ningún omne cuerdo

56 *cuydades*: pensáis.
57 *buena a[n]dança*: buena fortuna. Comp.: "por buen comienço
espera omne la buena andança". *Libro de buen amor*, 805c.
58 *trabajávanse*: se afanaban, esforzaban. Véase unas líneas más
abajo. Cf.: "Et los fechos que vieren que se pueda et se deuen
desenbargar por otrie, non se deuen trabajar dellos". *Libro de los
estados*, f. 72b.
59 *guisar*: cuidar, pensar, disponer. Cf.: "E de las otras viandas,
fazet commo se vos guisare. Et si guisaredes de beuer el vino muy
aguado, a lo menos que sea la meatad de bino a la meatad de agua".
Libro infinido, p. 22.
60 *poder*: amparo, protección, custodia. Cf.: "El senyor Antina-
gora, que la villa tenie en poder". *Libro de Apolonio*, 395a.
61 *ca*: porque. Véase la nota 21 en la p. 50.
62 *cobrar*: recobrar. Cf.: "que nunca se cobra el tiempo per-
dido". *Libro de los estados*, f. 95d. "Un día que perdemos non po-
demos cobrar". *Poema de Fernán González*, 347a.

non deve esperar ende [63] la prueva. Et por ende, desque el rey fue caýdo en esta dubda et sospecha, estava con grant reçelo, pero non se quiso mover en ninguna cosa contra aquel su privado, fasta que desto sopiese alguna verdat.

Et aquellos otros que buscavan mal a aquel su privado dixiéronle una manera muy engañosa en cómmo podría provar que era verdat aquello que ellos dizían, et enformaron [64] bien al rey en una manera engañosa, segund adelante oydredes, [65] cómmo fablase con aquel su privado. Et el rey puso en su coraçón de lo fazer, et fízolo.

Et estando a cabo de algunos días el rey fablando con aquel su privado, entre otras razones muchas que fablaron, començol un poco a dar a entender que se despagava [66] mucho de la vida deste mundo et quel paresçía que todo era vanidat. [67] Et entonçe non le dixo más. Et después, a cabo de algunos días, fablando otra ves con el aquel su privado, dándol a entender que sobre otra razón començava aquella fabla, tornol a dezir que cada día se pagava menos de la vida deste mundo et de las maneras que en él veýa. Et esta razón le dixo tantos días et tantas vegadas, [68] fasta que el privado entendió que el rey non tomava ningún plazer en las onras deste mundo, nin en las riquezas, nin en ninguna cosa de los vienes nin de los plazeres que en este mundo avíe. Et desque el rey entendió que aquel su privado era vien caýdo en aquella entençión, díxol un día que avía pensado de dexar el mundo et yrse desterrar a tierra do non fuesse conosçido, et catar [69] algún lugar extraño et muy apartado en que fiziese penitençia de sus pecados. Et que, por aquella manera,

---

[63] *ende*: de ello. Cf.: "seruiçio le he fecho, non sso ende repentido". *Libro de Apolonio*, 552c.

[64] *enformaron*: informaron, enteraron.

[65] *oydredes*: oiréis.

[66] *despagava*: hastiaba, descontentaba.

[67] Recuerdo del "Vanitas vanitatum et omnia vanitas". *Eccles.*, c. I, 2.

[68] *vegadas*: veces. Cf.: "E todas estas cosas prouat a las vegadas". *Libro infinido*, p. 21.

[69] *catar*: buscar. Cf.: "Et lo que a mi paresçe que deuiades fazer que catasedes algun omne muy letrado et muy entendido". *Libro de los estados*, f. 52c.

pensava que le avría Dios merçed dél et podría aver la
su gracia porque ganase la gloria del Paraýso.

Quando el privado del rey esto le oyó dezir, estra-
ñógelo mucho, deziéndol muchas maneras [70] porque lo
non devía fazer. Et entre las otras, díxol que si esto
fiziese, que faría muy grant deserviçio a Dios en dexar
tantas gentes commo avía en l' su regno que tenía él
vien mantenidas en paz et en justiçia, et que era çierto
que luego que él dende [71] se partiese, que avría entrellos
muy grant bolliçio [72] et muy grandes contiendas, de
que tomaría Dios muy grant deserviçio et la tierra [73]
muy grant dapño, et quando por todo esto non lo
dexase, que lo devía dexar por la reyna, su muger, et
por un fijo muy pequeñuelo que dexava: que era çierto
que sería[n] en muy grant aventura, tanbién de los
cuerpos, commo de las faziendas.

A esto respondió el rey que, ante que él pusiesse
en toda guisa [74] en su voluntad de se partir de aquella
tierra, pensó él la manera en cómmo dexaría recabdo [75]
en su tierra porque su muger et su fijo fuesen servidos
et toda su tierra guardada; et que la manera era ésta:
que vien sabía él que el rey le avía criado [76] et le avía
fecho mucho bien et quel fallara sienpre muy leal, et
quel serviera muy bien et muy derechamente, et que
por estas razones, fiava en l' más que en omne del
mundo, et que tenía por bien del dexar la muger et

---

[70] *maneras*: razones.

[71] *dende*: desde allí. Comp.: "E dende fue a prouar a cada vno
de los otros sus amigos". *Castigos e documentos*, p. 168.

[72] *bolliçio*: alboroto, sedición. Cf.: "Otrosi, que non les venga
a talante que, sin grant tuerto que reçibiesen de su hermano mayor,
se mouiesen para le fazer guerra o bolliçio en la tierra". *Libro de
los estados*, f. 78a.

[73] *tierra*: país, territorio. Cf.: "Auia toda la tierra con ellos
gran plazer". *Libro de Apolonio*, 65c.

[74] *en toda guisa*: resueltamente. Cf.: "Martiriaba sus carnes
como leal obrero, / querie a todas guisas mereçer el dinero". Berceo,
Vida de san Millán, 32cd.

[75] *recabdo*: gobierno, cuidado. Comp.: "Otrosi, deue poner eso
mismo recabdo en la çaga, segund do entendiere do es el mayor
reçelo". *Libro de los estados*, 80c.

[76] *criado*: de 'criar', educar y alimentar. Comp.: "Pusieron nom-
bre don Ioan, et luego que el ninno nasçio, tomele por criado et en
mi guarda". *Libro de los estados*, f. 53a. "Tenie muchos criados a
letras aprender, / fijos de bonos omnes que querien más valer".
Berceo, *Milagros*, 354. (Véase también la nota 80.)

el fijo en su poder, et entergarle[77] et apoderarle[78]
en todas las fortalezas et logares del regno, porque
ninguno non pudiese fazer ninguna cosa que fuese
deserviçio de su fijo; et si el rey tornase en algún tiem-
po, que era çierto que fallaría muy buen recabdo[79] en
todo lo que dexase en su poder; et si por aventura mu-
riese, que era çierto que serviría muy bien a la reyna,
su muger, et que criaría[80] muy bien a su fijo, et quel
ternía[81] muy bien guardado el su regno fasta que fuese
de tiempo que lo pudiese muy bien governar; et así,
por esta manera, tenía que dexava recabdo en toda su
fazienda.

Quando el privado oyó dezir al rey que quería dexar
en su poder el reyno et el fijo, commo quier que lo
non dio a entender, plógol mucho en su coraçón, en-
tendiendo que pues todo fincava en su poder, que podría
obrar en ello commo quisiese.

Este privado avía en su casa un su cativo que era
muy sabio omne et muy grant philósopho. Et todas
las cosas que aquel privado del rey avía de fazer, et
los consejos quél avía a dar, todo lo fazía por consejo
de aquel su cativo que tenía en casa.

Et luego que el privado se partió del rey, fuese para
aquel su cativo, et contol todo lo quel conteçiera con
el rey, dándol a entender, con muy grant plazer et
muy grand alegría, quánto de buena ventura era, pues
el rey le quería dexar todo el reyno et su fijo et su
poder.

Quando el philósopho que estava cativo oyó dezir
a su señor todo lo que avía pasado con el rey, et cóm-
mo el rey entendiera que quería él tomar en poder a
su fijo et al regno, entendió que era caýdo en grant
yerro, [et] començólo a maltraer[82] muy fieramente, et
díxol que fuese çierto que era en muy grant peligro del
cuerpo et de toda su fazienda; ca todo aquello quel

---

[77] *entergarle*: entregarle. Comp.: "tu ruega al Criado / como
quiere cras sea el trufán entergado". Berceo, *Milagros*, 671d.
[78] *apoderarle*: delegarle el poder.
[79] *recabdo*: gobierno.
[80] *criaría*: educaría. Cf.: "Acomiendo te la fija e do te la a
criar". *Libro de Apolonio*, 346a. Véase la nota 76.
[81] *ternía*: tendría.
[82] *maltraer*: maltratar, denostar. Cf.: "Et si los que este libro
leyeren non lo fallaren por buena obra, ruegoles yo que non se
marauillen dello, nin me maltrayan". *Libro infinido*, p. 8.

rey le dixiera, non fuera porque el rey oviese voluntad
de lo fazer, sinon que algunos quel querían mal avían
puesto [83] al rey quel dixiese aquellas razones por le
provar, et pues entendiera el rey quel plazía, que fuese
çierto que tenía el cuerpo et su fazienda en muy grant
peligro.

Quando el privado del rey oyó aquellas razones, fue
en muy gran cuyta, [84] ca entendió verdaderamente que
todo era así commo aquel su cativo le avía dicho. Et
desque aquel sabio que tenía en su casa le vio en tan
grand cuyta, consejol que tomase una manera commo
podríe escusar de aquel peligro en que estava.

Et la manera fue ésta: luego, aquella noche, fuese
raer la cabeça et la barba, et cató una vestidura muy
mala et toda apedaçada, tal qual suelen traer estos
omnes que andan pidiendo las limosnas andando en
sus romerýas, et un vordón et unos çapatos rotos et
bien ferrados, [85] et metió entre las costuras de aquellos
pedaços de su vestidura una grant quantía de doblas. [86]
Et ante que amaniçiese, [87] fuese para la puerta del
rey, et dixo a un portero que ý falló que dixiese al rey
que se levantase porque se pudiesen yr ante que la
gente despertasse, ca él allí estava esperando; et man-
dol que lo dixiese al rey en grant poridat. Et el portero
fue muy marabillado quandol vio venir en tal manera,
et entró al rey et díxogelo así commo aquel su privado
le mandara. Desto se marabilló el rey, et mandó quel
dexase entrar.

Desque lo vio cómmo vinía, preguntol por qué fiziera
aquello. El privado le dixo que bien sabía cómol dixiera
que se quería yr desterrar, et pues él así lo quería
fazer, que nunca quisiese Dios que él desconosçiesse
quanto bien le feziera; et que así commo de la onra et
del bien que el rey obiera, tomara muy grant parte, que

[83]   *puesto*: insinuado, convencido, impuesto.
[84]   *cuyta*: pena.
[85]   *ferrados*: herrados, claveteados. Cf.: "nunca entrarié en la mar
con su nave herrada". *Libro de buen amor* (edic. de J. Corominas,
Madrid, 1967), 614c.
[86]   *doblas*: moneda de oro equivalente a la octava parte de una
onza.
[87]   *amaniciese*: amaneciese.

así era muy grant razón que de la lazeria [88] et del
desterramiento [89] que el rey quería tomar, que él
otrosí [90] tomase ende su parte. Et. pues el rey non se
dolía de su muger et de su fijo et del regno et de lo
que acá dexava, que non era razón que se doliese
él de lo suyo, et que yría con él, et le serviría en
manera que ningún omne non gelo [91] pudiese enten-
der, et que aun le levava [92] tanto aver [93] metido en
aquella su vestidura, que les avondaría [94] asaz [95] en toda
su vida, et que, pues que a yrse avían, que se fuesen
ante que pudiesen ser conosçidos.

Quando el rey entendió todas aquellas cosas que
aquel su privado le dizía, tovo que gelo dizía todo
con leatad, [96] et gradeçiógelo mucho, et contol toda la
manera en cómmo oviera a seer engañado et que todo
aquello le fiziera el rey por [le] provar. Et así, oviera
a seer aquel privado engañado por mala cobdiçia, et
quísol Dios guardar, et fue guardado por consejo del
sabio que tenía cativo en su casa.

Et vós, señor conde Lucanor, a menester que vos
guardedes que non seades engañado déste que tenedes
por amigo; ca çierto sed, que esto que vos dixo que
non lo fizo sinon por provar qué es lo que tiene en
vós. Et conviene que en tal manera fabledes con él,
que entienda que queredes toda su pro et su onra,
et que non avedes cobdiçia de ninguna cosa de lo
suyo, ca si omne estas dos cosas non guarda a su
amigo, non puede durar entre ellos el amor [97] luen-
gamente.

---

[88] *lazeria*: pena, sufrimiento. Cf.: "et aunque por armas non
mueran, la lazeria et los trabajos et el miedo et los peligros... los
faze martires". *Libro de los estados*, f. 84a.

[89] *desterramiento*: destierro.

[90] *otrosí*: también.

[91] *gelo*: se lo.

[92] *levava*: llevaba.

[93] *aver*: dinero, riqueza. Cf.: "del auer non tomaron huna dine-
rada". *Libro de Apolonio*, 232c.

[94] *avondaría*: abundaría, duraría, bastaría.

[95] *assaz*: bastante.

[96] *leatad*: lealtad.

[97] *amor*: amistad. Don Juan Manuel, al final de su *Libro infi-
nido*, escribe un pequeño ensayo sobre "quantas maneras ha de
amor" y halla quince.

El conde se falló por bien aconsejado del consejo de Patronio, su consejero, et fízolo commo él le consejara, et fallóse ende bien.

Et entendiendo don Iohan que estos exiemplos eran muy buenos, fízolos escribir en este libro, et fizo estos viessos [98] en que se pone la sentençia de los exiemplos. Et los viessos dizen assí:

> *Non vos engañedes, nin creades que, endoñado,* [99]
> *faze ningún omne por otro su daño de grado.*

Et los otros dizen assí:

> *Por la piadat de Dios et por buen consejo,*
> *sale omne de coyta et cunple su deseo.*

Et la estoria [100] deste exiemplo es ésta que se sigue:

---

[98] *viessos*: versos. Cf.: "quiero destos fructales, tan plenos de dulzores, / fer unos pocos viesos, amigos e sennores". Berceo, *Milagros*, edic. cit., 44 cd. "e di tres vegadas aquel vieso del salterio, el que dize asi". *Castigos e documentos*, p. 177.

[99] *endonado*: de gracia, por favor. Cf.: "Rey, dize, yo te ruego e pido te lo endonado". *Libro de Apolonio*, 338c.

[100] María Rosa Lida de Malkiel, ob. cit., p. 105, nota 16, apostilla: "Al final del *Exemplo I*, don Juan Manuel distingue el *exiemplo*, unidad que consta de narración, aplicación moral y moraleja en verso, de la *estoria* o parte narrativa, y de los *viessos* que contienen el núcleo didáctico del *exiemplo*". A pesar de la agudeza de la insigne investigadora, creo que su explicación no está clara. La frase "Et la estoria deste exiemplo es ésta que se sigue" tiene claramente dos partes: "La estoria de este exiemplo", que parece referirse al exiemplo contado anteriormente, y "es ésta que se sigue", que ofrece pocas dudas. Ahora bien, creo que podría tratarse de algo más curioso. La voz 'estoria' tiene también el significado de 'pintura' y 'dibujo', como es bien sabido. Aunque abundan los testimonios, aduzco sólo el que figura en el *Libro de Alexandre* (edic. de R. S. Willis Jr.), 2386 y 2388ab:

> Era en la corona el çielo debuxado,
> toda de criaturas angelicas poblado [...]
> Çerca estas estorias e çerca un rrincon
> alçauan los gigantes torres a grant mission.

El manuscrito, al revés de lo que ocurre en el *Libro de los estados*, deja un blanco entre cuento y cuento. Podría quizá tratarse de que la 'estoria' fuese una miniatura que siguiese al cuento en el códice original, miniatura que no se trasladó al copiar el texto. Tratándose de un códice casi regio, la hipótesis no parece descabellada.

EXEMPLO II.º

DE LO QUE CONTESÇIÓ A UN OMNE BUENO CON SU FIJO *

O T R A vez acaesçió que el conde Lucanor fablava con
Patronio, su consejero, et díxol cómmo estava en grant
coydado et en grand quexa [101] de un fecho que quería
fazer, ca, si por aventura lo fiziese, sabía que muchas
gentes le travarían [102] en ello; et otrosí, si non lo
fiziese, que él mismo entendíe quel podrían travar en
ello con razón. Et díxole quál era el fecho, et él rogol
quel consejase lo que entendía que devía fazer sobre
ello.

—Señor conde Lucanor —dixo Patronio—, bien sé
yo que vós fallaredes muchos que vos podrían con-
sejar mejor que yo, et a vos dio Dios muy buen enten-
dimiento, que sé que mi consejo que vos faze muy
pequeña mengua, mas pues lo queredes, decirvos he
lo que ende entiendo. Señor conde Lucanor —dixo
Patronio—, mucho me plazería que parásedes mien-
tes [103] a un exiemplo de una cosa que acaesçió una
vegada [104] con un omne bueno [105] con su fijo.

El conde le rogó quel dixiese que cómmo fuera
aquello. Et Patronio dixo:

—Señor, assí contesçió que un omne bueno avía un
fijo; commo quier que era moço segund sus días, [106]

---

* Procede de una fábula de Esopo. (Vid. la *Vida del Yçopet con
sus fábulas hystoriadas* (Zaragoza, 1489, f. 328v.). Knust, p. 299
y ss., señala abundantes derivaciones en la literatura europea, espe-
cialmente en sermonarios del siglo XV.

[101] *quexa*: apuro, pena, preocupación. Cf.: "El varon con grand
quessa ante los altares". Berceo, *Milagros*, 632a.

[102] *travarían*: censurarían, hablarían mal. Cf.: "Et por esto et
porque non queria dezir cosa en que muchos pudiesen travar, non
vos quiero dezir sinon lo que es çierto". *Libro de los estados*, f. 116c.

[103] *parásedes mientes*: atendiéseis, meditáseis.

[104] *vegada*: vez. Véase la nota 68 en la p. 56.

[105] *omne bueno*: "Aquí *omne bueno* tiene la misma significación
indeterminada que cuando decimos "un buen hombre". Nota de doña
María Goyri en su edic., p. 31.

[106] *días*: edad, años. Comp.: "en pos el estado de los reyes, el
más alto et mas honrado de todos es el infante heredero, et a este
non le mengua otra cosa si non que non ha tantos días commo su
padre". *Libro de los estados*, f. 90.

era asaz de sotil entendimiento. Et cada [107] que el padre
alguna cosa quería fazer, porque pocas son las cosas
en que algún contrallo [108] non puede acaesçer, dizíal
el fijo que en aquello que él quería fazer, que veýa él
que podría acaesçer el contrario. Et por esta manera
[le partía [109] de] algunas cosas quel complían para su
fazienda. Et vien cred que quanto los moços son más
sotiles de entendimiento, tanto son más aparejados [110]
para fazer grandes yerros para sus faziendas; ca an
entendimiento para començar la cosa, mas non saben
la manera commo se puede acabar, et por esto caen
en grandes yerros, si non an qui [111] los guarde dello.
Et así, aquel moço, por la sotileza [112] que avía del
entendimiento et quel menguava la manera de saber
fazer la obra complidamente, enbargava [113] a su padre
en muchas cosas que avíe de fazer. Et de que el padre
passó grant tiempo esta vida con su fijo, lo uno por
el daño que se le seguía de las [cosas] que se le en-
bargavan de fazer, et lo al, [114] por el enojo que tomava
de aquellas cosas que su fijo le dizía, et señaladamente
lo más, por castigar [115] a su fijo et darle exiemplo
cómmo fiziese en las cosas quel acaesçiesen adelante,
tomó esta manera segund aquí oyredes:

El omne bueno et su fijo eran labradores et moravan
çerca de una villa. Et un día que fazían ý [116] mercado,

---

[107] *cada*: cada vez, siempre. Cf.: "Et segund dizen los sanctos,
e es verdat, que cada que el pecador a contriçion de sus pecados...
es perdonado luego de non yr al Infierno". *Libro infinido*, p. 19.
[108] *contrallo*: contrario. Cf.: "deziendo que era mensajero de
Dios, e era lo contrallo, ca era mensajero del diablo". *Castigos e
documentos*, p. 128.
[109] *partía*: apartaba. Cf.: "Non querian las gentes ante dél se
partir / fasta que los ouieron las ondas a partir". *Libro de Apolonio*,
104cd.
[110] *aparejados*: dispuestos, preparados. Cf.: "aparejados me seed
a cavallos e armas". *Poema del Cid*, 123.
[111] *qui*: quien. Es de uso muy normal en textos medievales.
[112] *sotileza*: sutileza, habilidad. Cf.: "Todo saber de dueña sabe
con sotileza". *Libro de buen amor*, 168b.
[113] *enbargava*: impedía, entorpecía. Cf.: "Et si non le puede
ninguno enbargar el coronamiento, luego que es coronado et es rey
de Alemania es electo para emperador". *Libro de los estados*, f. 66d.
[114] *lo al*: lo otro.
[115] *castigar*: aconsejar, corregir. Cf.: "veré a la mugier a todo
mio solaz, / castigar los he commo abrán a far". *Poema del Cid*,
228-229.
[116] *ý*: allí. Véase la nota 40 en la p. 52.

dixo a su fijo que fuesen amos [117] allá para comprar
algunas cosas que avían mester; et acordaron de levar
una vestia en que lo traxiesen. Et yendo amos a mer-
cado, levavan la vestia sin ninguna carga et yvan amos
de pie et encontraron unos omnes que vinían daquella
villa do [118] ellos yvan. Et de que fablaron en uno [119]
et se partieron los unos de los otros, aquellos omnes
que encontraron conmençaron a departir ellos entre sí
et dizían que non les paresçían de buen recabdo [120]
aquel omne et su fijo, pues levavan la vestia descargada
et yr entre amos de pie. El omne bueno, después que
aquello oyó, preguntó a su fijo que quel paresçía
daquello que dizían. [Et el fijo dixo que dizían] verdat,
que pues la vestia yba descargada, que non era buen
seso [121] yr entre amos de pie. Et entonçe mandó el
omne bueno a su fijo que subiese en la vestia.

Et yendo así por el camino, fallaron otros [omnes],
et de que se partieron dellos, conmençaron a dezir
que lo errara mucho aquel omne bueno, porque yva
él de pie, que era viejo et cansado, et el moço, que
podría sofrir lazeria, [122] yva en la vestia. Preguntó
entonçe el omne bueno a su fijo que quel paresçía
de lo [que] aquellos dizían; et él díxol quel paresçía que
dizían razón. [123] Estonçe mandó a su fijo que diciese [124]
de la vestia et subió él en ella.

---

117   *amos*: ambos. Cf.: "mios yernos amos a dos". *Poema del Cid*, 2353.

118   *do*: donde.

119   *en uno*: juntos, uno con otro.

120   *recabdo*: razón, cordura. Cf.: "Et el es christiano et muy letrado et de muy buen entendimiento et él vos dara recabdo a todo lo que queredes saber mejor que ninguno". *Libro de los estados*, f. 53d.

121   *seso*: discreción, entendimiento. Cf.: "por ser el omne viejo non pierde por end prez / el seso del buen viejo no s' mueve de rehez". *Libro de buen amor*, 1362cd.

122   *lazeria*: trabajo, fatiga. Vid. nota 88 en la p. 60.

123   *dizían razón*: decían algo razonable.

124   *diciese*: descendiese. Cf.: "diçiendo del cavallo". *Poema del Cid*, 1756. "Señora, oy al pecador, / que tu Fijo, el Salvador, / por nos dicio / del cielo, en ti morador". *Libro de buen amor*, 42.

125   *pieça*: rato. Cf.: "A cabo de grand pieça levantose estordido". *Libro de buen amor*, 767a. Llegó su uso hasta el siglo XVII. Comp.: "se puso de rodillas ante la imagen, y a cabo de una buena pieza, habiendo primero besado tres veces el suelo". Cervantes, *Rinconete y Cortadillo* (Clás. cast. 27), p. 164.

Et a poca pieça[125] toparon con otros, et dixieron que fazía muy desaguisado[126] dexar el moço, que era tierno et non podría sofrir lazeria, yr de pie, et yr el omne bueno, que era usado de pararse[127] a las lazerias, en la vestia. Estonçe preguntó el omne bueno a su fijo que quél paresçíe destos que esto dizían. Et el moço díxol que, segund él cuydava, ·quel dizían verdat. Estonçe mandó el omne bueno a su fijo que subiese en la vestia porque non fuese ninguno dellos de pie.

Et yendo así, encontraron otros omnes et començaron a dezir que aquella vestia en que yvan era tan flaca[128] que abés[129] podría andar bien por el camino, et pues así era, que fazían muy grant yerro yr entramos en la vestia. Et el omne bueno preguntó al su fijo que quél semejava[130] daquello que aquellos omes buenos dizían; et el moço dixo a su padre quel semejava verdat aquello. Estonçe el padre respondió a su fijo en esta manera:

—Fijo, bien sabes que quando saliemos de nuestra casa, que amos veníamos de pie et trayamos la vestia sin carga ninguna, et tu dizías que te semejava que era bien. Et después, fallamos omnes en el camino que nos dixieron que non era bien, et mandé[te] yo sobir en la vestia et finqué de pie; et tú dixiste que era bien. Et después fallamos otros omnes que dixieron que aquello non era bien, et por ende desçendiste tú et subí yo en la vestia, et tú dixiste que era aquello lo mejor. Et porque los otros que fallamos dixieron que non era bien, mandéte subir en la vestia comigo; et tú dixiste que era mejor que non fincar tú de pie et yr yo en la vestia. Et agora estos que fallamos dizen que fazemos yerro en yr entre amos en la vestia; et tú tienes que dizen verdat. Et pues que assí es, ruégote que me digas qué es lo que podemos fazer en que las gentes non

---

[126] *desaguisado*: contra razón, injusticia.
[127] *pararse*: hacer frente, estar dispuesto. Cf.: "Otrosi paresçra que si quiere mantener su estado commo deue et si se quiere parar a los trabajos et peligros..." *Libro de los estados*, f. 79a.
[128] *flaca*: débil, floja. Comp.: "Mas si pasa por y una mosca non la puede quebrantar, porque la mosca es muy flaca, et finca y presa". *Libro de los estados*, f. 118c.
[129] *abés*: apenas, con dificultad. Cf.: "Avés podría seer la iornada tercera". "Abés podio el monge la palavra complir". Berceo, *Milagros*, 186b y 476a.
[130] *quél semejava*: qué le parecía.

puedan travar; ca ya fuemos entramos de pie, et dixieron que non fazíamos bien; et fu [131] yo de pie et tú en la vestia, [et] dixieron que errávamos; et fu yo en la vestia et tú de pie, et dixieron que era yerro; et agora ymos [132] amos en la vestia, et dizen que fazemos mal. Pues en ninguna guisa non puede ser que alguna destas cosas non fagamos, et ya todas las fiziemos, et todos dizen que son yerro, et esto fiz yo porque tomasses exiemplo de las cosas que te acaesçiessen en tu fazienda; ca çierto sey [133] que nunca farás cosa de que todos digan bien; ca si fuere buena la cosa, los malos et aquellos que se [les] non sigue pro de aquella cosa, dirán mal della; et si fuere la cosa mala, los buenos que se pagan del bien non podrían dezir que es bien el mal que tú feziste. Et por ende, si tú quieres fazer lo mejor et más a tu pro, cata que fagas lo mejor et lo que entendieres que te cumple más, et sol [134] que non sea mal, non dexes de lo fazer por reçelo de dicho de las gentes: ca çierto es que las gentes a lo demás [135] siempre fablan en las cosas a su voluntad, et non catan lo que es más a su pro.

—Et vós, conde Lucanor, señor, en esto que me dezides que queredes fazer et que reçelades que vos travarán las gentes en ello, et si non lo fazedes, que esso mismo farán, pues me mandades que vos conseje en ello, el mi consejo es éste: que ante que començedes el fecho, que cuydedes toda la pro o el dapño que se vos puede ende seguir, et que non vos fiedes en vuestro seso et que vos guardedes que vos non engañe la voluntad, [136] et que vos consejedes con los que enten-

---

[131] *fu*: fui. Cf.: "Sennor, fago uos saber que yo fu flaca e so ya sana". Carta de doña Constanza a su padre Jaime II. En Giménez Soler, op. cit., p. 456.

[132] *imos*: vamos. "Forma regular del presente de *ir*. Poco antes usó *fuemos* y *fu*, formas del perfecto del mismo verbo". María Goyri de Menéndez Pidal, edic. cit., p. 35.

[133] *sey*: sed, sé. Comp.: "Puna en saber, que cuanto sopieres pudeslo meter en obra; e sey callado". *Libro de los çient capitulos*, edic. de A. Rey (Bloomington, Indiana, 1960), p. 33.

[134] *sol*: excepto, solamente. Cf.: "grand buena andança es e grand auantaja del que primero comete sobre el cometido, sol que el cometedor guarde dos cosas". *Castigos e documentos*, p. 191.

[135] *a lo demás*: las más veces.

[136] Knust, edic. cit., p. 305, reune citas donde se dice casi lo mismo, como en ésta de las *Flores de Filosofía*, ley XXXVII: "Sabed que necio es el omne que non sabe que la voluntad es enemiga del

diéredes que son de buen entendimiento, et leales et de buena poridat. Et si tal consejero non falláredes, guardat que vos non ar[r]ebatedes [137] a lo que oviéredes a fazer, a lo menos fasta que passe un día et una noche, si fuere cosa que se non pierda por tiempo. Et de que estas cosas guardáredes en lo que oviéredes de fazer, et lo falláredes que es bien et vuestra pro, conséjovos yo que nunca lo dexedes de fazer por reçelo de lo que las gentes podrían dello dezir.

El conde tovo por buen consejo lo que Patronio le consejava. El fízolo assí, et fallóse ende bien.

Et quando don Iohan [falló] este exiemplo, mandólo escrivir en este libro, et fizo estos viessos en que está avreviadamente toda la sentençia deste exiemplo. Et los viessos dizen así:

> Por dicho de las gentes
> sol que non sea mal,
> al pro tenet las mientes,
> et non fagades al. [138]

Et la estoria deste exiemplo es ésta que se sigue:

EXEMPLO TERCERO

DEL SALTO QUE FIZO EL REY RICHALTE DE INGLATERRA EN LA MAR CONTRA LOS MOROS. *

UN día se apartó el conde Lucanor con Patronio, su consejero, et díxol así:

---

seso, ca el seso e el buen consejo duermen todavia fasta que los despierta el omne. E la voluntad esta despierta, e por eso vence la voluntad al seso las mas vezes".

[137] ar[r]ebatedes: apresuréis. Cf.: "de lejos algarea, non te arrebates". Libro de buen amor, 562d.

[138] Comp.: "Et commo quier que yo se que algunos profaçan de mi porque fago libros, digovos que por eso non lo dexare, ca quiero crer al exienplo que yo pus en el libro que yo fiz de Patronio, en que dize que "Por dicho de las gentes..." Et pues en los libros que yo fago ay en ellos pro e verdad e non danno, por ende non lo quiero dexar por dicho de ninguno". Libro infinido, p. 73-4.

* Para los orígenes del cuento, véase Knust, p. 306-7; también R. Menéndez Pidal, Estudios literarios (Austral, 28), p. 9 y ss., y Daniel Devoto, "La materia tradicional en don Juan Manuel", en Bulletin Hispanique, LXVIII (1966), págs. 195 y ss. El cuento alude

—Patronio, yo fío mucho en el vuestro entendimien-
to, et sé que lo que vós non entendiéredes, o a lo que
non pudiéredes dar consejo, que non a ningún otro
omne que lo pudiese açertar; [139] por ende, vos ruego
que me consejedes lo mejor que vós entendiér[d]es en
lo que agora vos diré:

Vós sabedes muy bien que yo non so ya muy man-
çebo, et acaesçióme assí: que desde que fuy nasçido
fasta agora, que siempre me crié et visqué [140] en muy
grandes guerras, a vezes con cristianos et a vezes con
moros, et lo demás [141] sienpre lo ove con reys, mis
señores et mis vezinos. Et quando lo ove con cristia-
nos, commo quier que sienpre me guardé que nunca
se levantase ninguna guerra a mi culpa, pero non se
podía escusar de tomar muy grant daño muchos que
lo non meresçieron. Et lo uno por esto, et por otros
yerros que yo fiz contra nuestro señor Dios, et otrosí,
porque veo que por omne del mundo, nin por ninguna
manera, non puedo un día solo ser seguro de la muerte,
et so çierto que naturalmente, [142] segund la mi edat,
non puedo vevir muy luengamente, et sé que he [de]
yr ante Dios, que es tal juez de que non me puedo es-
cusar por palabras, nin por otra manera, nin puedo
ser jubgado sinon por las buenas obras o malas que
oviere fecho; et sé que si, por mi desaventura fuere
fallado en cosa por [que] Dios con derecho aya de ser
contra mí, so çierto que en ninguna manera non pudíe
escusar de yr a las penas del Infierno en que sin
fin avré a fincar, et cosa del mundo non me podía ý
tener pro, et si Dios me fiziere tanta merçed porque
Él falle en mí tal meresçimiento, porque me deva es-
coger para ser compañero de los sus siervos et ganar

a la tercera cruzada, 1190, emprendida por Ricardo Corazón de
León y Felipe Augusto de Francia, narrada en la *Gran conquista
de Ultramar*, caps. CXCIV y ss. (Biblioteca de Autores Españoles,
XLIV).

[139] *açertar*: hallar. Cf.: "Et en todas las maneras que erro
Eva, que era muger, que en aquellas maneras mismas lo açertase
Sancta María". *Libro de los estados*, f. 61c.

[140] *visqué*: viví. Comp.: "Cobdicia te fara errar que por poca
cosa e por muy poco de auer te pierdas con el señor con que vis-
quieres". *Castigos e documentos*, p. 134.

[141] *lo demás*: las más veces. Vid. p. 66 nota 135.

[142] *naturalmente*: espontáneamente, por su propia naturaleza.
Vid. p. 52, nota 36.

el Paraýso; sé por çierto, que a este bien et a este plazer et a esta gloria, non se puede comparar ningún otro plazer del mundo. Et pues este bien et este mal tan grande non se cobra sinon por las obras, ruégovos que, segund el estado que yo tengo, que cuydedes et me conseiedes la manera mejor que entendiéredes porque pueda fazer emienda a Dios de los yerros que contra Él fiz, et pueda aver la su gracia.

—Señor conde Lucanor —dixo Patronio—, mucho me plaze de todas estas razones que avedes dicho, et señaladamente porque me dixiestes que en todo esto vos consejase segund el estado que vós tenedes, ca si [de] otra guisa me lo dixiéredes, bien cuydaría que lo dixiéredes por me provar segund la prueva que el rey fezo [143] a su privado, que vos conté el otro día en el exiemplo que vos dixe; mas plázeme mucho porque dezides que queredes fazer emienda a Dios de los yerros que fiziestes, guardando vuestro estado et vuestra onra; ca çiertamente, señor conde Lucanor, si vós quisiéredes dexar vuestro estado et [tomar] vida de orden o de otro apartamiento, non podríades escusar que vos non acaesciesçen dos cosas: la primera, que seríades muy mal judgado de todas las gentes, ca todos dirían que lo fazíades con mengua de coraçón et vos despagávades de bevir entre los buenos; et la otra es que sería muy grant marabilia si pudiésedes sofrir las asperezas de la orden, et si [despues] la oviésedes a dexar o bevir en ella, non la guardando commo devíades, seervos ýa [144] muy grant daño paral [145] alma et grant vergüença et grant denuesto paral cuerpo et para el alma et para la fama. Mas pues este bien queredes fazer, plazerme ýa que sopiésedes lo que mostró Dios a un hermitaño muy sancto de lo que avía de conteçer a él et al rey Richalte de Englaterra.

[143] fezo: hizo. Comp.: "El dicho mi senyor e padre me fezo partir por fuerça e contra mi voluntad". Documento de 1462, del Archivo General de Simancas, PR 11-12, en D. J. Gifford y F. W. Hodcroft, *Textos lingüísticos del medioevo español* (Oxford, 1966), p. 169. "Fezose el buen omne mucho maravellado". Berceo, *Vida de san Millán*, 336a.

[144] seervos ýa: os sería. Esta forma es corriente en la Edad Media.

[145] paral: Contracción de para y el, frecuente en textos medievales.

El conde Lucanor le rogó quel dixiese que cómmo fuera aquello.

—Señor conde Lucanor —dixo Patronio—, un hermitaño era omne de muy buena vida, et fazía mucho bien, et sufría grandes trabajos por ganar la gracia de Dios. Et por ende, fízol Dios tanta merçed quel prometió et le aseguró que avría la gloria de Paraýso. El hermitaño gradesçió esto mucho a Dios; et seyendo ya desto seguro, pidió a Dios por merçed quel mostrasse quién avía de seer su compañero en Paraýso. Et commo quier que el Nuestro Señor le enviase dezir algunas vezes con el ángel que non fazía bien en le demandar tal cosa, pero tanto se afincó en su petiçión, que tovo por bien nuestro señor Dios del responder, et envióle dezir por su ángel que el rey Richalte de Inglaterra et él serían compañones [146] en Paraýso.

Desta razón non plogo mucho al hermitaño, ca él conosçía muy bien al rey et sabía que era omne muy guerrero et que avía muertos et robados et deseredados muchas gentes, et sienpre le viera fazer vida muy contralla de la suya et aun, que paresçía muy alongado [147] de la carrera de salvaçión: et por esto estava el hermitaño de muy tal talante. [148]

Et desque nuestro señor Dios lo vio así estar, enviol dezir con el su ángel que non se quexase nin se marabillase de lo quel dixiera, ca çierto fuesse que más serviçio fiziera a Dios et más meresçiera el rey Richalte en un salto que saltara, que el hermitaño en quantas buenas obras fiziera en su vida.

El hermitaño se marabilló ende mucho, et preguntol cómmo podía esto seer.

Et el ángel le dixo que sopiese que el rey de Françia [149] et el rey de Inglaterra et el rey de Navarra [150] pasaron a Ultramar. Et el día que llegaron al puerto, yendo todos armados para tomar tierra, bieron en la

---

[146] *compañón*: compañero. Comp.: "It e venir a la fabla, que mujeres e varones / por palabras se conocen, son amigos, compañones". *Libro de buen amor*, 677d.

[147] *alongado*: alejado.

[148] *mal talante*: mal genio. Comp.: "El omne que es de buen talante es de buena ventura". *Libro de los çient capítulos*, p. 35.

[149] Es, como se ha dicho, Felipe Augusto, el que acompañó a Ricardo Corazón de León.

[150] No hubo ningún rey navarro en esta cruzada.

ribera tanta muchedumbre de moros, que tomaron dub-
da [151] si podrían salir a tierra. Estonçe el rey de Fran-
çia envió dezir al rey de Inglaterra que viniese a [a]que-
lla nave a do él estava et que acordarían commo avían
de fazer. Et el rey de Inglaterra, que estava en su ca-
vallo, quando esto oyó, dixo al mandadero del rey de
Françia quel dixiese de su parte que bien sabía que él
avía fecho a Dios muchos enojos et muchos pesares en
este mundo et que sienpre le pidiera merçed quel tra-
xiese a tiempo quel fiziese emienda por el su cuerpo,
et que, loado a Dios, que veýa el día que él deseava
mucho; ca si allí muriese, pues avía [fecho] la emien-
da que pudiera ante que de su tierra se partiesse, et
estava en verdadera penitencia, que era çierto quel avría
Dios merced al alma, et que si los moros fuessen ven-
çidos, que tomaría Dios mucho serviçio, et serían todos
muy de buena ventura.

Et de que esta razón ovo dicha, acomendó [152] el
cuerpo et el alma a Dios et pidiol merçed quel aco-
rriesse, et signóse del signo de la sancta Cruz et mandó
a los suyos quel ayudassen. Et luego dio de las espue-
las al cavallo et saltó en la mar contra [153] la ribera do
estavan los moros. Et commo quiera que estavan cerca
del puerto, non era la mar tan vaxa que el rey et el
cavallo non se metiessen todos so el agua, en guisa
que non paresçió dellos ninguna cosa; pero Dios, así
commo señor tan piadoso et [de] tan grant poder, et
acordándose de lo que dixo en l' Evangelio: que non
quiere la muerte del pecador sinon que se convierta et
viva, [154] acorrió [155] entonçe al rey de Inglaterra, librol
de muerte para este mundo et diol vida perdurable para

---

[151] *tomaron dubda*: dudaron.
[152] *acomendó*: encomendó. Comp.: "Acomiendo te la fija e do
te la a criar". *Libro de Apolonio*, 346a.
[153] *contra*: hacia, para. Cf.: "Aguiso se la duenya de toda vo-
luntat: / fue contra Apolonio con gran simpliçidat". *Libro de Apo-
lonio*, 167ab.
[154] Ezequiel, 32, 2: "Nolo mortem impii, sed convertatur impius
a via sua et vivat".
[155] *acorrió*: socorrió. Cf.: "La terçera manera, de amor [de]
debdo, es quando vn omne a reçebido algún bien de otro, como
criança o casamiento o heredamiento, o quel acorrio en algund grant
mester". *Libro infinido*, p. 78-9.

sienpre, et escapol [156] de aquel peligro del agua. Et endereçó a los moros.

Et quando los ingleses vieron fazer esto a su señor, saltaron todos en la mar en pos dél et endereçaron [157] todos a los moros. Quando los françeses vieron esto, tovieron que les era mengua grande, lo que ellos nunca solían sofrir, et saltaron luego todos en la mar contra los moros. [158] Et desque los vieron venir contra sí, et vieron que non dubdavan [159] la muerte, et que vinían contra ellos tan bravamente, non les osaron asperar, et dexáronles el puerto de la mar et començaron a fuyr. Et desque los cristianos llegaron al puerto, mataron muchos de los que pudieron alcançar et fueron muy bien andantes, [160] et fizieron dese camino mucho serviçio a Dios. Et todo este vien vino por aquel salto que fizo el rey Richalte de Inglaterra.

Quando el hermitaño esto oyó, plogol ende muncho [161] et entendió quel fazía Dios muy grant merçed en querer que fuese él compañero en Paraýso de omne que tal serviçio fiziera a Dios, et tanto enxalçamiento en la fe cathólica.

Et vós, señor conde Lucanor, si queredes· servir a Dios et fazerle emienda de los enojos quel avedes fecho, guisat [162] que, ante que partades de vuestra tierra, emendedes lo que avedes fecho [a] aquellos que entendedes que feziestes algún daño. Et fazed penitençia de vuestros pecados, et non paredes mientes al hufana [163] del mundo sin pro, et que es toda vanidat, nin creades

156 *escapol*: libróle. Comp.: "Et estas [animalias] escaparon et guaresçieron en un arca que Dios mandó fazer a Noe". *Libro de los estados*, f. 56b.

157 *endereçaron*: se dirigieron.

158 Doña María Goyri dice en nota: "No andaban ya juntos los franceses y los ingleses; los primeros fueron directamente a Tolemaida, mientras los segundos se detuvieron en la conquista de Chipre". Edic. cit., p. 42-43.

159 *non dubdavan*: no temían.

160 *bien andantes*: dichosos, afortunados. Cf.: "Quando fueres bien andante, muchos fallaras que se faran tus amigos". *Libro infinido*, p. 131. "Los que con esta entencion van contra los moros, siempre vencen et son bien andantes". *Libro· de los estados*, f. 84a.

161 *muncho*: mucho. Es aún hoy de uso vulgar.

162 *guisat*: disponed, arreglad.

163 *hufana*: ufanía, vanidad, presunción. Cf.: "Et porque entonçe non era costumbre de criar a los fijos de los reys con tan grant· locura nin con tan grant hufana como agora". *Libro de las armas*, en *Obras de don Juan Manuel*, p. 77.

Retrato de Don Juan. Manuel (del retablo de
Santa Lucía por Bernabé de Módena)

Catedral de Murcia

Retablo de *Santa Lucía* por Bernabé de Módena
(h. 1400)

Catedral de Murcia

a muchos que vos dirán que fagades mucho por la
valía, [164] [et esta valía] dizen ellos por mantener mu-
chas gentes, et non catan si an de que lo pueden com-
plir, et non paran mientes cómmo acabaron o quántos
fincaron de los que non cataron sinon por esta que
ellos llaman grant valía o cómmo son poblados los sus
solares. [165] Et vós, señor conde Lucanor, pues dezides
que queredes servir a Dios et fazerle emienda de los
enojos quel feziestes, non querades seguir esta carrera
que es de ufana et llena de vanidat. Mas, pues Dios
vos pobló [166] en tierra quel podades servir contra los
moros, tan bien por mar commo por tierra, fazet vues-
tro poder porque seades seguro de lo que dexades en
vuestra tierra. Et esto fincando seguro, et aviendo fecho
emienda a Dios de los yerros que fiziestes, porque es-
tedes [167] en verdadera penitençia, porque de los bienes
que fezierdes ayades de todos meresçimiento, et fazien-
do esto podedes dexar todo lo al, et estar sienpre en
serviçio de Dios et acabar así vuestra vida. Et faziendo
esto, tengo que ésta es la meior manera que vós po-
dedes tomar para salvar el alma, guardando vuestro
estado et vuestra onra. Et devedes crer que por estar
en serviçio de Dios non morredes [168] ante, nin bivre-
des [169] más por estar en vuestra tierra. Et si muriéredes
en serviçio de Dios, biviendo en la manera que vos yo
he dicho, seredes mártir et muy bien aventurado, et
aunque non murades por armas, la buena voluntat
et las buenas obras vos farán mártir, et aun los que
mal quisieren dezir, non podrían; ca ya todos veyen
que non dexades nada de lo que devedes fazer de ca-
vallería, mas queredes seer cavallero de Dios et dexa-
des de ser cavallero del diablo et de la ufana del mun-
do, que es falleçedera.

---

[164] *valía*: autoridad, poder. Comp.: "que todos los parientes non
son de un grado nin son eguales en onra et en estado et en valia".
Libro de los estados, f. 78d.
[165] *solares*: tierras sobre las que el señor tenía pleno dominio
sobre los pobladores. *Poblar solares* era establecer vasallos en deter-
minadas tierras. Cf.: "assiniestro dexan a Griza, que Alamos pobló".
Poema del Cid, 2.694.
[166] *Dios vos pobló*: Dios os concedió pueblos.
[167] *estedes*: estéis.
[168] *morredes*: moriréis.
[169] *bivredes*: viviréis.

Agora, señor conde, vos he dicho el mio consejo segund me lo pidiestes, de lo que yo entiendo cómmo podedes mejor salvar el alma segund el estado que tenedes. Et semejaredes a lo que fizo ,el rey Richalte de Inglaterra en el sancto et bien fecho que fizo.

Al conde Lucanor plogo mucho del consejo que Patronio le dio, et rogó a Dios quel guisase que lo pueda fazer commo él lo dizía et como el conde lo tenía en coraçón. [170]

Et veyendo don Iohan que este exiemplo era bueno, mandólo poner en este libro, et fizo estos viessos en que se entiende abreviadamente todo el enxienplo. Et los viessos dizen así:

> Qui por cavallero se toviere,
> más deve desear este salto,
> que non si en la orden se metiere,
> o se ençerrasse tras muro alto. [171]

Et la estoria deste exiemplo es ésta que se sigue:

EXEMPLO IIII°

DE LO QUE DIXO UN GENOVÉS A SU ALMA, QUANDO SE OVO DE MORIR. *

UN día fablava el conde Lucanor con Patronio, su consegero, et contával su fazienda [172] en esta manera:

—Patronio, loado a Dios, yo tengo mi fazienda assaz en buen estado et en paz, et he todo lo que me cum-

---

[170] tenía en coraçón: tenía el propósito.

[171] "Todo el bellísimo Exemplo III... está desviado de su sentido ascético original (hasta un notorio pecador puede salvarse por una sola buena acción), para ensalzar el servicio caballeresco a Dios en el mismo sentido en que había de entenderlo Jorge Manrique... La moraleja del Exemplo III recomienda a los caballeros salvarse por el ejercicio de sus armas y no refugiarse en el claustro con una franqueza que motivó la pacata enmienda de un manuscrito". Y añade en nota: "Pero el ms. H de la Academia de la Historia trae esta variante: "Qui por cavallero se toviere, / mucho debe desear este salto; / et si en la orden se metiere, / encerrarse tras muro alto". M.ª R. Lida de Malkiel, ob. cit., p. 98.

* Knust, p. 308, señala la fuente: Bromyard, Summa praedicantium.

[172] fazienda: asunto, negocio. Comp.: "Esta dueña que dizedes mucho es en mi poder: / ...yo sé toda su fazienda, e quanto ha de fazer / por mi consejo lo faze..." Libro de buen amor, 716.

ple, segund [173] mis vezinos et mis eguales, et por aventura más. Et algunos conséjanme que comiençe un fecho de muy grant aventura, et yo he grant voluntat de fazer aquello que me consejan; pero por la fiança [174] que en vós he, non lo quise començar fasta que fablase conbusco [175] et vos rogasse que me consejásedes lo que fiziese en ello.

—Señor conde Lucanor —dixo Patronio—, para que vós fagades en este fecho lo que vos más cunple, plazerme ýa mucho que sopiésedes lo que conteçió a un genués. [176]

El conde le rogó quel dixiesse cómmo fuera aquello.

Patronio le dixo:

—Señor conde Lucanor: un genués era muy rico et muy bien andante, segund sus vezinos. Et aquel genués adolesçió [177] muy mal, et de que entendió que non podía escapar de la muerte, fizo llamar a sus parientes et a sus amigos; et desque todos fueron con él, envió por su muger et sus fijos: et assentósse en un palaçio muy bueno donde paresçía [178] la mar et la tierra; et fizo traer ante sí todo su tesoro et todas sus joyas, et de que todo lo tovo ante sí, conmençó en manera de trebejo [179] a fablar con su alma en esta guisa:

—Alma, yo beo que tú te quieres partir de mí, et non sé por qué lo fazes; ca si tú quieres muger et fijos, bien los vees aquí delante tales de que te deves tener por pagada; et si quisieres parientes et amigos, ves aquí muchos et muy buenos et mucho onrados; et si quieres muy grant tesoro de oro et de plata et de piedras preçiosas et de joyas et de paños, et de

---

[173] *segund*: con el valor de 'con arreglo a', 'atendiendo a'.

[174] *fiança*: confianza. Vid. la nota 51 en la p. 54.

[175] *conbusco*: con vos, con vosotros. Cf.: "Serán todos convusco alegres e loçanos". *Poema de Fernán González*, 672b.

[176] *genués*: genovés, de Génova. Cf.: "e de la parte de mediodía estaba el conde de Tolosa con su gente... que los genueses todos se fueron para él". *Gran conquista de Ultramar* (BAE, XLIV), p. 331b.

[177] *adolesçió*: enfermó. Comp.: "Et dixome una vez quel adoleçiera aquella su ama et quel ovo a dar leche otra muger". *Libro de los estados*, f. 77a.

[178] *paresçía*: aparecía, se veía. Véase unas líneas más adelante.

[179] *trebejo*: juego, burla. Cf.: "Yo le dixe: "Ya, sañuda, anden fermosos trebejos". *Libro de buen amor*, 666a.

merchandías, [180] tú tienes aquí tanto dello que te non
faze mengua aver más; et si tú quieres naves et ga-
leas[181] que te ganen et te trayan [182] muy grant aver et
muy grant onra, veeslas aquí, ó [183] están en la mar que
paresçe deste mi palaçio; et si quieres muchas hereda-
des et huertas, et muy fermosas et muy delectosas,
véeslas ó paresçen destas finiestras; [184] et si quieres ca-
vallos et mulas, et aves et canes para caçar et tomar
plazer, et joglares para te fazer alegría et solaz, et muy
buena posada [185], mucho apostada [186] de camas et de
estrados [187] et de todas las otras cosas que son ý mes-
ter; de todas estas cosas a ti non te mengua nada; et
pues tú as tanto bien et non te tienes ende por pagada
nin puedes sofrir el bien que tienes, pues con todo esto
non quieres fincar et quieres buscar lo que non sabes,
de aquí adelante, ve con la yra de Dios, et será muy
nesçio qui de ti se doliere por mal que te venga.

Et vós, señor conde Lucanor, pues, loado a Dios,
estades en paz et con bien et con onra, tengo que non
faredes buen recabdo en abenturar esto et començar
esto lo que dezides que vos consejan; ca por aventu-
ra estos vuestros consejeros vos lo dizen porque saben
que desque en tal fecho vos ovieren metido, que por
fuerça abredes a fazer lo que ellos quisieren et que
avredes a seguir su voluntad desque fuéredes en el grant
mester, [188] así commo siguen ellos la vuestra agora que

[180] *merchandías*: mercancías, del francés *marcheandie*. Cf.: "Jura
muy muchas vezes el caro vendedor / non dar la marchandía sinon
por grand valor". *Libro de buen amor*, 615.
[181] *galeas*: galeras. Comp.: "Cerca la maior nave traien otra
pocaza, / non sé si li dizien galea o pinaza". Berceo, *Milagros*, 593.
[182] *trayan*: traigan.
[183] *ó*: donde. Cf.: "en el libro que yo fiz que fabla de los *Es-
tados*, ally o dize quando omne ovier de fazer guerra". *Libro infini-
do*, p. 34.
[184] *finiestras*: ventanas. Comp.: "exien lo veer mugieres e varo-
nes, / burguesses e burguesas por las finiestras sone". *Poema del Cid*,
16-17. "Tomó vna mançana de oro embuelta en vn panno e echola
en su casa por una finiestra". *Castigos e documentos*, p. 63.
[185] *posada*: casa y también 'habitación'.
[186] *apostada*: abastecida.
[187] *estrado*: parte de la sala, elevada del suelo, alfombrada, que
servía para recibir visitas. Cf.: "Otrosi, deue guardar que la su
camara et la su baxiella para comer et para beuer et los sus estra-
dos et las sus camas et las sus joyas, que todas sean cosas muy
nobles". *Libro de los estados*, f. 75b.
[188] *mester*: aprieto, necesidad.

estades en paz. Et por aventura cuydan que por el vuestro pleyto endereçarán ellos sus faziendas, lo que se les non guisa en quanto vos vivierdes en asusiego, [189] et conteçervos ýa [190] lo que dezía el genués a la su alma; mas, por el mi conseio, en cuanto pudierdes aver paz et assossiego a vuestra onra, et sin vuestra mengua, non vos metades en cosa que lo ayades todo aventurar.

Al conde plogo mucho del consejo que Patronio le dava. Et fízolo así, et fallóse ende bien.

Et quando don Iohan falló este exiemplo, tóvolo por bueno et non quiso fazer viessos de nuebo, sinon que puso ý una palabra [191] que dizen las viejas en Castiella. Et la palabra dize así:

Quien bien se siede [192] non se lieve. [193]

Et la ystoria deste exemplo es ésta que se sigue:

EXEMPLO QUINTO

DE LO QUE CONTESÇIÓ A UN RAPOSO CON UN CUERVO QUE TENÍE UN PEDAÇO DE QUESO EN EL PICO. *

OTRA vez fablava el conde Lucanor con Patronio, su conseiero, et díxol assí:

[189] *asusiego*: sosiego, paz, tranquilidad. Cf.: "et faziendo mucho bien a los que quieren beuir en paz et en asusiego". *Libro de los estados*, f. 79a.

[190] *conteçervos ýa*: os acontecería.

[191] *palabra*: refrán, sentencia. Comp.: "Palabra es de sabio, dizelo Catón: / que omne a sus cuidados, que tiene en coraçon / entreponga plazeres e alegre razon". *Libro de buen amor*, 44.

[192] *se siede*: se sienta. Cf.: "Con qual siedes tal su siello tienes". En "Refranes del siglo XIV", *Revista de Filología española*, XIII (1926), p. 370.

[193] *lieve*: levante. Cf.: "levos en pie". *Poema del Cid*, 2.040. "levad e salid al campo". *Poema de Fernán González*, 3.562. (Es un refrán muy conocido en toda Europa: "Quien bien está no se mueva". Knust, p. 309, da abundantes textos, pero el más cercano es el que figura en el *Caballero Zifar*, edic. de C. Ph. Wagner, Ann Arbor, 1929, p. 35: "quien bien see non se lieve".)

* El asunto, de origen oriental, procede, como es sabido, de Fedro. Hay una bella glosa de Azorín en *Los valores literarios* (Obras completas, II, Madrid, 1947), p. 1.028. Vid. R. Menéndez

—Patronio, un omne que da a entender que es mi amigo, me començó a loar mucho, dándome a entender que avía en mí muchos complimientos [194] de onrra et de poder [et] de muchas vondades. Et de que con estas razones me falagó quanto pudo, movióme un pleito, [195] que en la primera vista, segund lo que yo puedo entender, que paresçe que es mi pro.

Et contó el conde a Patronio quál era el pleito quel movía; et commo quier que paresçía el pleito aprovechoso, Patronio entendió el engaño que yazía ascondido so [196] las palabras fremosas. [197] Et por ende dixo al conde:

—Señor conde Lucanor, sabet que este omne vos quiere engañar, dándovos a entender que el vuestro poder et el vuestro estado es mayor de quanto es la verdat. Et para que vos podades guardar deste engaño que vos quiere fazer, plazerme ýa que sopiésedes lo que contesçió a un cuervo con un raposo.

Et el conde le preguntó cómmo fuera aquello.

—Señor conde Lucanor —dixo Patronio—, el cuervo falló una vegada un grant pedaço de queso et subió en un árbol porque pudiese comer el queso más a su guisa et sin reçelo et sin enbargo [198] de ninguno. Et en quanto el cuervo assí estava, passó el raposo por el pie del árbol, et desque vio el queso que el cuervo tenía, començó a cuydar en quál manera lo podría levar dél. [199] Et por ende començó a fablar con él en esta guisa:

Pidal, "Nota sobre una fábula de don Juan Manuel y del Arcipreste de Hita", en el *Hommage a Ernest Martinenche*, París [1938], págs. 183-186.

[194] *complimientos*: perfecciones, ornatos. Comp.: "Entre todas las otras cosas que Dios a en si de complimientos, a tres porque es complido sobre todas las cosas". *Libro de los estados*, f. 62b.

[195] *movióme un pleito*: propúsome un negocio, un trato. Comp.: "Ca muchas vezes acaesçe que cuydando mejorar el pleito non quieren tomar el buen pleito quel fazen". *Libro de los estados*, f. 81c.

[196] *so*: bajo.

[197] *fremosas*: hermosas, halagüeñas. Cf.: "Esta fue la materia, es uerdadera cosa, ╫ prenda esta maçana, de uos la mas fremosa". *Libro de Alexandre* (edic. R. S. Willis Jr., New-York, 1965), p. 319ab.

[198] *enbargo*: impedimento, molestia. Comp.: "Et tengo a grant tiempo que lo oviera acabado si otros embargos non oviera". *Libro de los estados*, f. 47a.

[199] *levar dél*: quitárselo.

—Don Cuervo, muy gran tiempo ha que oý fablar de vós et de la vuestra nobleza, et de la vuestra apostura. [200] Et commo quiera que vos mucho busqué, non fue la voluntat de Dios, nin la mi ventura, que vos pudiesse fallar fasta ágora, et agora que vos veo, entiendo que a mucho más bien en vós de quanto me dizían. Et porque veades que non vos lo digo por lesonia, [201] también commo vos diré las aposturas que en vós entiendo, tam[bién] vos diré las cosas en que las gentes tienen que non sodes [202] tan apuesto. Todas las gentes tienen que la color de las vuestras péñolas [203] et de los oios et del pico, et de los pies et de las uñas, que todo es prieto, [204] et [por] que la cosa prieta non es tan apuesta commo la de otra color, et vós sodes todo prieto, tienen las gentes que es mengua de vuestra apostura, et non entienden cómmo yerran en ello mucho; ca commo quier que las vuestras péñolas son prietas, tan prieta et tan luzia [205] es aquella pretura, que torna en india, [206] commo péñolas de pavón, [207] que es la más fremosa ave del mundo; et commo quier que los vuestros ojos son prietos, quanto para oios, mucho son más fremosos que otros oios ningunos, ca la propriedat del oio non es sinon ver, et porque toda cosa prieta conorta [208] el viso, [209] para los oios, los prietos son los mejores, et por ende son más loados los oios de la ganzela, [210] que son mas prietos que de ninguna otra animalia. Otrosí, el vuestro pico et las vuestras manos et uñas son fuertes más que de ninguna ave tanmaña [211] commo vós. Otrosí, en l'

---

200 apostura: compostura, gentileza.
201 lesonia: lisonja. Vid. otro ejemplo en la p. 267.
202 sodes: sois.
203 péñolas: plumas.
204 prieto: negro, de color oscuro. Comp.: "agora que es ya mudado en tal manera que sus cabellos et sus baruas, que eran entonçe prietas, que son mudadas agora blancas". Libro de los estados, f. 49cd.
205 lucia: brillante, tersa.
206 india: índigo, de color de añil.
207 pavón: pavo real.
208 conorta: conforta, consuela.
209 viso: vista. Comp.: "Omne que hi morasse, nunqua perdrie el viso". Berceo, Milagros, 14d.
210 ganzela: gacela.
211 tanmaña: tan grande. Comp.: "Et tienen que tanmanna contriçion podria aver el pecador, que non auia mester fazer otra emienda de sus pecados". Libro infinido, p. 19.

vuestro buelo avedes tan grant ligereza, que vos non enbarga el viento de yr contra él por rezio que sea, lo que ·otra ave non puede fazer tan ligeramente commo vós. Et bien tengo que, pues Dios todas las cosas faze con razón, que non consintría [212] que, pues en todo sodes tan complido, que oviese en vos mengua de non cantar mejor que ninguna otra ave. Et pues Dios me fizo tanta merçet que vos veo, et sé que ha en vós más bien de quanto nunca de vós oý, si yo pudiesse oyr de vós el vuestro canto, para siempre me ternía por de buena ventura.

Et, señor conde Lucanor, parat mientes que maguer que [213] la entençión del raposo era para engañar al cuervo, que sienpre las sus razones fueron con verdat. Et set çierto que los engaños et damños mortales siempre son los que se dizen con verdat engañosa.

Et desque [214] el cuervo vio [en] quantas maneras el raposo le alabava, et cómmo le dizía verdat en todas, creó [215] que asil [216] dizía verdat en todo lo al, et tovo que era su amigo, et non sospechó que lo fazía por levar dél el queso que tenía en el pico, et por las muchas buenas razones quel avía oydo, et por los falagos et ruegos quel fiziera porque cantase, avrió el pico para cantar. Et desque el pico fue avierto para cantar, cayó el queso en tierra, et tomólo el raposo et fuese con él; et así fincó engañado el cuervo del raposo, creyendo que avía en sí más apostura et más complimiento de quanto era la verdat.

Et vós, señor conde Lucanor, commo quier que Dios vos fizo assaz merçet en todo, pues beedes [217] que aquel omne vos quiere fazer entender que avedes mayor poder et mayor onra o más vondades de quanto vós sabedes que es la verdat, entendet que lo faze por vos engañar, et guardat vos dél et faredes commo omne de buen recabdo.

[212] *consintría*: consentiría. Es forma contracta muy frecuente.
[213] *maguer que*: aunque. Vid. sobre *maguer que* y *aunque* en don Juan Manuel el trabajo de J. Vallejo, "Sobre un aspecto estilístico de don Juan Manuel" en el *Homenaje a Menéndez Pidal*, II (1925), p. 63-85.
[214] *desque*: después que. Cf.: "E desque esta respuesta le ouo dado, fue maravillado". *Castigos e documentos*, p. 168.
[215] *creó*: creyó.
[216] *asil*: así le.
[217] *beedes*: veis.

Al conde plogo mucho de lo que Patronio le dixo, et fízolo assí. Et con su consejo fue él guardado de yerro.

Et porque entendió don Johan que este exiemplo era muy bueno, fízolo escrivir en este libro, et fizo estos viessos, en que se entiende avreviadamente la entençión [de] todo este exiemplo. Et los viessos dizen asý:

> Qui te alaba con lo que non es en ti,
> sabe que quiere levar lo que as de ti.

[Et la estoria deste enxemplo es ésta que se sigue:]

EXEMPLO VI°

DE LO QUE CONTESÇIÓ A LA GOLONDRINA CON LAS OTRAS AVES QUANDO VIO SEMBRAR EL LINO. *

UN día fablava el conde Lucanor con Patronio, su consejero, et díxol:

—Patronio, a mí dizen que unos mis vezinos, que son más poderosos que yo, se andan ayuntando et faziendo muchas maestrías [218] et artes con que me puedan engañar et fazer mucho dampno; et yo non lo creo, nin me reçelo ende; pero, por el buen entendimiento que vós avedes, quiérovos preguntar que me digades si entendedes que devo fazer alguna cosa sobresto.

—Señor conde Lucanor —dixo Patronio—, para que en esto fagades lo que yo entiendo que vos cumple, plazerme ya mucho que sopiésedes lo que contesçió a la golondrina con las otras aves.

El conde Lucanor le dixo et preguntó cómmo fuera aquello.

—Señor conde Lucanor —dixo Patronio—, la golondrina vido [219] que un omne senbrava lino, et entendió

---

* El asunto, que procede de Esopo, es muy popular en toda la literatura europea. Véase la extensa nota de Knust, p. 313-316.

[218] *maestrías*: engaños. Comp.: "Mas lo que a mi paresçe que cumple es que velen et guarden en guisa que ningun mal omne non le pueda enpesçer por fuerça nin por maestria engañosa". *Libro de los estados*, f. 75a.

[219] *vido*: vio.

[por] el su buen entendimiento que si aquel lino nasçiesse, podrían los omnes fazer redes et lazos para tomar las aves. Et luego fuesse para las aves et fízolas ayuntar, et díxoles en cómmo el omne senbrava aquel lino et que fuesen çiertas que si aquel lino nasçiesse, que se les seguiría ende muy grant dampno et que les consejava que ante que el lino nasçiesse que fuessen allá et que lo ar[r]incassen. [220] Et las cosas son ligeras de se desfazer en l' comienço et después son muy más graves de se de[s]fazer. Et las aves tovieron esto en poco et non lo quisieron fazer. Et la golondrina les afincó [221] desto muchas veces, fasta que vio que las aves non se sintían [222] desto, nin davan por ello nada, et que el lino era ya tan cresçido que las aves non lo podrían ar[r]ancar con las manos nin con los picos. Et desque esto vieron las aves, que el lino era cresçido, et que non podían poner conseio [223] al daño que se les ende seguiría, arripintiéronse ende mucho por que ante non avían ý puesto conseio. Pero el repintimiento [224] fue a tiempo que non podían tener ya pro.

Et ante desto, quando la golondrina vio que non querían poner recabdo las aves [en] aquel daño que les vinía, fuesse paral omne, [et] metióse en su poder [225] et ganó dél segurança [226] para sí et para su linage. Et después acá biven las golondrinas en poder de los omnes et son seguras dellos. Et las otras aves que se non quisieron guardar, tómanlas cada día con redes et con lazos.

---

[220] ar[r]incasen: arrancasen. Es usual hoy en el asturiano y murciano. Cf.: "Et si la vña fuer arrincada del todo...". P. López de Ayala, *Libro de las aves de caza* (Madrid, 1869), p. 102.

[221] afincó: apremió. Comp.: "Pero, al cabo, tanto le afinçó el infante que non pudo escusar del dezir alguna cosa". *Libro de los estados*, f. 48c.

[222] se sintían: se dolían, lamentaban. Abundan los ejemplos en esta obra.

[223] conseio: remedio. Comp.: "Dios te daria conseio, non se te podrie tardar". *Libro de Apolonio*, 161d.

[224] repentimiento: arrepentimiento, de 'repentir', que figura más adelante, p. 160.

[225] poder: amparo, protección. Véase la p. 55.

[226] segurança: garantía, seguridad. Comp.: "El aber es fortaleza del enderesçamiento del reyno; cresçe con la justicia e floresçe con la segurança". *Libro de los çient capítulos*, p. 15. "Con paz e seguranza es rica la pobreza". *Libro de buen amor*, 1.384.

—Et vós, señor conde Lucanor, si queredes ser guardado deste dampno que dezides que vos puede venir, aperçebitvos et ponet ý recabdo, ante que el daño vos pueda acaesçer: ca non es cuerdo el que vee la cosa desque es acaesçida, mas es cuerdo el que por una señaleia [227] o por un movimiento qualquier entiende el daño quel puede venir et pone ý conseio porque nol acaezca.

Al conde plogo esto mucho, et fízolo segund Patronio le conseió et fallóse ende bien.

Et porque entendió don Iohan que este enxienplo era muy bueno fízole poner en este libro et fizo estos viessos que dizen assí:

> En [el] comienço deve omne partir
> el daño que non le pueda venir.

Et la ystoria deste exiemplo es ésta que se sigue:

EXEMPLO VII°

DE LO QUE CONTESÇIÓ A UNA MUGER QUEL DIZÍEN DOÑA TRUHAÑA. *

O T R A vez fablava el conde Lucanor con Patronio en esta guisa:

—Patronio, un omne me dixo una razón et amostróme la manera cómmo podría seer. Et bien vos digo que tantas maneras de aprovechamiento ha en ella que, si Dios quiere que se faga assí commo me él dixo, que sería mucho mi pro: ca tantas cosas son que nasçen las unas de las otras, que al cabo es muy grant fecho además.

Et contó a Patronio la manera cómmo podría seer. Desque Patronio entendió aquellas razones, respondió al conde en esta manera:

---

[227] señaleia: diminutivo de 'señal', pequeño indicio.

* Es un viejo cuento de origen oriental, difundido por el *Calila e Dimna* (*El religioso que vertió la miel y la manteca sobre su cabeza*) con incontables derivaciones en la literatura mundial. Véase Juan Millé, *Estudios de literatura española* (Biblioteca de Humanidades, vol. VII, La Plata, 1928), p. 1-32, y también la nota de Knust, p. 316-7.

—Señor conde Lucanor, siempre oý dezir que era buen seso atenerse omne a las cosas çiertas et non a las [vanas] fuzas, [228] ca muchas vezes a los que se atienen a las fuzas, contésçeles lo que contesçió a doña Truana.

Et el conde preguntó cómmo fuera aquello.

—Señor conde —dixo Patronio—, una muger fue que avíe nombre doña Truana et era asaz más pobre que rica; et un día yva al mercado et levava una olla de miel en la cabeça. Et yendo por el camino, començó a cuydar que vendría [229] aquella olla de miel et que compraría una partida de huevos, et de aquellos huevos nazçirían gallinas et depués, de aquellos dineros que valdrían, conpraría ovejas, et assí [fue] comprando de las gananças que faría, que fallóse por más rica que ninguna de sus vezinas.

Et con aquélla riqueza que ella cuydava que avía, asmó [230] cómmo casaría sus fijos et sus fijas, et cómmo yría aguardada [231] por la calle con yernos et con nueras et cómmo dizían por ella cómmo fuera de buena ventura en llegar a tan grant riqueza, seyendo tan pobre commo solía seer.

Et pensando en esto començó a reyr con grand plazer que avía de la su buena andança, [232] et, en riendo, dio con la mano en su fruente, [233] et entonçe cayol la olla de la miel en tierra, et quebróse. Quando vio la olla

---

[228] *fuzas*: fiuzas, esperanzas, confianzas. Comp.: "Non te eches a dormir nin pongas la tu cabeça segura en fiuza del traydor o del falso". "Non segures la tu alma en fiuza del que anda por acortar los tus días". *Castigos e documentos*, p. 186. 'Fuza' podría ser yerro del copista, pero sale varias veces, y la palabra se documenta con distintas soluciones. (Véase la nota 235.) Además, en el *Libro de las armas* encuentro (p. 76), 'desfuzados': "et eran ya commo desfuzados que non abrían más fijos".

[229] *vendría*: vendería.

[230] *asmó*: pensó, estimó. Comp.: "Asmó mio Çid con toda su conpaña / que en el castiello non i avrie morada". *Poema del Cid*, 521-2. "Por ende asme de conponer este tractado que tracta de las cosas que yo mismo proue en mi mismo e en mi fazienda". *Libro infinido*, p. 7.

[231] *aguardada*: acompañada, de 'aguardar'. Comp. el uso: "adeliñó poral palaçio do estava la cort, / con elle dos cavalleros quel aguardan cum a sseñor". *Poema del Cid*, 2.929-30.

[232] *buena andança*: buena fortuna. Véase la nota 57 en la p. 55.

[233] *fruente*: frente. Cf.: "Facen cruz en sus fruentes". Berceo, *Sacrificio*, 45.

quebrada, començó a fazer muy grant duelo, toviendo
que avía perdido todo lo que cuydava que avría si la
olla non le quebrara. Et porque puso todo su pensa-
miento por fuza vana, non se fizo al cabo nada de lo
que ella cuydava.

Et vós, señor conde, si queredes que lo que vos di-
xieren et lo que vós cuydardes sea todo cosa çierta,
cred et cuydat sienpre todas cosas tales que sean agui-
sadas et non fuzas dubdosas et vanas. Et si las qui-
sierdes provar, guardatvos que non aventuredes, nin
pongades de lo vuestro cosa de que vos sintades por
fiuza de la pro de lo que non sodes çierto.

Al conde plogo de lo que Patronio le dixo, et fí-
zolo assí et fallóse ende bien.

Et porque don Iohan se pagó deste exienplo, fízolo
poner en este libro et fizo estos viessos:

> A las cosas çiertas vos comendat [234]
> et las fuyzas [235] vanas dexat.

Et la ystoria deste exiemplo es ésta que se sigue:

ENXIEMPLO VIII[o]

DE LO QUE CONTESÇIÓ A UN OMNE QUE AVÍAN
DE ALIMPIAR EL FÍGADO. *

O T R A vez fablava el conde Lucanor con Patronio, su
consegero, et díxole assí:

—Patronio, sabet que commo quier que Dios me fizo
mucha merçed en muchas cosas, que estó [236] agora mu-
cho afincado [237] de mengua de dineros. Et commo quie-
ra que me es tan grave de lo fazer commo la muerte,
tengo que avíe a vender una de las heredades del
mundo de que he más duelo, o fazer otra cosa que
me será grand daño como esto. [Et] averlo he [de fazer]

---

234 *comendat*: encomendad. Vid. p. 54, nota 53.
235 *fuyzas*: como '*fiuzas*'. Existió también la forma 'fuizia'. Vid.
J. Corominas, *DELC*, s. v. *hucia*.
  * Procede, como indicó Knust, p. 318, del *Gesta romanorum*, cap.
76, *De Concordia*.
236 *estó*: estoy.
237 *afincado*: apremiado. Véase la nota 221 en la p. 82.

por salir agora desta lazeria et desta cuyta en que estó. Et faziendo yo esto, que es tan grant mio daño, vienen a mí muchos omnes, que sé que lo pueden muy bien escusar, et demándanme que les dé estos dineros que me cuestan tan caros. Et por el buen entendimiento que Dios en vós puso, ruégovos que me digades lo que vos paresçe que devo fazer en esto.

—Señor conde Lucanor —dixo Patronio—, paresçe a mí que vos contesçe con estos omnes commo contesçió a un omne que era muy mal doliente. [238]

Et el conde le rogó quel dixiesse cómmo fuera aquello.

—Señor conde —dixo Patronio—, un omne era muy mal doliente, assí quel dixieron los físicos que en ninguna guisa non podía guaresçer [239] si non le feziessen una avertura por el costado, et quel sacassen el fígado por él, et que lo lavassen con unas melezinas que avía mester, et quel alinpiassen de aquellas cosas porque el fígado estava maltrecho. Estando él sufriendo este dolor et teniendo el físico el fígado en la mano, otro omne que estava ý çerca dél, començó de rogarle quel diesse de aquel fígado para un su gato. [240]

Et vós, señor conde Lucanor, si queredes fazer muy grand vuestro daño por aver dineros et darlos do se deven escusar, dígovos que lo podiedes fazer por vuestra voluntad, mas nunca lo faredes por el mi conseio.

Al conde plogo de aquello que Patronio dixo, et guardóse ende dallí adelante, et fallósse ende bien.

Et porque entendió don Iohan que este exiemplo era bueno, mandólo escriuir en este libro [et] fizo estos viessos que dizen assí:

Si non sabedes qué devedes dar,
a grand daño se vos podría tornar.

Et la ystoria deste exiemplo es ésta que se sigue:

[238] *doliente*: enfermo. Comp.: "Que aunque las peñolas sean sanas, si el falcon fuere doliente o flaco o muy magro nunca podria fazer buen vuelo". *Libro de la caza*, edic. de G. Baist (Halle, 1880), p. 34.

[239] *guaresçer*: curar, sanar. Cf.: "Otra guisa non puede mi mal guaresçer". Berceo, *Milagros*, 125b. "Nunca fallece / la tu merçet cumplida; / sienpre guarece / de coitas e da vida". *Libro de buen amor*, 1.682.

[240] *un su gato*: la colocación del posesivo como en este caso es muy frecuente en textos medievales.

EXEMPLO IX[o]

De lo que contesçió a los dos cavallos
con el león. *

U n día fablava el conde Lucanor con Patronio, su
consegero, en esta guisa:

—Patronio, grand tiempo ha que yo he un enemigo
de que me vino mucho mal, et esso mismo ha él de
mí, en guisa que, por las obras et por las voluntades,
estamos muy mal en uno. [241] Et agora acaesçió assí:
que otro omne muy más poderoso que nós entramos [242]
va començando algunas cosas de que cada uno de nós
reçela quel puede venir muy grand daño. Et agora aquel
mio enemigo envióme dezir que nos aviniéssemos en
uno, [243] para nos defender daquel otro que quiere ser
contra nós; ca si amos fuéremos ayuntados, es çierto
que nos podremos defender; et si el uno de nós se
desvaría del otro, es çierto que qualquier de nós que

* María Rosa Lida de Malkiel, ob. cit., p. 107, anota: " El
Exemplo IX del *Conde Lucanor*, de los caballos reconciliados a la
vista del león, se sitúa muy verosímilmente en Túnez, residencia
del infante don Enrique de quien se contaba cierto caballeresco
encuentro con un león, pero el tema se halla en la *Gesta romanorum*
y en la *Summa praedicantium* de Bromyard, quienes lo han variado,
partiendo de una anécdota de los *Estratagemas* de Frontino (Knust,
p. 321 s. Cf. también Abubéquer de Tortosa, *Lámpara de príncipes*.
Trad. de M. Alarcón, Madrid, 1930, I, 272 s.)". El suceso del
infante don Enrique, que ya señaló Knust, se narra en la *Crónica
del... rey don Alonso* (Biblioteca de Autores Españoles, LXVI, p. 7).
Perseguido por su hermano Alfonso X, se refugió en Túnez, logran-
do gran prestigio y el favor del rey moro, hasta el punto de que
los cortesanos intrigaron para que lo echase del reino. El rey pre-
firió matarlo y lo citó en un corral, "dixo que lo esperase alli, y
que luego vernia alli a él, y salio de aquel corral. Y por la otra
parte salieron los dos leones a fiuzia que lo matarían. Y don Hen-
rique saco la espada que el traya consigo... y tornó contra ellos, y
los leones no fueron a él, y don Henrique fue a la puerta, y salio
del corral".

[241]   *estamos muy mal en uno*: desavenidos, enemistados.
[242]   *entramos*: entrambos. Comp.: "Ca, çiertamente, estas dos
cosas son contrarias, et entramas se deuen fazer asi". *Libro infinido*,
p. 72. "Et porque el omne es compuesto de cuerpo et de alma, del
bien o del mal que fazen entramos an gloria et pena". *Libro de los
estados*, f. 60b.
[243]   *aviniéssemos en uno*: nos reuniésemos, nos pusiésemos de
acuerdo.

quiera estroyr [244] aquel de que nos reçelamos, que lo
puede fazer ligeramente. Et de que el uno de nós fuere
estroýdo, qualquier de nós que fincare sería muy ligero
de estroyr. Et yo agora estó en muy grand duda de
este fecho: ca de una parte me temo mucho que aquel
mi enemigo me querría engañar, et si él una vez en
su poder me toviesse, non sería yo bien seguro de la
vida; et si grant amor pusiéremos en uno, non se pue-
de escusar de fiar yo en él, et él en mí. Et esto me faze
estar en grand reçelo. De otra parte, entiendo que si
non fuéremos amigos assí commo me lo envía rogar,
que nos puede venir muy grand daño por la manera que
vos ya dixe. Et por la grant fiança que yo he en vós
et en el vuestro buen entendimiento, ruégovos que me
conseiedes lo que faga en este fecho.

—Señor conde Lucanor —dixo Patronio—, este fecho
es muy grande et muy peligroso, et para que meior
entendades lo que vos cumplía de fazer, plazerme ýa
que sopiéssedes lo que contesçió en Túnez a dos cava-
lleros que bivían con el infante don Enrique.

El conde le preguntó cómmo fuera aquello.

—Señor conde —dixo Patronio—, dos cavalleros que
vivían con el infante don Enrique eran entramos muy
amigos et posavan siempre en una posada. Et estos
dos cavalleros non tenían más de sendos cavallos, et
assí commo los cavalleros se querían muy grant bien,
bien assí los cavallos se querían muy grand mal. Et
los cavalleros non eran tan ricos que pudiessen man-
tener dos posadas, et por la malquerençia de los ca-
vallos non podían posar en una posada, et por esto
avían a vevir vida muy enojosa. Et de que esto les duró
un tiempo et vieron que non lo podían más sofrir, con-
taron su fazienda a don Enrique et pediéronle por mer-
çed que echase aquellos caballos a un león que el rey
de Túnez tenía.

Don Enrique les gradesçió lo que dezían muy mu-
cho, [et] fabló con el rey de Túnez. Et fueron los ca-
vallos muy bien pechados [245] a los cavalleros, et me-
tiéronlos en un corral do estava el león. Quando los

---

[244] *estroyr*: destruir. Comp.: "fasta que Dios se enojo dellas et
envio el delluuio sobre la tierra et murieron todas las gentes et es-
truyo todo el mundo". *Libro de los estados*, f. 56b.
[245] *pechados*: ¿enjaezados?

cavallos se vieron en el corral, ante que el león saliesse de la casa [246] do yazía ençerrado, començáronse a matar lo más buenamente del mundo. Et estando ellos en su pellea abrieron la puerta de la casa en que estava el león, et de que salió al corral et los cavallos lo vieron, començaron a tremer [247] muy fieramente et poco a poco fuéronse legando el uno al otro. Et desque fueron entramos juntados en uno, estovieron así una pieça, [248] et endereçaron entramos al león et paráronlo tal a muesso[s] [249] et a coçes que por fuerça se ovo de ençerrar en la casa donde saliera. Et fincaron los cavallos sanos, que les non fizo ningún mal el león. Et después fueron aquellos cavallos tan bien avenidos en uno, que com[í]en muy de grado en un pesebre et estavan en uno en casa [250] muy pequeña. Et esta avenençia ovieron entre sí por el grant reçelo que ovieron del león.

—Et vós, señor conde Lucanor, si entendedes que aquel vuestro enemigo a tan grand reçelo de aquel otro [de] que se reçela, et a tan grand mester a vós porque forçadamente aya de olbidar quanto mal passó entre vós et él, et entiende que sin vós non se puede bien defender, tengo que assí commo los cavallos se fueron poco a poco ayuntando en uno fasta que perdieron el reçelo, fueron bien seguros el uno del otro, que assí devedes vós, poco a poco, tomar fiança et afazimiento [251] con aquel vuestro enemigo. Et si fallardes en l' sienpre buena obra et leal, en tal manera que seades bien çierto que en ningún tiempo, por bien quel vaya, que nunca vos verná [252] dél daño, estonçe faredes bien et será vuestra pro de vos ayudar porque otro omne estraño

---

[246] *casa*: leonera.

[247] *tremer*: temblar. Comp.: "¡Ay, que todos mis miembros comiençan a tremer!". *Libro de buen amor*, 785.

[248] *pieça*: rato. Véase la nota 125 en la p. 64.

[249] *muesso[s]*: mordiscos. Comp.: "Issiemos de la foya que Adan nos abrió, / quando sobre el deviedo [prohibición] del mal muesso mordió". Berceo, *Milagros*, 622cd.

[250] *casa*: establo.

[251] *afazimiento*: confianza, intimidad. Comp.: "Et devel ser sienpre muy obediente et muy omildoso, et guardarse de tomar con el grant afazimiento en los fechos pequennos". *Libro infinido*, p. 41. "Non cae al rey auer afazimiento con la mora". *Castigos e documentos*, p. 87.

[252] *verná*: vendrá.

non vos conquiera [253] nin vos estruya. Ca mucho deven
los omnes fazer et sofrir a sus parientes et a sus vezi-
nos porque non sean maltraýdos [254] de los otros estra-
ños. Pero si vierdes que aquel vuestro enemigo es tal o.
de tal manera, que desque lo oviésedes ayudado en
guisa que saliese por vós de aquel peliglo, [255] que des-
pués que lo suyo fuesse en salvo, que sería contra vós
et non pod[rí]ades dél ser seguro; si él tal fuer, faría-
des mal seso en le ayudar, ante tengo quel devedes
estrañar [256] quanto pudierdes, ca pues viestes que, se-
yendo él en tan grand quexa, [257] non quiso olvidar el
mal talante que vos avía, et entendiestes que vos lo
tenía guardado para quando viesse su tiempo que vos
lo podría fazer, bien entendedes vós que non vos dexa
logar para fazer ninguna cosa porque salga por vós de
aquel grand peliglo en que está.

Al conde plogo desto que Patronio dixo, et tovo quel
dava muy buen consejo.

Et porque entendió don Iohan que este exiemplo era
bueno, mandólo escrivir en este libro et fizo estos vies-
sos que dizen assí:

> Guardatvos de seer conquerido del estraño, [258]
> seyendo del vuestro bien guardado de daño.

Et la ystoria deste exiemplo es ésta que se sigue:

    253   conquiera: conquiste, se apodere de lo vuestro. Comp.: "com-
moquier que ellos tan buenos guerreros sean, mas maneras con que
los christianos los vençen et les conquieren las tierras..." Libro
de los estados, f. 83c.
    254   maltraýdos: maltratados, denostados. Véase la nota 82 en la
p. 58.
    255   peliglo: peligro. Es forma muy frecuente.
    256   estrañar: alejar, rehuir. Comp.: "Et sil mouiere pleito que
non sea tan bueno, deuelo estrañar mucho". Libro de los estados,
f. 81c.
    257   quexa: apuro, pena. Vid. la nota 101 en la p. 62.
    258   estraño: extraño, extranjero. Comp.: "Mas quando de tal
guisa vio omne estranyo". Libro de Apolonio, 471c.

EXEMPLO X°

DE LO QUE CONTESÇIÓ A UN OMNE QUE POR POBREZA
ET MENGUA DE OTRA VIANDA COMÍA ATRAMUZES. [259]

OTRO día fablava el conde Lucanor con Patronio en esta manera:

—Patronio, bien conosco [260] a Dios que me a fecho muchas merçedes, más quel yo podría servir, et en todas las otras cosas entiendo que está la mi fazienda asaz con bien et con onra; pero algunas vegadas me contesçe de estar tan afincado de pobreza que me paresçe que quer[r]ía tanto la muerte commo la vida. Et ruégovos que algún conorte [261] me dedes para esto.

—Señor conde Lucanor —dixo Patronio—, para que vos conortedes quando tal cosa vos acaesçiere, sería muy bien que sopiésedes lo que acaesçió a dos omnes que fueron muy ricos.

El conde le rogó quel dixiesse cómmo fuera aquello.

—Señor conde Lucanor —dixo Patronio—, de estos dos omnes, el uno dellos llegó a tan grand pobreza quel non fincó [262] en el mundo cosa que pudiese comer. Et desque fizo mucho por buscar alguna cosa que comiesse, non pudo aver cosa del mundo sinon una escudiella de atramizes. Et acordándose de quando rico era et solía ser, que agora con fambre et con mengua avía de comer los atramizes, que son tan amargos et de tan mal sabor, començó de llorar muy fieramente, pero con la grant fambre començó de comer de los atramizes, et en comiéndolos, estava llorando et echava las cortezas de los atramizes en pos sí. Et él estando en este pesar et en esta coyta, sintió que estava otro omne en

---

[259] *atramuces, atramices*: altramuces. "Con la vacilación de la vocal por la transcripción del vocablo árabe. Ahora decimos altramuz, sin asimilar la *l* del artículo árabe". Nota de doña María Goyri en su edic., p. 58.

[260] *conosco*: reconozco. Comp.: "dizeles que s'conoscan e les venga emiente / que son ceniza e tal tornarán ciertamente". *Libro de buen amor*, 1.178cd.

[261] *conorte*: consuelo. Comp.: "Tu da a nuestras llagas conorte e medicina". *Poema de Fernán González*, edic. cit., 106d. "que non vaya sin conorte mi llaga e quexura". *Libro de buen amor*, 605.

[262] *fincó*: quedó.

pos dél et bolbió la cabeça et vio un omne cabo dél, [263]
que estava comiendo las cortezas de los atramizes que
él echava en pos de sí, et era aquél de que vos fablé
desuso. [264]

Et quando aquello vio el que comía los atramizes,
preguntó a aquél que comía las cortezas que por qué
fazía aquello. Et él dixo que sopiese que fuera muy
más rico que él, et que agora avía llegado a tan grand
pobreza et en tan grand fanbre quel plazía mucho quan-
do fallava aquellas cortezas que él dexava. Et quando
esto vio el que comía los atramizes, conortóse, pues en-
tendió que otro avía mas pobre que él, [265] et que avía
menos razón porque lo devíe seer. Et con este conorte,
esforçósse et ayudol Dios, et cató manera en cómmo
saliesse de aquella pobreza, et salió della et fue muy
bien andante.

Et, señor conde Lucanor, devedes saber que el mundo
es tal, et aunque nuestro señor Dios lo tiene por bien,
que ningún omne non aya complidamente todas las
cosas. Mas, pues en todo lo al vos faze Dios merçed
et estades con vien et con onra, si alguna vez vos men-
guare dineros o estudierdes [266] en affincamiento, [267] non
desmayedes por ello, et cred por çierto que otros más
onrados et más ricos que vós estarán [tan] afincados,
que se terníen por pagados si pudiessen dar a sus gen-
tes et les diessen aún muy menos de quanto vós les
dades a las vuestras.

Al conde plogo mucho desto que Patronio dixo, et
conortóse, et ayudóse él, et ayudol Dios, et salió muy
bien de aquella quexa en que estava.

---

[263] *cabo dél*: cerca de él.

[264] *desuso*: anteriormente. Comp.: "yo vos dixe desuso que en
el tienpo de la criança que ay departimiento". *Libro infinido*, p. 27.

[265] Calderón recordará todo el cuento en la célebre décima de
La vida es sueño, j. I, esc. II, "Cuentan de un sabio que un día..."

[266] *estudierdes*: estuviéreis. Derivado de la forma 'estudo'. Véase
un poco más adelante 'estudieron', p. 95. Comp.: Et desque el
infante fue ya cresçiendo, et el rey tovo por bien que estudiese en
su casa, estudo en casa del rey su padre un grant tiempo". *Libro
de las armas*, p. 77.

[267] *affincamiento*: aflicción, apuro. Comp.: "que pues él tenie a
grant peoria et le fazian tantos afincamientos los suyos que fiziese
alguna pleytisia por que salliese de aquella guerra". *Libro de los
estados*, f. 79c.

Et entendiendo don Iohan que este exiemplo era muy bueno, fízolo poner en este libro et fizo estos viessos que dizen assí:

> Por pobreza nunca desmayedes,
> pues otros más pobres que vos ve[r]edes.

Et la ystoria deste exiemplo es ésta que se sigue:

EXEMPLO XI°

DE LO QUE CONTESÇIÓ A UN DEÁN DE SANCTIAGO CON DON YLLÁN, EL GRAND MAESTRO DE TOLEDO. *

O T R O día fablava el conde Lucanor con Patronio, et contával su fazienda [268] en esta guisa:

—Patronio, un omne vino a me rogar quel ayudasse en un fecho que avía mester mi ayuda, et prometióme que faría por mí todas las cosas que fuessen mi pro et mi onra. Et yo comencel a ayudar quanto pude en aquel fecho. Et ante que [el] pleito fuesse acabado, teniendo [269] él que ya el su pleito era librado, [270] acaesçió una cosa en que cumplía que la fiziesse por mí, et roguel que la fiziesse et él púsome escusa. Et después

---

* El cuento figura en el *Promptuarium exemplorum* de J. Hérolt, en el *Speculum morale*, atribuido a V. de Beauvais; en la *Scala Dei*, de J. Gobi y en la *Summa praedicantium* de J. Bromyard. Véase Knust, p. 331 y María Rosa Lida de Malkiel, ob. cit., p. 96-97. "Estos Illanes, que quedaron en proverbios por su discreción, sabiduría y ciencia mágica, figuraron en Toledo desde comienzos del siglo XII; descendían, al parecer, de un D. Pedro Paleólogo, Conde griego, y fueron progenitores del linaje de los Duques de Alba. (Vid. *Discurso de recepción del Duque de Berwick y de Alba en la Real Academia de la Historia*, 18 de mayo de 1919, p. 17.) Amador de los Ríos explica por la agudeza de esta familia el significado de la palabra *perillán*". Nota de F. J. Sánchez Cantón en su edic. (Madrid, 1920), p. 75. Véase la bella glosa de Azorín en *Los valores literarios*, edic. cit., p. 1.040, y las páginas que le dedica Pedro L. Barcia en *Análisis del Conde Lucanor* (Buenos Aires, 1968), p. 49 y ss.

[268] *fazienda*: asunto, negocio. Véase la nota 1 en la p. 47.

[269] *teniendo*: pensando. Comp.: "El bien que fer podierdes fazeldo luego, luego: / tenet que cras morredes: ca la vida es juego". *Libro de buen amor*, 1.531cd.

[270] *librado*: despachado, arreglado. Comp.: "e esto librado, fuese para Antioca". *Conquista de Ultramar* (BAE, XLIV), p. 280a.

acaesçió otra cosa que pudiera fazer por mí, et púsome
escusa commo a la otra; et esto me fizo en todo lo
quel rogué quél fiziesse por mí. Et aquel fecho porque
él me rogó, non es aún librado, nin se librará si yo non
quisiere. Et por la fiuza [271] que yo he en vós et en el
vuestro entendimiento, ruégovos que me conseiedes lo
que faga en esto.

—Señor conde —dixo Patronio—, para que vós faga-
des en esto lo que vós devedes, mucho querría que so-
piésedes lo que contesçió a un deán de Sanctiago con
don Yllán, el grand maestro que morava en Toledo.

Et el conde le preguntó cómmo fuera aquello.

—Señor conde —dixo Patronio—, en Sanctiago avía
un deán que avía muy grant talante de saber el arte
de la nigromançia, [272] et oyó dezir que don Yllán de
Toledo [273] sabía ende más que ninguno que fuesse en
aquella sazón; et por ende vínose para Toledo para
aprender de aquella sciençia. Et el día que llegó a To-
ledo adereçó [274] luego a casa de don Yllán et fallólo
que estava lleyendo en una cámara muy apartada; et
luego que legó a él, reçibiólo muy bien et díxol que
non quería quel dixiesse ninguna cosa de lo porque ve-
nía fasta que oviese comido. Et pensó [275] muy bien dél
et fízol dar muy buenas posadas, [276] et todo lo que ovo
mester, et diol a entender quel plazía mucho con su
venida.

Et después que ovieron comido, apartósse con él, et
contol la razón porque allí viniera, et rogol affin-
cadamente quel mostrasse aquella sciençia que él avía
muy grant talante de aprender. Et don Yllán díxol que
él era deán et omne de grand guisa [277] et que podía
llegar a grand estado —et los omnes que grant estado
tienen, de que todo lo suyo an librado a su voluntad,

---

[271] *fiuza*: confianza. Vid. las págs. 84, 85.
[272] *nigromancia*: magia negra, arte para adivinar el futuro.
[273] Toledo llevó fama en la Edad Media por sus nigrománticos
y adivinos.
[274] *adereçó*: enderezó, se dirigió.
[275] *pensó*: cuidó de él. Comp.: "Pensaron amos de la duenya
fasta que fue leuantada; / nunca viyo omne en el mundo duen-
ya mejor guardada". *Libro de Apolonio*, 322ab.
[276] *posadas*: aposentos.
[277] *guisa*: calidad, condición. Comp.: "Et bien sabedes vos, sen-
nor infante, que si un omne de pequenna guisa faze grant tuerto
con grant desonra a un grant sennor..." *Libro de los estados*, f. 60c.

olbidan mucho aýna [278] lo que otrie a fecho por ellos—
et el que se reçelava que de que él oviesse aprendido
dél aquello que él quería saber, que non le faría tanto
bien commo él le prometía. Et el deán le prometió et
le asseguró que de qualquier vien que él oviesse, que
nunca faría sinon lo que él mandasse.

Et en estas fablas estudieron [279] desque ovieron yan-
tado fasta que fue ora de çena. De que su pleito fue
bien assossegado [280] entre ellos, dixo don Yllán al deán
que aquella sçiençia non se podía aprender sinon en
lugar mucho apartado et que luego essa noche le quería
amostrar do avían de estar fasta que oviesse aprendido
aquello que él quería saber. Et tomol por la mano et
levol a una cámara. Et en apartándose de la otra gente,
llamó a una mançeba de su casa et díxol que toviesse
perdizes para que çenassen essa noche, mas que non
las pusiessen a assar fasta que él gelo mandasse.

Et desque esto ovo dicho, llamó al deán; et entra-
ron entramos por una escalera de piedra muy bien la-
brada et fueron descendiendo por ella muy grand pie-
ça, en guisa que paresçía que estavan tan vaxos que
passaba el río de Tajo por çima dellos. Et desque fue-
ron en cabo del escalera, fallaron una possada muy
buena, et una cámara mucho apuesta [281] que ý avía,
ó [282] estavan los libros et el estudio en que avía[n] de
leer. De que se assentaron, estavan parando mientes
en quáles libros avían de començar. Et estando ellos en
esto, entraron dos omnes por la puerta et diéronle una
carta quel enviava el arçobispo, su tío, en quel fazía
saber que estava muy mal doliente et quel enviava ro-
gar que sil quería veer vivo, que se fuesse luego para
él. Al deán pesó mucho con estas nuebas: lo uno por
la dolençia de su tío, et lo al porque reçeló que avía
de dexar su estudio que avía començado. Pero puso
en su coraçón de non dexar aquel estudio tan aýna,
et fizo sus cartas de repuesta et enviólas al arçobispo
su tío.

---

[278] *aýna*: pronto, presto. Comp.: "dezirtelo he mas presto, por
te embiar aina". *Libro de buen amor*, 297d.

[279] *estudieron*: estuvieron. Véase la nota 266 en la p. 92.

[280] *assossegado*: pactado, asentado.

[281] *apuesta*: adornada, decorada.

[282] *ó*: donde.

Et dende a tres o quatro días llegaron otros omnes a pie que trayan otras cartas al deán en quel fazían saber que el arçobispo era finado, et que estavan todos los de la eglesia en su eslecçión et que fiavan por la merçed de Dios que eslerían [283] a él, et por esta razón que non se quexasse [284] de yr a lla eglesia, ca mejor era para él en quel eslecyessen seyendo en otra parte que non estando en la eglesia.

Et dende a cabo de siete o de ocho días, vinieron dos escuderos muy bien vestidos et muy bien aparejados, et quando llegaron a él, vesáronle la mano et mostráronle las cartas en cómmo le avían esleýdo por arçobispo. Quando don Yllán esto oyó, fue al electo et díxol cómmo gradesçía mucho a Dios porque estas buenas nuebas le llegaran a su casa, et pues Dios tanto bien le fiziera, quel pedía por merçed que el deanadgo que fincava vagado [285] que lo diesse a un su fijo. Et el electo díxol quel rogava quel quisiesse consentir que aquel deanadgo que lo oviesse un su hermano; mas que él le faría bien en guisa que él fuesse pagado, et que[l] rogava que fuesse con l' para Sanctiago et que levasse aquel su fijo. Don Yllán dixo que lo faría.

Fuéronse para Sanctiago. Quando ý llegaron, fueron muy bien reçebidos et mucho onradamente. Et desque moraron ý un tiempo, un día llegaron al arçobispo mandaderos [286] del Papa con sus cartas en cómol dava el obispado de Tolosa, et quel dava gracia que pudiesse dar el arçobispado a qui quisiesse. Quando don Yllán oyó esto, retrayéndol [287] mucho affincadamente lo que con él avía passado, pidiol merçed quel diesse a su fijo; et el arçobispo le rogó que consentiesse que lo oviesse un su tío, hermano de su padre. Et don Yllán dixo que

---

[283] eslerían: escogerían, elegirían. Comp.: "cada que muere el Papa, los cardenales, que [son en] lugar de los Apostoles, esleen uno por Papa". Libro de los estados, f. 56c.

[284] quexasse: preocupase, tuviese prisa.

[285] vagado: vacante.

[286] mandaderos: enviados, mensajeros. Comp.: "Et los mandaderos non son todos de vna guisa, que mandaderos deuen ser a [unos] lugares los mayores omnes e de mayor entendimiento". Libro infinido, p. 53.

[287] retrayéndol: reprochándole, echándole en cara. Comp.: "después en la carrera feremos nuestro sabor, / ante que nos retrayan lo que cuntió del león". Poema del Cid, 2.548.

Castillo de Peñafiel (Valladolid)

Página del manuscrito núm. 6376 de la Biblioteca Nacional de Madrid, que es el que se utiliza en esta edición bien entendíe quel fazía grand tuerto, [288] pero que esto que lo consintía en tal que [289] fuesse seguro que gelo emendaría adelante. Et el [arz]obispo le prometió en toda guisa que lo faría assí, et rogol que fuessen con él a Tolosa et que levasse su fijo.

Et desque llegaron a Tolosa, fueron muy bien reçebidos de condes et de quantos omnes buenos [290] avía en la tierra. [291] Et desque ovieron ý morado fasta dos años, llegaron los mandaderos del Papa con sus cartas en commo le fazía el Papa cardenal et quel fazía gracia que diesse el obispado de Tolosa a qui quisiesse. Entonçe fue a él don Yllán et díxol que, pues tantas vezes le avía fallesçido [292] de lo que con él pusiera, [293] que ya que non avía logar del poner escusa ninguna que non diesse algunas de aquellas dignidades a su fijo. Et el cardenal rogol quel consentiese que oviesse aquel obispado un su tío, hermano de su madre, que era omne bueno ançiano; mas que, pues él cardenal era, que se fuese con él para la Corte, que asaz avía en qué le fazer bien. Et don Yllán quexósse ende mucho, pero consintió en lo que el cardenal quiso, [et] fuesse con él para la Corte.

Et desque ý llegaron, fueron bien reçebidos de los cardenales et de quantos en la Corte eran et moraron ý muy grand tiempo. Et don Yllán affincando [294] cada día al cardenal quel fiziesse alguna gracia a su fijo, et él poníal sus escusas.

Et estando assí en la Corte, finó el Papa; et todos [los] cardenales esleyeron aquel cardenal por Papa. Estonçe fue a él don Yllán et díxol que ya non podía poner escusa de non conplir lo quel avía prometido.

---

[288] *tuerto*: daño, injusticia. Comp.: "ca sodes coñoscedores / por escoger el derecho, ca tuerto non mando yo". *Poema del Cid*, 3.137-8.

[289] *en tal que*: con tal que.

[290] *omnes buenos*: nobles, honrados. Cf.: "Respusol hun ombre bueno, bien raçonado era". *Libro de Apolonio*, 44a.

[291] *tierra*: región. Vid. la nota 73 en la p. 57.

[292] *fallesçido*: incumplido, fallado. Comp.: "Et la iustiçia de Dios fuese conplida et non fallesçiese y nada". *Libro de los estados*, f. 62a.

[293] *pusiera*: acordara, conviniera. Cf.: "Las palabras son puestas, los omenajes dados son". *Poema del Cid*, 2.111.

[294] *afincando*: apremiando, insistiendo. Véase la p. 82, nota 221.

El Papa le dixo que non lo affincasse tanto, que siempre avría lugar en quel fiziesse merçed segund fuesse razón. Et don Yllán se començó a quexar mucho, retrayéndol quantas cosas le prometiera et que nunca le avía complido ninguna, et diziéndol que aquello reçelava en la primera vegada que con él fablara, et pues aquel estado era llegado et nol [295] cumplía lo quel prometiera, que ya non le fincava logar en que atendiesse [296] dél bien ninguno. Deste aquexamiento se quexó mucho el Papa et començol a maltraer [297] diziéndol que si más le affincasse, quel faría echar en una cárçel, que era ereje et encantador, que bien sabía que non avía otra vida nin otro offiçio en Toledo, do él moraba, sinon bivir por aquella arte de nigromançia.

Desque don Yllán vio quánto mal le gualardonava el Papa lo que por él avía fecho, espidióse [298] dél, et solamente nol [299] quiso dar el Papa que comiese por el camino. Estonçe don Yllán dixo al Papa que pues al non tenía de comer, que se avría de tornar a las perdizes que mandara assar aquella noche, et llamó a la muger et díxol que assasse las perdizes.

Quando esto dixo don Yllán, fallósse el Papa en Toledo, deán de Sanctiago, commo lo era quando y bino, et tan grand fue la vergüença que ovo, que non sopo quel dezir. Et don Yllán díxol que fuesse en buena ventura et que assaz avía provado lo que tenía en él, et que ternía por muy mal enpleado si comiesse su parte de las perdizes.

Et vós, señor conde Lucanor, pues veedes que tanto fazedes por aquel omne que vos demanda ayuda et non vos da ende meiores gracias, tengo que non avedes por qué trabajar nin aventurarvos mucho por llegarlo a logar [300] que vos dé tal galardón commo el deán dio a don Yllán.

El conde tovo esto por buen consejo, et fízolo assí, et fallósse ende bien.

295   nol: no le.
296   atendiesse: esperase. Cf.: "Si atender quisieres e luego quisieres andar". Libro de Apolonio, 253a.
297   maltraer: maltratar. Vid. otros ejemplos en las p. 58 y 90.
298   espidióse: despidióse. Comp.: "fue luego del ermita el buen conde espedido". Poema de Fernán González, 416a.
299   solamente nol: ni siquiera.
300   llegarlo a logar: ponerlo en situación.

Et porque entendió don Iohan que era éste muy buen exiemplo, fízolo poner en este libro et fizo estos viessos que dizen assí:

Al que mucho ayudares et non te lo conosçiere, [301]
menos ayuda abrás, desque en grand onra subiere.

Et la estoria deste exiemplo es ésta que se sigue:

EXEMPLO XII[o]

DE LO QUE CONTESÇIÓ A UN RAPOSO CON UN GALLO.

E L conde Lucanor fablava con Patronio, su conseiero, una vez en esta guisa:

—Patronio, vós sabedes que, loado a Dios, la mi tierra es muy grande et non es toda ayuntada en uno. Et commo quier que yo he muchos lugares que son muy fuertes, he algunos que lo non son tanto, et otrosí otros lugares que son ya quanto [302] apartados de la mi tierra en que yo he mayor poder. Et quando he contienda con mios señores et con mios vezinos que an mayor poder que yo, muchos omnes que se me dan por amigos, et otros que se me fazen conseieros, métenme grandes miedos et grandes espantos et conséianme que en ninguna guisa non esté en aquellos mios lugares apartados, sinon que me acoja et esté en los lugares más fuertes et que son bien dentro en mi poder; et porque yo sé que vós sodes muy leal et sabedes mucho de tales cosas commo éstas, ruégovos que me conseiedes lo que vos semeia que me cumple de fazer en esto.

—Señor conde Lucanor —dixo Patronio—, en los grandes fechos et muy dubdosos son muy periglosos [303] los conseios, [ca en los más de los consejos] non puede

---

[301] *conosçiere*: agradeciere, reconociere. Comp.: "si a Dios, que tanto bien et onra les faze non le siruen nin gelo conosçen commo deuen, vos veedes..." *Libro de los estados*, 70b.

[302] *ya quanto*: algún tanto. Comp.: "Quando el rey de Tiro se vyo coronado / fue de la tristeza ya quanto amansado". *Libro de Apolonio*, 187ab.

[303] *periglosos*: peligrosos, forma más cercana a su etimología de 'periculum', 'periglo'.

omne fablar çiertamente, ca non es omne seguro a que
pueden recodir [304] las cosas; ca muchas vezes viemos
que cuyda omne una cosa et recude después a otra, ca
lo que cuyda omne que es mal, recude a las vegadas
a bien, et lo que cuyda omne que es vien, recude a las
vegadas a mal; et por ende, el que a a dar consejo, si
[es] omne leal et de buena entençión, es en muy grand
quexa quando ha de conseiar, ca si el consejo que da
recude a bien, non ha otras gracias sinon que dizen que
fizo su debdo en dar buen conseio; et si el conseio a
bien non recude, sienpre finca el conseiero con daño
et con vergüença. Et por ende, este conseio, en que ay
muchas dubdas et muchos periglos, plazerme ýa de
coraçón si pudiese escusar de non lo dar, mas pues
queredes que vos conseie, et non lo puedo escusar, dí-
govos que querría mucho que sopiésedes cómmo con-
tesçió a un gallo con un raposo.

El conde le preguntó cómmo fuera aquello.

—Señor conde —dixo Patronio—, un omne bueno
avía una casa en la montaña, et entre las otras cosas
[que] criava en su casa, criava siempre muchas gallinas
et muchos gallos. Et acaesçió que uno de aquellos ga-
llos andava un día allongado [305] de la casa por un cam-
po et andando él muy sin reçelo, violo el raposo et
vino muy ascondidamente, cuydándolo tomar. Et el
gallo sintiólo et subió en un árbol que estava ya quanto
allongado de los otros. Quando el raposo entendió que
el gallo estava en salvo, pesol mucho porque nol pu-
diera tomar et pensó en quál manera podría guisar quel
tomasse. Et entonçe endereçó al árbol, et començol a
rogar et a falagar et assegurar que descendiesse a an-
dar por el campo commo solía; et el gallo non lo quiso
fazer. Et desque el raposo entendió que por ningún fa-
lago non le podía engañar, començol a menaçar dizién-
dol que, pues dél non fiava, que él guisaría cómmo se
fallasse ende mal. Et el gallo, entendiendo que estava
en su salvo, non dava nada por sus amenazas nin por
sus seguranças.

Et de[sque] el raposo entendió que por todas estas
maneras non le podía engañar, endereçó al árbol et co-

---

[304] *recodir*: recudir, responder, ayudar. Comp.: "Recudioli pala-
bras commo las otras tales". Berceo, *Milagros*, 167d.
[305] *allongado*: lejos.

mençó a roer en él con los dientes et dar en él muy grandes colpes [306] con la cola. Et el cativo [307] del gallo tomó miedo sin razón, non parando mientes cómmo aquel miedo que el raposo le ponía non le podía enpeçer, [308] et espantóse de valde [309] et quiso foyr a los otros árboles en que cuidava estar más seguro, que non pudo llegar al monte, mas llegó a otro árbol. Et de que el raposo entendió que tomava miedo sin razón, fue en pos él; et assí lo levó de árbol en árbor fasta que lo sacó del monte et lo tomó, et lo comió.

Et vós, señor conde Lucanor, a menester que, pues tan grandes fechos avedes a pasar et vos avedes de partir [310] a ello, que nunca tomedes miedo sin razón, nin vos espantedes de valde por amenazas, nin por dichos de ningunos, nin fiedes en cosa de que vos pueda venir grand daño, nin grand periglo, et puñad [311] siempre en defender et en anparar los lugares más postrimeros [312] de la vuestra tierra; et non creades que tal omne commo vós, teniendo gentes et vianda, que por non seer el lugar muy fuerte, podríedes tomar peligro ninguno. Et si con miedo o con reçelo valdío [313] dexardes los lugares de cabo [314] de vuestra tierra, seguro sed que assý vos yrán levando de logar en logar fasta que vos sacassen de todo; ca quanto vós et los vuestros mayor miedo et mayor desmayo mostrássedes en dexando los

---

[306] *colpes*: golpes. Comp.: "Seños moros mataron, todos de seños colpes". *Poema del Cid*, 724.

[307] *cativo*: infeliz, desgraciado. Cf.: "ca eres una cativa bestia". Berceo, *Milagros*, 92b.

[308] *enpeçer*: dañar. Cf.: "que velen et guarden en guisa que ningún mal omne non le pueda enpesçer por fuerça". *Libro de los estados*, f. 75a.

[309] *de valde*: sin motivo, por nada. Comp.: "Tornaron al obispo, dissieronli: "Sennor, / savet que es culpada de valde la soror". Berceo, *Milagros*, 557.

[310] *partir*: preparar, disponer.

[311] *puñad*: esforzáos, pugnad. Comp.: "Et desque fue entendudo alguna cosa punne yo en le mostrar et le acostumbrar lo mas et mejor que yo pude". *Libro de los estados*, f. 53.

[312] *postrimeros*: lejanos, últimos. Comp.: "Et el sennor et el pendon deue yr en el az que sea cerca de la postrimera et yr en medio de todas las azes". "Et este [de los infançones] es el postrimero estado que ha entre los fijos dalgo". *Libro de los estados*, fols. 82c y 95c.

[313] *valdío*: inútil, sin motivo. Cf.: "Fueron dares valdíos, de que ove manzilla". *Libro de buen amor*, 179.

[314] *de cabo*: extremos, fronterizos.

vuestros logares, tanto más se esforçarán vuestros contrarios para vos tomar lo vuestro. Et quando vós et los vuestros viéredes a los vuestros contrarios más esforçados, tanto desmayaredes más, et assí yrá yendo el pleito fasta que non vos finque cosa en el mundo; mas si bien porfidiardes sobre lo primero, sodes seguro, commo fuera el gallo si estudiera en el primero árbol, et aun tengo que cumpliría a todos los que tienen fortalezas, si sopiessen este exiemplo, ca non se espantarían sin razón quando les metiessen miedo con engaños, o con cavas, o con castiellos de madera, [315] o con otras tales cosas que nunca las farían sinon para espantar a los cercados. Et mayor cosa vos diré porque beades que vos digo verdat. Nunca logar se puede tomar sinon subiendo por el muro con escaleras o cavando el muro; [pero si el muro] es alto, non podrán llegar allá las escaleras. Et para cavarlo, vien cred que an mester grand vagar [316] los que lo an de cavar. Et assí, todos los lugares que se toman o es con miedo o por alguna mengua que an los cercados, et lo demás es por miedo sin razón. Et çiertamente, señor conde, los tales commo vós, et aun los otros que non son de tan grand estado commo vós, ante que comencedes la cosa, la devedes catar et ir a ella con grand acuerdo, et non lo pudiendo nin diviendo escusar. Mas, desque en el pleito fuéredes, non a mester que por cosa del mundo tomedes espanto nin miedo sin razón; siquier [317] devédeslo fazer, porque es çierto que de los que son en los periglos, que muchos más escapan de los que se defienden, et non de los que fuyen. Siquier parat mientes que si un perriello quel quiera matar un grand alano, está quedo et regaña los dientes, [318] que muchas vezes escapa, et por grand perro que sea, si fuye, luego es tomado et muerto.

Al conde, plogo mucho de todo esto que Patronio le dixo, et fízolo assí, et fallósse dello muy bien.

---

[315] *castiellos de madera*: máquinas bélicas.

[316] *vagar*: ocio, tranquilidad. Cf.: "Ca bien entendedes vos, sennor infante, que en los tiempos apresurados de las guerras et de las lides non puede aver vagar entonçe para boluer las fojas de los libros". *Libro de los estados*, f. 82c.

[317] *siquier*: incluso. Comp.: "et siquier bien pudiestes oyr en las razones que pasaron entre mi et Turín". *Libro de los estados*, f. 59b.

[318] *regaña los dientes*: gruñe.

Et porque don Iohan tovo este por buen exiemplo, fízolo poner en este libro, et fizo estos viessos que dizen assí:

> Non te espantes por cosa sin razón,
> mas defiéndete bien commo varón.

Et la estoria deste exiemplo es ésta que se sigue:

EXEMPLO TREZENO

DE LO QUE CONTESÇIÓ A UN OMNE QUE TOMAVA PERDIZES. *

FABLAVA otra vez el conde Lucanor con Patronio, su consegero, et díxole:

—Patronio, algunos omnes de grand guisa, [319] et otros que lo non son tanto, me fazen a las vegadas enojos et daños en mi fazienda et en mis gentes, et quando son ante mí, dan a entender que les pesa mucho porque lo ovieron a fazer, et que lo non fizieron sinon con muy grand mester et con muy grant cuyta et non lo pudiendo escusar. Et porque yo querría saber lo que devo fazer quando tales cosas me fizieren, ruégovos que me digades lo que entendedes en ello.

—Señor conde Lucanor —dixo Patronio—, esto que vós dezides que a vos contesçe, sobre que me demandades consejo, paresçe mucho a lo que contesçió a un omne que tomava perdizes.

El conde le rogó quel dixiesse cómmo fuera aquello.

—Señor conde —dixo Patronio—, un omne paró [320] sus redes a las perdizes; et desque las perdizes fueron caýdas en la ret, aquel que las caçava llegó a la ret en que yazían las perdizes; et assí commo las yva tomando, matávalas et sacávalas de la red, et en matando las perdizes, dával el viento en los ojos tan reçio quel fazía llorar. Et una de las perdizes que estava biva en la red començó a dezir a las otras:

---

* Cuento de origen oriental que también figura en el *Libro de los gatos*, cap. IV. Véase la nota de Knust, p. 334-5.

319 *omnes de gran guisa*: poderosos, nobles.

320 *paró*: dispuso, colocó. Comp.: "et en quantos peligros, tan del alma commo del cuerpo, se pare el cauallero por mantener el estado de la cauallería". *Libro de los estados*, f. 95c.

—¡Vet, amigas, lo que faze este omne! ¡Commo quiera que nos mata, sabet que a grant duelo de nós, et por ende está llorando!

Et otra perdiz que estava ý, más sabidora que ella, et que con su sabiduría se guardara de caer en la red, respondiol assí:

—Amiga, mucho gradesco a Dios porque me guardó, et ruego a Dios que guarde a mí et a todas mis amigas del que me quiere matar et fazer mal, et me da a entender quel pesa del mio daño.

Et vós, señor conde Lucanor, siempre vos guardat del que vierdes que vos faze enojo et da a entender quel pesa por ello porque lo faze; pero si alguno vos fizier enojo, non por vos fazer daño nin desonra, et el enojo non fuere cosa que vos mucho enpesca, [321] et el omne fuer tal de que ayades tomado serviçio o ayuda, et lo fiziere con quexa o con mester, en tales logares, [322] conséiovos yo que çerredes el oio en [e]llo, pero en guisa que lo non faga tantas vezes, dende se vos siga daño nin vergüença; mas, si de otra manera lo fiziesse contra vós, estrañadlo [323] en tal manera porque vuestra fazienda et vuestra onra sienpre finque guardada.

El conde tovo por buen consejo éste que Patronio le dava et fízolo assí et fallósse ende bien.

Et entendiendo don Iohan que este exiemplo era muy bueno, mandólo poner en este libro et fizo estos viessos que dizen assí:

> Quien te mal faz mostrando grand pesar,
> guisa cómmo te puedas dél guardar.

[Et] la ystoria deste exiemplo es ésta que se sigue:

---

[321] enpesca: dañe. Vid. la nota 308 en la p. 101.
[322] logares: ocasiones. Cf.: "Por ende non ove tiempo nin logar de aprender mucho". Libro del cavallero et del escudero, p. 65.
[323] estrañadlo: alejadlo.

EXEMPLO XIIII°

UN día fablava el conde Lucanor con Patronio en su
fazienda et díxole:

—Patronio, algunos omnes me consejan que ayunte
el mayor tesoro que pudiere et que esto me cumple
más que otra cosa para que quier que me contesca.
Et ruégovos que me digades lo que vos paresçe en ello.

—Señor conde —dixo Patronio—, commo quier que
[a] los grandes señores vos cumple de aver algún te-
soro para muchas cosas et señaladamente porque no[n]
dexedes, por mengua de aver, de fazer lo que vos
cumplier; et pero non entendades que este tesoro deve-
des ayuntar en guisa que pongades tanto el talante [324]
en ayuntar grand tesoro porque dexedes de fazer lo que
devedes a vuestras gentes et para guarda de vuestra
onra et de vuestro estado, [325] ca si lo fiziésedes poder-
vos ýa acaesçer lo que contesçió a un lonbardo en
Bolonia.

El conde le preguntó cómmo fuera aquello.

—Señor conde —dixo Patronio—, en Boloña avía
un lonbardo que ayuntó muy grand tesoro et non ca-
tava si era de buena parte o non, sinon ayuntarlo en
qualquier manera que pudiesse. El lonbardo adolesçió
de dolençia mortal, et un su amigo que avía, desque lo
vio en la muerte, conseiol que se confessase con sancto
Domingo, [326] que era estonçe en Bollonia. Et el lon-
bardo quísolo fazer.

* Quizá oído por don Juan Manuel a alguno de sus amigos pre-
dicadores. Se encuentra en el *Libro de los milagros* de Gregorio de
Tours (Knust, p. 336-7). Figura también en *Castigos e documentos*,
cap. VII y en el *Libro de los exemplos*, CXI, sin la intervención del
santo, como anota M.ª R.ª Lida de Malkiel, ob. cit., p. 96.
[324] *talante*: voluntad. Comp.: "porque de entrar ove mayor ta-
lante". Imperial. *Cancionero de Baena* (Madrid, 1966), p. 500.
[325] Comp.: "Mas los thesoros deuen ser de lo que los sennores
ovieren de buena parte e sin pecado. Et en esta manera —non fa-
ziendo los sennores vileza, nin mendig[u]eza, nin mengua de su
onra nin de su estado por ayuntar grant tesoro— esto guardad[o],
deue[n] fazer su poder por auer el mayor tesoro que podiere[n]".
Libro infinido, p. 62-3.
[326] Santo Domingo de Guzmán, nacido en Calahorra (1170), fun-
dador de los dominicos, murió precisamente en Bolonia en 1221.

Et quando fueron por sancto Domingo, entendió sancto Domingo que non era voluntad de Dios que aquel mal omne non sufriesse la pena por el mal que avía fecho, et non quiso yr allá, mas mandó a un frayre que fuesse allá. Quando los fijos del lombardo sopieron que avía enviado por sancto Domingo, pesóles ende mucho, teniendo que sancto Domingo faría a su padre que diesse lo que avía por su alma, et que non fincaría nada a ellos. Et quando el frayre vino, dixiéronle que suava[327] su padre, mas quando cumpliesse, que ellos enbiarían por él.

A poco rato perdió el lombardo la fabla, et murió, en guisa que non fizo nada de lo que avía mester para su alma. Otro día, quando lo levaron a enterrar, rogaron a sancto Domingo que predigasse sobre aquel lombardo. Et sancto Domingo fízolo. Et quando en la predigación ovo de fablar daquel omne, dixo una palabra[328] que dize el Evangelio, que dize assí: "Ubi est tesaurus tuus ibi est cor tuum".[329] Que quiere dezir: "Do es el tu tesoro, y es el tu coraçón". Et quando esto dixo, tornósse a las gentes et díxoles:

—Amigos, porque beades que la palabra del Evangelio es verdadera, fazet catar el coraçón a este omne et yo vos digo que non lo fallarán en el cuerpo suyo et fallarlo an en el arca que tenía el su tesoro.

Estonçe fueron catar el coraçón en el cuerpo et non lo fallaron y, et falláronlo en el arca commo sancto Domingo dixo. Et estava lleno de gujanos[330] et olía peor que ninguna cosa por mala nin por podrida que fuesse.

Et vós, señor conde Lucanor, commo quier que el tesoro, commo desuso es dicho, es bueno, guardad dos cosas: la una, en que el tesoro que ayuntáredes, que sea de buena parte; la otra, que non pongades tanto el coraçón en el tesoro porque fagades ninguna cosa

---

[327] *suava*: sudaba. (Se refiere al sudor como síntoma de muerte.) Cf.: "Ante que entrase ove muchos suores". Imperial. *Cancionero de Baena*, p. 500.

[328] *palabra*: sentencia, dicho. Véase la nota 191 en la p. 77.

[329] San Mateo, VI, 21; San Lucas, XII, 34.

[330] *gujanos*: gusanos. C.: "Ay un gujano que llaman ydrus". "Los gujanos rroeran el cuerpo e lo tragaran[...] quando muere el omne, heredarlo an serpientes e bestias e gujanos". *Libro de los gatos*, ed. de J. E. Keller (Madrid, 1958), págs. 54 y 74.

que vos non caya [331] de fazer; nin dexedes nada de
vuestra onra, nin de lo que devedes fazer, por ayuntar
grand tesoro de buenas obras, porque ayades la gracia
de Dios et buena fama de las gentes.

Al conde plogo mucho deste consejo que Patronio le
dio, et fízolo assí, et fallóse ende bien.

Et teniendo don Iohan que este exiemplo era muy
bueno, fízolo escrivir en este libro et fizo estos viessos
que dizen assí:

> Gana el tesoro verdadero
> et guárdate del falleçedero.

Et la ystoria deste exiemplo es ésta que se sigue:

EXEMPLO XV°

DE LO [QUE] CONTESÇIÓ A DON LORENÇO SUÁREZ
SOBRE LA ÇERCA DE SEVILLA. *

O T R A vez fablava el conde Lucanor con Patronio, su
consegero, en esta guisa:

—Patronio, a mí acaesçió que ove un rey muy pode-
roso por enemigo; et desque mucho duró la contienda
entre nós, fallamos entramos por nuestra pro de nos
avenir. [332] Et commo quiera que agora estamos por
avenidos et non ayamos guerra, siempre estamos a sos-
pecha el uno del otro. Et algunos, también de los suyos
commo de los míos, métenme muchos miedos, et dízen-
me que quiere buschar achaque para seer contra mí;
et por el buen entendimiento que avedes, ruégovos que
me consejedes lo que faga en esta razón.

---

[331] caya: convenga. Comp.: "Non cae al rey de se alabar que
es sabidor de lo que non sabe". Castigos e documentos, p. 87. "Que
esté el sennor sin cuydado que por cosa quel caya de fazer que non
verná ninguna ocasión en la fortaleza". Libro infinido, p. 59.

* Knust, p. 338, señala que en la Crónica del santo rey don Fer-
nando, cap. LX, se menciona este suceso: "Como con Lorenço Xuarez
y Garçiperez de Vargas y otros cavalleros con poca gente desbara-
taron una gran batalla de moros a la puerta de Guadayra". Según
Puybusque, Le comte Lucanor, p. 250, el caballero cuyo nombre no
recordaba don Juan Manuel era, según Pérez de Guzmán, Payo de
Correa, gobernador de Cazorla.

[332] avenir: ponerse de acuerdo. Cf. nota 243 en la p. 87.

—Señor conde Lucanor —dixo Patronio—, éste es muy grave conseio de dar por muchas razones: lo primero, que todo omne que vos quiera meter en contienda ha muy grant aparejamiento [333] para lo fazer, ca dando a entender que quiere vuestro servicio et vos desengaña, et vos apercibe, et se duele de vuestro daño, vos dirá siempre cosas para vos meter en sospecha; et por la sospecha, abredes a fazer tales aperçibimientos [334] que serán comienço de contienda, et omne del mundo non podrá dezir contra ellos; ca el que dixiere que non guardedes vuestro cuerpo, davos a entender que non quiere vuestra vida; et el que dixiere que non labredes [335] et guardedes et bastescades [336] vuestras fortalezas, da a entender que non quiere guardar vuestra heredat; et el que dixiere que non ayades muchos amigos et vassallos et les dedes mucho por los aver et los guardar, da a entender que non quiere vuestra onra, nin vuestro defendimiento; et todas estas cosas non se faziendo, seríades en grand periglo, et puédese fazer en guisa que será comienço de roýdo; [337] pero pues queredes que vos conseie lo que entiendo en esto, dígovos que quer[r]ía que sopiésedes lo que contesçió a un buen cavallero.

El conde le rogó quel dixiesse cómmo fuera aquello.

—Señor conde —dixo Patronio—, el sancto et bienave[n]turado rey don Ferrando tenía cercada a Sevilla; et entre muchos buenos que eran ý con él, avía ý tres cavalleros que tenían por los meiores tres cavalleros

---

[333] *aparejamiento*: oportunidad, posibilidad. Comp.: "Et porque los fisicos an muchas maneras para ganar dineros de las gentes... an muy grant aparejamiento para encobrir la mala obra". *Libro de los estados*, f. 100b.

[334] *aperçibimientos*: preparativos. Comp.: "todo a de fincar en la voluntad et en la merçed de Dios et en el buen entendimiento et grant esfuerço et grant aperçibimiento del que lo ha de fazer". *Libro de los estados*, f. 82d.

[335] *labredes*: de 'labrar', reparar. Comp.: "Et para las guardar [las fortalezas] e las mantener, deue guisar de auer tantas fortalezas e tales, que las pueda bien basteçer e labrar e auer grant gente para las poder defender". *Libro infinido*, p. 58.

[336] *batescades*: de 'bastecer', abastecer, proveer. Comp.: "Otrosi, que bastesca de armas et de viandas los lugares que cumpliere para la guerra". *Libro de los estados*, f. 79d.

[337] *roýdo*: alboroto, pendencia. Comp.: "digale qu'el domingo, ante del sol salido, / imos lidiar con ella, faziendo grand roído". *Libro de buen amor*, 1196bc.

d'armas que entonçe avía en el mundo: et dizían [338] al uno don Lorenço Suárez Gallinato, [339] et al otro don García Périz de Vargas, et del otro non me acuerdo del nombre. Et estos tres cavalleros ovieron un día porfía entre sí quál era el mejor cavallero d'armas. Et porque non se pudieron avenir en otra manera, acordaron todos tres que se armassen muy bien, et que llegassen fasta la puerta de Sevilla, en guisa que diessen con las lanças a la puerta.

Otro día mañana, armáronse todos tres et endereçaron a lla villa; et los moros que estavan por el muro et por las torres, desque vieron que non eran más de tres cavalleros, cuydaron que vinían por mandaderos, et non salió ninguno a ellos, et los tres cavalleros passaron la cava [340] et la barvacana, [341] llegaron a lla puerta de la villa, et dieron de los cuentos [342] de las lanças en ella; et desque ovieron fecho [esto], volbieron las riendas a los cavallos et tornáronse para la hueste.

Et desque los moros vieron que non les dizían ninguna cosa, toviéronse por escarnidos [343] et començaron a yr en pos ellos; et quando ellos ovieron avierto la puerta de lla villa, los tres cavalleros que se tornavan su passo, [344] eran ya quanto alongados; et salieron en pos dellos más de mil et quinientos omnes a cavallo, et más de veinte mil a pie. Et desque los tres cavalleros vieron que vinían cerca dellos, bo[l]bieron las riendas de los cavallos contra ellos et asperáronlos. Et quando los moros fueron cerca dellos, aquel cavallero de que olbidé el nombre, endereçó a ellos et fuelos ferir. [345] Et don Lorenço Suárez et don García Périz estudieron quedos; et desque los moros fueron más cerca, don

<hr>

[338] *dizían*: llamaban. Vid. la nota 46 en la p. 53.

[339] Lorenzo Súarez Gallinato figura también en el exemplo XXVIII.

[340] *cava*: foso.

[341] *barvacana*: aspillera, pero también obra avanzada para defender una cabeza de puente.

[342] *cuento*: regatón o casquillo o punta de la lanza.

[343] *escarnidos*: escarnecidos, injuriados. Comp.: "Desque pecó con ella, sentiose escarnida". *Libro de buen amor*, 257a.

[344] *tornavan su passo*: volvían despacio.

[345] *ferir*: golpear. Comp.: "Mucho temio la vieja deste bravo dezir: / "Señora —diz—, ¡mesura!, ¡non me querades ferir!" *Libro de buen amor*, 1224.

García Périz de Vargas fuelos ferir; et don Lorenço
Xuárez estudo quedo, et nunca fue a ellos fasta que
los moros le fueron ferir; et desque començaron a
ferir, metióse entrellos et començó a fazer cosas mara-
billosas d'armas.

Et quando los del real [346] vieron aquellos cavalleros
entre los moros, fuéronles acorrer. [347] Et commo quier
que ellos estavan en muy grand priessa et ellos fueron
feridos, fue la merçed de Dios que non murió ninguno
dellos. Et la pellea fue tan grande entre los christianos
et los moros, que ovo de llegar ý el rey don Ferrando.
Et fueron los christianos esse día muy bien andantes. Et
desque el rey se fue para su tienda, mandólos prender,
diziendo que merescían muerte, pues que se aventura-
van a fazer tan grant locura, lo uno en meter la hueste
en rebato [348] sin mandado del rey, et lo al, en fazer
perder tan buenos tres cavalleros. Et desque los gran-
des omnes de la hueste pidieron merçed al rey por
ellos, mandólos soltar.

Et desque el rey sopo que por la contienda [349] que
entrellos oviera fueron a fazer aquel fecho, mandó
llamar quantos buenos omnes eran con él, para judgar
quál dellos lo fiziera mejor. Et desque fueron ayunta-
dos, ovo entrellos grand contienda: ca los unos dizían
que fuera mayor esfuerço el que primero los fuera
ferir, et los otros que el segundo, et los otros que el
terçero. Et cada unos dizían tantas buenas razones [que]
paresçían que dizían razón derecha: et, en verdad, tan
bueno era el fecho en sí, que qualquier podría aver
muchas buenas razones para lo alabar; pero, a la fin
del pleito, el acuerdo fue éste: que si los moros que
binían a ellos fueran tantos que se pudiessen vençer
por esfuerço o por vondad que en aquellos cavalleros
oviesse, que el primero que los fuesse a ferir, era el
meior cavallero, pues començava cosa que se non po-
dría acabar; mas, pues los moros eran tantos que por
ninguna guisa non los podrían vençer, que el que yva
a ellos non lo fazía por vençerlos, mas la vergüença

[346] *real*: sitio donde está la tienda del rey, o campamento.
[347] *acorrer*: socorrer. Véase la p. 71, nota 155.
[348] *rebato*: alarma.
[349] *contienda*: disputa. Comp.: "desque vi a mi señor que non
tenié posada, / e vi que la contienda era ya sossegada". *Libro de
buen amor*, 1260.

le fazía que non fuyesse; et pues non avía de foyr, la quexa del coraçón, porque non podía soffrir el miedo, le fizo que le[s] fuesse ferir. Et el segundo que les fue ferir et esperó más que el primero, tovieron por meior, porque pudo sofrir más el miedo. Mas don Lorenço Xuárez que sufrió todo el miedo et esperó fasta que los moros le ferieron, aquél iudgaron que fuera meior cavallero.

Et vós, señor conde Lucanor, veedes que estos son miedos et espantos, et es contienda que, aunque la començedes, non la podedes acabar, quanto más suffriéredes estos miedos et estos espantos, tanto seredes más esforçado, et demás, faredes mejor seso: ca pues vós tenedes recabdo en lo vuestro et non vos puede[n] fazer cosa ar[r]ebatadamente de que grand daño vos venga, conséjovos yo que non vos fuerçe la quexa del coraçón. Et pues grand colpe non podedes reçebir, esperat ante que vos fieran, et por aventura veredes que estos miedos et espantos que vos ponen, que non son, con verdat, sinon lo que éstos vos dizen porque cumple a ellos, ca non an bien sinon en el mal. Et bien cred que estos tales, tanbién de vuestra parte commo de la otra, que non querrían grand guerra nin grand paz, ca non son para se parar a la guerra, [350] nin querrían paz complida; mas lo que ellos querrían sería un alboroço [351] con que pudiessen ellos tomar et fazer mal en la tierra, et tener a vós et a la vuestra parte en premia [352] para levar de vós lo que avedes et non avedes, et non aver reçelo que los castigaredes por cosa que fagan. Et por ende, aunque alguna cosa fagan contra vós, pues non vos pueden mucho enpeçer en soffrir que se mueba del otro la culpa, venirvos ha ende mucho bien: lo uno, que aviedes a Dios por vós, que es una ayuda que cumple mucho para tales cosas; et lo al, que todas las gentes ternán que fazedes derecho en lo que fizierdes. Et por aventura, que si non vos movierdes vos a fazer lo que non devedes, non se movrá [353]

---

[350] se parar a la guerra: estar preparado para guerrear. Comp.: "et quando por esto les acaesçe de aver guerra, conuiene que faga[n] muchas cosas para se parar a ella". Libro de los estados, f. 79d.

[351] alboroço: tumulto, alboroto.

[352] tener en premia: oprimir. Véase más adelante, nota 445, p. 132.

[353] movrá: moverá.

el otro contra vos; abredes paz et faredes serviçio a
Dios, et pro de los buenos, et non faredes vuestro
daño por fazer plazer a los que querrían guaresçer [354]
faziendo mal et se sintrían [355] poco del daño que vos
viniesse por esta razón.

Al conde plogo deste conseio que Patronio le dava,
et fízolo assí, et fallósse ende bien.

Et porque don Johan tovo que este exiemplo que
era muy bueno, mandólo escrivir en este libro et fizo
estos viessos que dizen assí:

> Por quexa non vos fagan ferir,
> ca siempre vençe quien sabe sofrir.

Et la estoria deste exiemplo es ésta que se sigue:

EXEMPLO XVI°

DE LA REPUESTA QUE DIO EL CONDE FERRANT GONSÁLES A MUÑO LAYNEZ SU PARIENTE *

EL conde Lucanor fablava un día con Patronio en
esta guisa:

—Patronio, bien entendedes que non so yo ya muy
mançebo, et sabedes que passé muchos trabaios fasta
aquí. Et bien vos digo que querría de aquí adelante
folgar et caçar, et escusar los trabaios et afanes; et
porque yo sé que siempre me consejastes lo meior, rué-
govos que me conseiedes lo que vierdes que me cae [356]
más de fazer.

—Señor conde —dixo Patronio—, commo quier que
vos dezides bien et razón, pero plazerme ýa que so-
piéssedes lo que dixo una vez el conde Ferrant Gonsá-
les a Muño Laynes.

---

[354] *guaresçer*: librarse.
[355] *sintrían*: sentirían.
* Como ya indicó Knust, p. 340-4, la anécdota procede de la
Crónica general (edic. de R. Menéndez Pidal, NBAE, vol. 5, p. 397-8),
y del *Poema de Fernán González*, p. 98 y ss., y, a través de éstos,
del *Libro de Alexandre*, como señala M.ª R. Lida de Malkiel,
op. cit., p. 106, que añade "cómo estos tres textos desconocen el
refrán".
[356] *cae*: conviene. Véase la nota 331 en la p. 107.

El conde Lucanor le rogó quel dixiesse cómmo fuera aquello.

—Señor conde —dixo Patronio—, el conde Ferrant Gonsáles era en Burgos et avía passados muchos trabaios por defender su tierra. Et una vez que estava ya commo más en assossiego et en paz, díxole Muño Laynez que sería bien que dallí adelante que non se metiesse en tantos roýdos, [357] et que folgasse él et dexasse folgar a sus gentes.

Et el conde respondiol que a omne del mundo non plazdría [358] más que a él folgar et estar viçioso si pudiesse; mas que bien sabía que avían grand guerra con los moros et con los leoneses et con los navarros, et si quisiessen mucho folgar, que los contrarios que luego serían contra ellos; et si quisiessen andar a caça con buenas aves por Arlançón arriba et ayuso [359] et en buenas mulas gordas, et dexar de defender la tierra, que bien lo podrían fazer, mas que les contesçería commo dezía el vierbo [360] antigo: "Murió el onbre et murió el su nombre"; mas si quisiéremos olbidar los viçios [361] et fazer mucho por nos defender et levar nuestra onra adelante, dirán por nos depués que muriéremos: "Murió el omne, mas non murió el su nombre". [362] Et pues viziosos et lazdrados, [363] todos avemos a morir, non me semeja que sería bueno si por viçio nin por la folgura dexáremos de fazer en guisa que

<hr>

[357] *roýdos*: jaleos, líos. Otra referencia en la p. 108.

[358] *plazdría*: placería, agradaría. (Comp.: *valer-ia = valdría*.)

[359] *ayuso*: abajo. Cf.: "en su pescueço me puso / como a çurrón liviano / e levóm la cuesta ayuso". *Libro de buen amor*, 967.

[360] *vierbo*: refrán, palabra, sentencia. Comp.: "Fabloli pocos viervos, razon buena, complida". Berceo, *Milagros*, 61d.

[361] *viçios*: regalos, deleites. Comp.: "Castiga [a] tu fijo, e folgaras con él e dara grand viçio a tu voluntad". *Libro de los çient capítulos*, p. 26.

[362] M.ª R.ª Lida de Malkiel, loc. cit., apunta cómo el refrán es "solamente un accesorio embellecedor que da filo epigramático a la respuesta del Conde: la prueba de su eficacia estética es que la forma moderna del refrán es la versión caballerescamente enmendada por don Juan Manuel: "murió el hombre y vive su nombre" (Cejador, t. I, p. 393b, según Galindo, fol. 61), a veces con mención expresa de Fernán González: "murió el Conde, mas no su nombre" (Rodríguez Marín, *Más de 21.000 refranes castellanos*).

[363] *lazdrados*: desgraciados. Cf.: "Tal pobre qual tu veyes, desnudo e lazdrado". *Libro de Apolonio*, 124a.

depués que nós muriéremos, que nunca muera la buena
fama de los nuestros fechos". [364]

Et vós, señor conde, pues sabedes que avedes a mo-
rir, por el mi conseio, nunca por viçio nin por folgu-
ra [365] dexaredes de fazer tales cosas, porque, aun des-
que vos murierdes, siempre viva la fama de los vuestros
fechos.

Al conde plogo mucho desto que Patronio le con-
seió, et fízolo assí, et fallósse dello muy bien.

Et porque don Iohan tovo este exiemplo por muy
bueno, fízolo escrivir en este libro et fizo estos viessos
que dizen assí:

> Si por viçio et por folgura la buena fama perdemos,
> la vida muy poco dura, denostados fincaremos.

Et la ystoria deste exiemplo es ésta que se sigue:

EXEMPLO XVII°

DE LO QUE CONTESÇIÓ A UN [OMNE] QUE AVÍA MUY GRANT FAMBRE, QUEL CONVIDARON OTROS MUY FLOXAMENTE A COMER

OTRA vez, fablava el conde Lucanor con Patronio, su
consegero, et díxole assí:

—Patronio, un omne vino a mí et díxome que faría
por mí una cosa que me cumplía a mí mucho; et
commo quier que me lo dixo, entendí en l' que me lo
dizía tan floxamente quel plazdríe [366] mucho escusasse
de tomar de aquella ayuda. Et yo, de una parte, en-
tiendo que me cumpliría mucho de fazer aquello que
me él ruega, et de otra parte, he muy grant enbargo

---

[364] Comp.: "Et el uiçioso et el lazrado amos an de morir, et non
lo puede escusar ell uno nin ell otro; mas buenos fechos nunqua
mueren, et siempre es en remembrança el qui los fizo. Todos los
omnes que grandes fechos fizieron passaron por muchos trabaios".
Crónica general, p. 98. "El uiçioso e el lazrado amos an de morir, /
el vno nin el otro non lo puede foyr, / quedan los buenos fechos,
estos an de vesquir, / dellos toman enxyenplo los que han de venir".
Poema de Fernán González, 349.

[365] *folgura*: descanso. Cf.: "Dormit, avet folgura". Berceo, *Sacri-
ficio*, 75.

[366] *plazdríe*: como *plazdría*, agradaría.

de tomar de aquel ayuda, pues veo que me lo dize tan floxamente. Et por el buen entendimiento que vós ayedes, ruégovos que me dïgades lo que vos paresçe que devo fazer en esta razón.

—Señor conde Lucanor —dixo Patronio—, porque vós fagades en esto lo que me semeja que es vuestra pro, plazerme ýa mucho que sopiésedes lo que contesçió a un omne con otro quel conbidó a comer.

El conde le rogó quel dixiesse cómmo fuera aquello.

—Señor conde Lucanor —dixo Patronio—, un omne bueno era que avía seýdo muy rico et era llegado a muy grand pobreza et fazíasele muy grand vergüença de demandar nin envergoñarse[367] a ninguno por lo que avía de comer; et por esta razón sufría muchas vezes muy grand fanbre et muy grand lazeria. Et un día, yendo él muy cuytado, porque [non] podía aver ninguna cosa que comiesse, passó por una casa de un su conosçiente[368] que estava comiendo; et quando le vio passar por la puerta, preguntol muy floxamente si quería comer; et él, por el grand mester que avía, començó a lavar las manos, et díxol:

—En buena fe, don Fulano, pues tanto me coniurastes et me afincastes que comiesse conbusco,[369] non me paresçe que faría aguisado[370] en contradezir tanto vuestra voluntad nin fazervos quebrantar vuestra jura.

Et assentósse a comer, et perdió aquella fambre et aquella quexa en que estava. En dende adelante, acorriol Dios, et diol manera cómmo salió de aquella lazeria tan grande.

Et vós, señor conde Lucanor, pues entendedes que aquello que aquel omne vos ruega es grand vuestra pro, dalde a entender que llo fazedes por complir su ruego, et non paredes mientes a quanto floxamente vos lo él ruega et non esperedes a que vos affinque más por ello, sinon por aventura non vos fablará en ello más, et seervos ýa más vergüença si vós lo oviéssedes a rogar lo que él ruega a vós.

---

367 *envergoñarse*: avergonzarse, de 'vergoña', vergüenza.
368 *conosçiente*: conocido. Comp.: "El pan que entre dia le daban los parientes... / partielo con los mozos que avie connoçientes". Berceo, *Vida de santo Domingo* (BAE, vol. 57), 13.
369 *conbusco*: con vos, con vosotros. Véase antes, p. 75, nota 175.
370 *faría aguisado*: obraría razonablemente.

El conde tovo esto por bien et por buen consejo, et
fízolo assí, et fallósse ende bien.

Et entendiendo don Iohan que este exiemplo era
muy bueno, fízolo escrivir en este libro et fizo estos
viessos que dizen assí:

> En lo que tu pro pudieres fallar,
> nunca te fagas mucho por rogar.

Et la ystoria deste exiemplo es ésta que se sigue:

EXEMPLO XVIII°

De lo que contesçió a don Pero Meléndez de Valdés quando se le quebró la pierna *

Fablava el conde Lucanor con Patronio, su consege-
ro, un día, et díxole assí:

—Patronio, vós sabedes que yo he contienda con un
mi vezino que es omne muy poderoso et muy onrado;
et avemos entre nós postura [371] de yr a una villa, et
qualquier de nós que allá vaya [primero], cobraría la
villa, et perderla ha el otro; et vós sabedes cómmo
tengo ya toda mi gente ayuntada; et bien fío, por
la merçed de Dios, que si yo fuesse, que fincaría
ende con grand onra et con grand pro. Et agora estó
e[m]bargado, [372] que lo non puedo fazer por esta oca-

---

* María Rosa Lida de Malkiel, op. cit., 107 (nota) dice: "Me-
néndez Pelayo, *Orígenes de la novela*, p. LXXXVI, considera el
Exemplo XVIII como anécdota del "Adelantado de León Pero Me-
léndez [*sic*] Valdés, el de la pierna quebrada", dando por seguro su
carácter histórico: no sé de nadie que haya hallado rastro de tal
personaje ni indicio que permita otorgarle el título de adelantado;
por lo demás, el cuento no es anécdota leonesa, sino antiquísimo
relato moral de origen talmúdico, presente en colecciones medievales
como la *Summa praedicantium* de Bromyard, según Knust, p. 346:
una vez más es el arte del narrador castellano lo que da la ilusión
de actualidad". Vid. Azorín, *Los valores literarios*, edic. cit., p. 1034.

[371] *postura*: acuerdo, concierto. Comp.: "Non guardando la rana
la postura que puso / dio salto en el agua". *Libro de buen amor*, 412.

[372] *e[m]bargado*: impedido, turbado. Comp.: "si fuese callado,
dirán que es enbargado". *Libro de los çient capítulos*, p. 56.

sión [373] que me contesçió: que non estó bien sano. Et
commo quier que me es grand pérdida en lo de lla villa,
vien vos digo que me tengo por más ocasionado [374] por
la mengua que tomo et por la onra que a él ende viene,
que aun por la pérdida. Et por la fiança que yo en
vós he, ruégovos que me digades lo que enten[dier]des
que en esto se puede fazer.

—Señor conde Lucanor —dixo Patronio—, commo
quier que vós fazedes razón [375] de vos quexar, para
que en tales cosas commo estas fiziésedes lo meior
siempre, plazerme ýa que sopiésedes lo que contesçió
a don Pero Meléndez de Valdés.

El conde le rogó quel dixiesse cómmo fuera aquello.

—Señor conde Lucanor —dixo Patronio—, don Pero
Meléndez de Valdés era un cavallero mucho onrado
del reyno de León, et avía por costumbre que cada
quel [376] acaesçíe algún enbargo, siempre dizía: "¡Ben-
dicho [377] sea Dios, ca pues Él lo faze, esto es lo
meior!". [378]

Et este don Pero Meléndez era consegero et muy
privado del rey de León; et otros sus contrarios, por
grand envidia quel ovieron, assacáronle [379] muy grand
falsedat et buscáronle tanto mal con el rey, que acordó
de lo mandar matar.

Et seyendo don Pero Meléndez en su casa, llegol
mandado del rey que enviava por él. Et los quel avían
a matar estávanle esperando a media legua de aquella
su casa. Et queriendo cavalgar don Pero Meléndez

---

[373] ocasión: suceso, desgracia. Comp.: "Et despues que llega a
mançebia, por malos consejeros o por alguna ocasion o desaventura
se parte del bien que solia fazer". Libro de los estados, f. 48b.
"Vivie en esta vida en grand tribulación; / murio por sus pecados
por fiera ocasion". Berceo, Milagros, 163b.

[374] ocasionado: desgraciado. Comp.: "Et seed çierto que me
tengo ende por muy ocasionado". Libro de los estados, f. 49d. "Te-
niese por maltrecho, e por ocasionado". Berceo, Milagros, 720a.

[375] fazedes razón: tenéis razón.

[376] cada quel: cada vez que le.

[377] bendicho: bendito. Comp.: "Ca del dixo el angel bendicho:
el fruto del tu vientre". Libro de los estados, 112b.

[378] Es proverbio muy corriente en Europa: "Quod Deus fecit id
bonum est". Knust, p. 346, señala otros.

[379] assacáronle: achacáronle. Comp.: "e mando fazer escarmiento
en la otra por la enemiga que asacara". "Cobdiçia te fara que asa-
ques falso testimonio a tu cristiano". Castigos e documentos, págs.
69 y 134.

para se yr para el rey, cayó de una escalera et quebrol
la pierna. Et quando sus gentes que avía[n] a ir con
él vieron esta ocasión que acaesçiera, pesóles ende mu-
cho, et començáronle a maltraer diziéndol:

—¡Ea!, don Pero Meléndez, vós que dezides que lo
que Dios faze, esto es lo mejor, tenedvos [380] agora este
bien que Dios vos ha fecho.

Et él díxoles que ciertos fuessen que, commo quier
que ellos tomavan grand pesar desta ocasión quel con-
tesçiera, que ellos verían que, pues Dios lo fiziera, que
aquello era lo meior. Et por cosa [381] que fizieron nunca
desta entençión le pudieron sacar.

Et los quel estavan esperando por le matar por man-
dado del rey, desque vieron que non venía, et sopieron
lo quel avía acaesçido, tornáronse paral rey et contá-
ronle la razón porque non pudieran complir su man-
dado.

Et don Pero Meléndez estudo grand tiempo que non
pudo cavalgar; et en quanto él assí estava ma[l]trecho,
sopo el rey que aquello que avían asacado a don Pero
Meléndez que fuera muy grant falsedat, et prendió a
aquellos que ge lo avían dicho. Et fue veer a don Pero
Meléndez, et contol la falsedat que dél le dixeron, et
cómmo le mandara él matar, et pediol perdón por el
yerro que contra él oviera de fazer et fízol mucho bien
et mucha onra por le fazer emienda. Et mandó luego
fazer muy grand iusticia antél daquellos que aquella
falsedat le assacaron.

Et assí libró Dios a don Pero Meléndez, porque era
sin culpa et fue verdadera la palabra que él sienpre
solía dezir: "Que todo lo que Dios faze, que aquello
es lo mejor".

Et vós, señor conde Lucanor, por este enbargo que
vos agora vino, non vos quexedes, et tenet por çierto
en vuestro coraçón que todo lo que Dios faze, que
aquello es lo mejor; et si lo assí pensáredes, Él vos lo
sacará todo a bien. [382] Pero devedes entender que las
cosas que acaesçen son en dos maneras: la una es
que si viene a omne algún enbargo en que se puede

380 *tenedvos*: tomaos, como decimos: "tómate ésa". Nota de doña
María Goyri de Menéndez Pidal en su edic., p. 73.
381 *por cosa*: por mucho, por más.
382 *sacará a bien*: llevará a buen término.

poner algún consejo; la otra es que [si] viene algún enbargo en que se non puede poner ningún conseio. Et en los enbargos que se puede poner algún conseio, deve fazer omne quanto pudiere por lo poner ý et non lo deve dexar por atender que por voluntad de Dios o por aventura se ende[re]çará, ca esto sería tentar a Dios; mas, pues el omne ha entendimiento et razón, todas las cosas que fazer pudiere por poner conseio en las cosas quel acaesçieren, dévelo facer; mas en las cosas en que se non puede poner ý ningún conseio, aquellas deve omne tener que, pues se fazen por voluntad de Dios, que aquello es lo meior. Et pues esto que a vos acaesçió es de las cosas que vienen por voluntad de Dios, et en que se non puede poner conseio, poned en vuestro talante que, pues Dios lo faze, que es lo meior; et Dios lo guisará que se faga assí commo lo vós tenedes· en coraçón.

El conde tovo que Patronio le dezía la verdat et le dava buen consejo, et fízolo assí, et fallósse ende bien.

Et porque don Iohan tovo este por buen enxienplo, fízolo escrivir en este libro et fizo estos viessos que dizen assí:

> Non te quexes por lo que Dios fiziere,
> ca por tu bien sería quando Él quisiere.

Et la estoria deste exienplo es ésta que se sigue:

EXEMPLO XIX°

DE LO QUE CONTESÇIÓ A LOS CUERVOS CON LOS BUHOS *

FABLAVA un día el conde Lucanor con Patronio, su conseiero, et díxol:

—Patronio, yo he contienda con un omne muy poderoso; et aquel mio enemigo avía en su casa un su pariente et su criado, et omne a quien avía fecho mucho bien. Et un día, por cosas que acaesçieron entre ellos, aquel mio enemigo fizo mucho mal et muchas

---

* Figura en el *Pantchatantra* y en *Calila e Dimna*, cap. IV, "De los cuervos et de los buhos", como ya señaló Knust, p. 350.

desonras aquel omne con quien avía tantos debdos. [383]
Et veyendo el mal que avía reçebido et queriendo catar
manera cómmo se vengasse, vínose para mí, et yo tengo
que es muy grand mi pro, ca éste me puede desenga-
ñar et aperçebir en cóm[m]o pueda más ligeramente
fazer daño aquel mio enemigo. Pero, por la grand
fiuza que yo he en vós et en el vuestro entendimiento,
ruégovos que me conseiedes lo que faga en este fecho.

—Señor conde Lucanor —dixo Patronio—, lo pri-
mero vos digo que este omne non vino a vós sinon
por vos engañar; et para que sepades la manera del
su engaño, plazerme ýa que sopiéssedes lo que contes-
çió a los buhos et a los cuervos.

El conde le rogó quel dixiesse cómmo fuera aquello.

—Señor conde Lucanor —dixo Patronio—, los cuer-
vos et los buhos, avían entre ssí grand contienda, pero
los cuervos eran en mayor quexa. Et los buhos, porque
es su costumbre de andar de noche, et de día estar as-
condidos en cuebas muy malas de fallar, vinían de
noche a los árboles do los cuervos albergavan et ma-
tavan muchos dellos, et fazíanles mucho mal. Et pas-
sando los cuerbos tanto daño, un cuervo que avía
entrellos muy sabidor, que se dolía mucho del mal
que avía reçevido de los buyos, [384] sus enemigos, fabló
con los cuervos sus parientes, et cató esta manera para
se poder vengar.

Et la manera fue ésta: que los cuervos le messaron
todo, salvo ende un poco de las alas, con que volava
muy mal y muy poco. Et desque fue assí maltrecho,
fuesse para los buhos et contóles el mal et el daño
que los cuervos le fizieran, señaladamente porque les
dizía que non quisiessen seer contra ellos; mas, pues
tan mal lo avían fecho contra él, que si ellos quisies-
sen, que él les mostraría muchas maneras cómmo se
podrían vengar de los cuervos et fazerles mucho daño.

Quando los buhos esto oyeron, plógoles mucho, et
tovieron que por este cuervo que era con ellos era todo
su fecho endereçado, et començaron a fazer mucho

---

[383] *debdos*: obligaciones de tipo feudal. Comp.: "et esforçar
mucho los suyos et diziendoles muchas buenas razones et contandoles
los debdos que an con él et prometiendoles muchos bienes". *Libro
de los estados*, f. 81d.

[384] *buyos*: buhos; quizá forma popular, para resolver el hiato,
como en *desnuyo* de la p. 182.

bien al cuervo et fiar en él todas sus faziendas et sus poridades. [385]

Entre los otros buhos, avía ý uno que era muy bieio et avía passado por muchas cosas, et desque vio este fecho del cuervo, entendió el engaño con que el cuervo andava, et fuesse paral mayoral [386] de los buyos et díxol quel fuesse çierto que aquel cuervo non viniera a ellos sinon por su daño et por saber sus faziendas, et que lo echasse de su compaña. Mas este buho non fue creýdo de los otros buhos; et desque vio que non le querían creer, partiósse dellos et fue buscar tierra do los cuervos non le pudiessen fallar.

Et los otros buhos pensaron bien del cuervo. Et desque las péñolas le fueron eguadas, [387] dixo a los buhos que, pues podía volar, que yría saber do estavan los cuervos et que vernía dezírgelo porque pudiessen ayuntarse et yr a los estroyr todos. A los buyos plogo mucho desto.

Et desque el cuervo fue con los otros cuervos, ayuntáronse muchos dellos, et sabiendo toda la fazienda de los buhos, fueron a ellos de día quando ellos non buellan et estavan segurados [388] et sin reçelo, et mataron et destruyeron dellos tantos porque fincaron vençedores los cuervos de toda su guerra.

Et todo este mal vino a los buhos porque fiaron en l' cuervo que naturalmente era su enemigo.

Et vós, señor conde Lucanor, pues sabedes que este omne que a vós vino es muy adebdado [389] con aquel vuestro enemigo et naturalmente él et todo su linage son vuestros enemigos, conséiovos yo que en ninguna

---

[385] *poridades*: secretos, intimidades.

[386] *mayoral*: jefe, superior. Cf.: "se perdieron por sus mereçimientos quando Luçifer era su mayoral". *Libro de los estados*, f. 59c.

[387] *eguadas*: igualadas, de 'eguar'. Comp.: "Otrosi, dize don Iohan que es muy bueno a los falcones que les den en la muda un día cada semana o baca o liebre o carne de pollos o pollos eguados". *Libro de la caza*, p. 49. (Es decir, "pollos con pluma igualada, sin plumón"). "Los palominos enxutos et yguados es la mejor vianda que estonçe les puedes dar... et aquellos les fazen vestir bien et de fermosas plumas et sean yguados". P. López de Ayala, *Libro de las aves de caza* (Madrid, 1869), p. 139.

[388] *segurados*: seguros, confiados. Comp.: "Clamo a Taliarco que era su priuado, / el que de sus conseios era bien segurado". *Libro de Apolonio*, 37ab.

[389] *adebdado*: obligado, relacionado. De 'debdo'.

manera non lo trayades en vuestra compaña, [390] ca
çierto sed que non vino a vós sinon por engañar et
por vos fazer algún daño. Pero si él vos quisiere servir
seyendo alongado de vós, de guisa que vos non pueda
enpesçer, nin saber nada de vuestra fazienda, et de
fecho fiziere tanto mal et tales manzellamientos [391] a
aquel vuestro enemigo con quien él ha algunos debdos,
que veades vós que non le finca logar [392] para se poder
nunca avenir con él, estonce podredes vós fiar en l',
pero siempre fiat en l' tanto de que vos non pueda
venir daño.

El conde tovo este por buen conseio, et fízolo assí,
et fallóse dello muy bien.

Et porque don Iohan entendió que este exiemplo era
muy bueno, fízolo escrivir en este libro et fizo estos
viessos que dizen assí:

> Al que tu enemigo suel seer,
> nunca quieras en l' mucho creer.

Et la ystoria deste exienplo es ésta que se sigue:

EXEMPLO XX°

DE LO QUE CONTESÇIÓ A UN REY CON UN OMNE QUEL DIXO QUEL FARÍA ALQUIMIA *

UN día, fablava el conde Lucanor con Patronio, su
conseiero, en esta manera:

—Patronio, un omne vino a mí et dixo que me faría
cobrar muy grand pro et grand onra, et para esto que
avía mester que catasse [393] alguna cosa de lo mío con
que se començasse aquel fecho; ca, desque fuesse
acabado, por un dinero avría diez. Et por el buen en-
tendimiento que Dios en vós puso, ruégovos que me

---

[390]   *compaña*: conjunto de caballeros que van al servicio de un
señor. "Comp.: "Derredor dél una buena compaña". *Poema del Cid*,
60.
[391]   *manzellamientos*: daños, deshonras, de 'mancilla'.
[392]   *logar*: ocasión. Vid. la nota 322 en la p. 104.
*   Figura el cuento también en el *Caballero Zifar* (edic. de C. P.
Wagner, Univ. of Michigan, 1929, p. 446 y ss.).
[393]   *catasse*: buscase, tomase. Vid. p. 56.

digades lo que vierdes que me cumple de fazer en ello.

—Señor conde, para que fagades en esto lo que fuere más vuestra pro, plazerme ya que sopiéssedes lo que contesçió a un rey con un omne quel dizía que sabía fazer alquimia. [394]

El conde le preguntó cómmo fuera aquello.

—Señor conde Lucanor —dixo Patronio—, un omne era muy grand golfín [395] et avía muy grand sabor [396] de e[n]rrequesçer et de salir de aquella mala vida que passava. Et aquel omne sopo que un rey que non era de muy buen recado, [397] se trabaiava [398] de fazer alquimia.

Et aquel golfín tomó çient doblas [399] et limólas, et de aquellas limaduras fizo, con otras cosas que puso con ellas, çient pellas, [400] et cada una de aquellas pellas pesava una dobla, et demás las otras cosas que él mezcló con las limaduras de las doblas. Et fuesse para una villa do era el rey, et vistiósse de paños muy assessegados [401] et levó aquellas pellas et vendiólas a un espeçiero. [402] Et el espeçiero preguntó que para qué eran aquellas pellas, et el golfín díxol que para muchas cosas, et señaladamente, que sin aquella cosa, que se non podía fazer el alquimia, et vendiol todas las cient pellas por quantía de dos o tres doblas. Et l' espeçiero preguntol cómmo avían nombre aquellas pellas, et el golfín díxol que avía[n] no[m]bre tabardíe. [403]

---

[394] *alquimia*: arte con que se pretendía transmutar cualquier metal en oro y también encontrar la piedra filosofal.

[395] *golfín*: ladrón, vagabundo, farsante. Comp.: "fazes como golhin en tu falsa manera". *Libro de buen amor*, 393a.

[396] *muy grand sabor*: gran deseo, mucho gusto. Comp.: "Ouo desta palabra el rey muy gran sabor". *Libro de Apolonio*, 186a.

[397] *recado*: cautela, discreción. Comp.: "Commo quier que bien entiendo que es mas maneras de atreuimiento que de buen recabdo en començar yo tan grant obra commo la que se entiende en este libro...". *Libro de los estados*, f. 103a.

[398] *se trabaiava*: se esforzaba, se afanaba. Véase la nota 58 en la p. 55.

[399] *doblas*: moneda de oro. Véase la nota 86, p. 59.

[400] *pellas*: pelotas, bolas. Comp.: "Touo mientes a todos cada huno como iugaua, / como ferie la pella o como la recobraua". *Libro de Apolonio*, 148ab.

[401] *assessegados*: ¿respetables?, ¿nobles?

[402] *especiero*: boticario. De 'especia', medicina.

[403] *tabardie*: nombre arbitrario creado por don Juan Manuel.

Et aquel golfín moró un tiempo en aquella villa en manera de omne muy assessegado [404] et fue diziendo a unos et a otros, en manera de poridat, que sabía fazer alquimia.

Et estas nuebas llegaron al rey, et envió por él et preguntol si sabía fazer alquimia. Et el golfín, commo quier quel fizo muestra que se quería encobrir et que lo non sabía, al cabo diol a entender que lo sabía, pero dixo al rey quel conseiava que deste fecho non fiasse [de omne] del mundo nin aventurasse mucho de su aver, pero si quisiesse, que provaría antél un poco et quel amostraría lo que ende sabía. Esto le gradesçió el rey mucho, et paresçiol que segund estas palabras que non podía aver ý ningún engaño. Estonçe fizo traer las cosas que quiso, et eran cosas que se podían fallar, et entre las otras mandó traer una pella de tabardíe. Et todas las cosas que mandó traer non costaban más de dos o tres dineros. [405] Desque las traxieron et las fundieron antel rey [salió peso de una dobla de oro fino. Et desque el rey] vio que de cosa que costaba dos o tres dineros, salía una dobla, fue muy alegre et tóvose por el más bien andante del mundo, et dixo al golfín que esto fazía, que cuydava el rey que era muy buen omne, que fiziesse más.

Et el golfín respondiol, commo si non sopiesse más daquello:

—Señor, quanto yo desto sabía, todo vos lo he mostrado, et daquí adelante vós lo faredes tan bien commo yo; pero conviene que sepades una cosa: que qualquier destas cosas que mengüe [406] non se pod[r]ía fazer este oro.

Et desque [esto] ovo dicho, espedióse del rey et fuesse para su casa.

El rey probó sin aquel maestro de fazer el oro, et dobló la reçepta, et salió peso de dos doblas de oro. Otra vez dobló la reçepta, et salió peso de quatro doblas; et assí commo fue cresçiendo la recepta, assí salió pesso de doblas. Desque el rey vio que él podía fazer quanto [oro] quisiese, mandó [traer] tanto daquellas cosas para que pudiese fazer mill doblas. Et fallaron

[404]   *assessegado*: tranquilo, serio.
[405]   *dinero*: moneda castellana del siglo XIV.
[406]   *mengüe*: falte.

todas las otras cosas, mas non fallaron el tabardíe. Desque el rey vio que, pues menguava el tabardíe, que se non podía fazer el oro, envió por aquel que gelo mostrara fazer, et díxol que non podía fazer el oro commo solía. Et él preguntol si tenía todas las cosas que él le diera por escripto. Et el rey díxol que sí, mas quel menguava el tabardíe.

Estonçe le dixo el golfín que por qualquier cosa que menguasse que non se podía fazer el oro, et que assí lo abía él dicho el primero día.

Estonçe preguntó el rey si sabía él do avía este tabardíe; et el golfín le dixo que sí.

Entonce le mandó el rey que, pues él sabía do era, que fuesse él por ello et troxiesse [407] tanto porque pudiesse fazer tanto quanto oro quisiesse.

El golfín le dixo que commo quier que esto podría fazer otri tan bien o mejor que él, si el rey lo fallasse por su serviçio, que yría por ello: que en su tierra fallaría ende asaz. Estonçe contó el rey lo que podría costar la compra et la despensa [408] et montó muy grand aver.

Et desque el golfín lo tovo en su poder, fuesse su ca[r]rera [409] et nunca tornó al rey. Et assí fincó el rey engañado por su mal recabdo. Et desque vio que tardava más de cuanto devía, envió el rey a su casa por saber si sabían dél algunas nuebas. Et non fallaron en su casa cosa del mundo, sinon un arca çerrada; et desque la avrieron, fallaron ý un escripto que dizía assí:

"Bien creed que non a en l' mundo tabardíe; mas sabet que vos he engañado, et quando yo vos dizía que vos faría rico, deviérades me dezir que lo feziesse primero a mí et que me creeríedes".

A cabo de algunos días, unos omnes estavan riendo et trebeiando [410] et escribían todos los omnes que ellos conosçían, cada uno de quál manera era, et dizían:

---

[407] *troxiesse*: trujese.
[408] *despensa*: gasto. Cf.: "Esta yes [es] la despensa que yo don Pero d'Ipas e feyta por Johan d'Ipas, fillyo mio". T. Navarro Tomás, *Documentos lingüísticos del Alto Aragón* (Syracuse, N. Y., 1957), p. 199.
[409] *fuesse su carrera*: se marchó.
[410] *trebeiando*: divirtiéndose, bromeando. Véase la p. 51, nota 27.

"Los ardides [411] son fulano et fulano; et los ricos, fulano et fulano; et los cuerdos, fulano et fulano". Et assí de todas las otras cosas buenas o contrarias. Et quando ovieron a escrivir los omnes de mal recado, escrivieron ý el rey. Et quando el rey lo sopo, envió por ellos et asseguróles que les non faría ningún mal por ello, et díxoles que por quél escrivieran por omne de mal recabdo. Et ellos dixiéronlo: que por razón que diera tan grand aver a omne estraño et de quien non tenía ningún recabdo.

Et el rey les dixo que avía[n] errado, et que si viniesse aquel que avía levado el aver que non fincaría él por omne de mal recabdo. Et ellos le dixieron que ellos non perdían nada de su cuenta, ca si el otro viniesse, que sacarían al rey del escripto et que pornían [412] a él.

Et vós, señor conde Lucanor, si queredes que non vos tengan por omne de mal recabdo, non aventuredes por cosa que non sea çierta tanto de lo vuestro, que vos arrepintades si lo perdierdes por fuza [413] de aver grand pro, seyendo en dubda.

Al conde plogo deste consejo, et fízolo assí, et fallóse dello bien.

Et beyendo don Johan que este exiemplo era bueno, fízolo escrivir en este libro, et fizo estos viessos que dizen assí:

Non aventuredes mucho la tu riqueza,
por conseio de[l] que a grand pobreza.

Et la ystoria deste exiemplo es ésta que se sigue:

---

411 *ardides*: ardidos, valientes, esforzados.
412 *pornían*: pondrían.
413 *fuza*: confianza. Véase en la p. 94 la nota 271.

EXEMPLO XXI°

DE LO QUE CONTESÇIÓ A UN REY MOÇO CON UN MUY GRANT PHILÓSOPHO A QUI LO ACOMENDARA [414] SU PADRE

O T R A vez fablava el conde Lucanor con Patronio, su consegero, en esta guisa:

—Patronio, assí acaesçió que yo avía un pariente a qui amava mucho, et aquel mi pariente finó et dexó un fijo muy pequenuelo, et este moço críolo [415] yo. Et por el grand debdo et grand amor que avía a su padre, et otrosí, por la grand ayuda que yo atiendo dél desque sea en tiempo para me la fazer, [416] sabe Dios quel amo commo si fuesse mi fijo. Et commo quier que el moço ha buen entendimiento et fío por Dios que sería muy buen omne, [pero] porque la moçedat engaña muchas vezes a los moços et non les dexa fazer todo lo que les cumpl[ir]ía más, plazerme ýa si la moçedat non engañasse tanto a este moço. Et por el buen entendimiento que vós avedes, ruégovos que me digades en qué manera podría yo guisar que este moço fiziesse lo que fuesse más aprovechoso para el cuerpo et para la su fazienda.

—Señor conde Lucanor —dixo Patronio—, para que [vós fisiésedes en fasienda deste mozo lo que] al mio cuydar sería mejor, mucho querría que sopiéssedes lo que contesçió a un muy grand philósopho con un rey moço, su criado.

El conde le preguntó cómmo fuera aquello.

—Señor conde Lucanor —dixo Patronio—, un rey avía un fijo et diolo a criar a un philósopho en que fiava mucho; et quando el rey finó, fincó el rey su fiio moço pequeño. Et críolo aquel philósopho fasta que passó por XV años. Mas luego que entró en la mancebía, [417] començó a despreçiar el conseio daquel que lo criara et allegósse a otros consegeros de los mançebos et de los que non avían tan grand debdo con él porque mucho fiziessen por [lo] guardar de daño.

---

414 *acomendara*: encomendara.
415 *críolo yo*: lo educo yo. Vid. nota 80 en la p. 58.
416 "Para que él me ayude".
417 *mancebía*: mocedad.

Et trayendo su fazienda en esta guisa, ante de poco
tiempo llegó su fecho a logar [418] que también las ma-
neras et costumbres del su cuerpo, commo la su fa-
zienda, era todo muy empeorado. Et fablavan todas
las gentes muy mal de cómmo perdía aquel rey moço
el cuerpo et la fazienda. Yendo aquel pleito [419] tan a
mal, el philósopho que criara al rey et se sintía et le
pessaba ende mucho, non sabía qué fazer, ca ya mu-
chas vezes provara de lo castigar [420] con ruego et con
falago, et aun maltrayéndolo, et nunca pudo fazer ý
nada, ca la moçedat lo estorvava todo. Et desque el
philósopho vio que por otra manera non podía dar
consejo en aquel fecho, pensó esta manera que agora
oyredes.

El philóso[pho] començó poco a poco a dezir en
casa del rey que él era el mayor agorero [421] del mun-
do. Et tantos omnes oyeron esto que lo ovo de saber
el rey moço; et desque lo sopo, preguntó el rey al
philósopho si era verdat que sabía catar agüero [422] tan
bien commo lo dizían. Et el philósopho, commoquier
quel dio a entender que lo quería negar, pero al cabo
díxol que era verdat, mas que non era mester que
omne del mundo lo sopiesse. Et commo los moços son
quexosos [423] para saber et para fazer todas las cosas,
el rey, que era moço, quexávase mucho por veer có-
mo catava los agüeros el philósopho; et quanto el
philósopho más lo alongava, [424] tanto avía el rey moço
mayor quexa de lo saber, et tanto afincó al philósopho,
que puso con él de yr un día de grand mañana [425] con
él a los catar en manera que non lo sopiesse ninguno.

---

[418] *llegó su fecho a logar:* llegó a tal extremo. Comp. con la
expresión parecida de la p. 98.

[419] *pleito:* negocio, suceso. Comp.: "Ca muchas vezes acaesçe que
ayudando mejorar el pleito non quieren tomar el buen pleito que fa-
zen". *Libro de los estados,* f. 81c.

[420] *castigar:* aconsejar, corregir.

[421] *agorero:* el que sabía interpretar agüeros.

[422] *catar agüero:* pronosticar lo venidero por el vuelo de las
aves, por su canto u otras manifestaciones.

[423] *quexosos:* impacientes.

[424] *alongava:* alargaba, demoraba.

[425] *de grand mañana:* muy de mañana.

Et madurgaron[426] mucho; et el philósopho endereçó por un valle en que avía pieça[427] de aldeas yermas; et desque passaron por muchas, vieron una corneja que estava dando vozes en un árbol. Et el rey mostróla al philósopho, et él fizo contenente[428] que la entendía.

Et otra corneja començó a dar vozes en otro árbol, et amas las cornejas estudieron assí dando vozes, a vezes la una et a vezes la otra. Et desque el philósopho escuchó esto una pieça començó a llorar muy fieramente et ronpió sus paños, et fazía el mayor duelo del mundo.[429]

Quando el rey moço esto vio, fue muy espantado et preguntó al philósopho que por qué fazía aquello. Et el philósopho diol a entender que gelo quería negar. Et desque lo affincó mucho, díxol que más quería seer muerto que bivo, ca non tan solamente los omnes, mas que aun las aves, entendían ya cómmo, por su mal recabdo, era perdida toda su tierra et su fazienda et su cuerpo despreçiado. Et el rey moço preguntol cómmo era aquello.

Et él díxol que aquellas dos cornejas avían puesto[430] de casar el fijo de la una con la fija de la otra; et que aquella corneja començara a fablar primero, que dezía a la otra que pues tanto avía que era puesto aquel casamiento, que era bien que los casassen. Et la otra corneia díxol que verdat era que fuera puesto, mas que agora ella era más rica que la otra, que, loado a Dios, después que este rey regnara, que eran yermas todas las aldeas de aquel valle, et que fallava ella en las casas yermas muchas culuebras[431] et lagartos et sapos et

---

[426] *madurgaron*: madrugaron. Es la forma antigua y muy corriente. Cf.: "Madurgo de manyana e fue poral çiminterio". *Libro de Apolonio*, 375b.

[427] *pieça*: cantidad, abundancia. Comp.: "esto que vos dize este omne bueno... que a conuertido grant pieça dellos a la su ley, dize vos verdat". *Libro de los estados*, f. 54c.

[428] *contenente*: gesto, ademán. Comp.: "metiéndose los unos por los otros o fiziendo qualquier muestra o contenente de miedo o de espanto". *Libro de los estados*, f. 83b.

[429] La acción de romper las vestiduras era una de las manifestaciones de dolor en la Edad Media.

[430] *avían puesto*: convenido.

[431] *culuebras*: culebras. Comp.: "Peor fiere la culuebra que el omne tiene metida en el seno que la que anda en el campo". *Castigos e documentos*, p. 186.

otras tales cosas que se crían en los lugares yermos, porque avían muy mejor de comer que solía, et por ende que non era estonçe el casamiento egual. Et quando la otra corneja esto oyó, començó a reyr et respondiol que dizía poco seso [432] si por esta razón quería alongar el casamiento, que sol [433] que Dios diesse vida a este rey, que muy aýna sería ella más rica que ella, ca muy aýna sería yermo aquel valle otro do ella morava en que avía diez tantas [434] aldeas que en el suyo, et que por esto non avía por qué alongar el casamiento. Et por esto otorgaron amas las cornejas de ayuntar luego el casamiento.

Quando el rey moço esto oyó, pesol ende mucho, et començó a cuydar [435] cómmo era su mengua en ermar [436] assí lo suyo. Et desque el philósopho vio el pesar et el cuydar que el rey moço tomava, et que [había] sabor de cuydar en su fazienda, diol muchos buenos conseios, en guisa que en poco tiempo fue su fazienda toda endereçada, también de su cuerpo, commo de su regno.

Et vós, señor conde, pues criastes este moço, et querríades que se endereçasse su fazienda, catad alguna manera que por exiemplos o por palabras maestradas [437] et falagueras le fagades entender su fazienda, mas por cosa del mundo non derrangedes [438] con él castigándol nin maltrayéndol, cuydándol endereçar; ca la manera de los más de los moços es tal, que luego aborreçen al que los castiga, et mayormente si es omne

---

[432]   *poco seso*: algo poco sensato, de poca discreción.

[433]   *sol*: solamente. Véase la nota 134 en la p. 66.

[434]   *diez tantas*: diez veces tantas.

[435]   *cuydar*: pensar, imaginar. Comp.: "Bien se cuido el clerigo del lecho levantar... / mas a grand diferencia de saver a cuidar" Berceo, *Milagros*, 127ad.

[436]   *ermar*: asolar, yermar. Comp.: "Venian a denoda[da]s pora Troya entrar... / prender todos los otros e la villa hermar". *Libro de Alexandre*, 475.

[437]   *maestradas*: artificiosas, calculadas. Comp.: "Ca si el amo seruidor o el consejero del sennor entendido et (*sic*) dize palabras encubiertas o maestradas por encobrir la verdat, razon es que tarde o ayna non se falle ende bien". *Libro de los estados*, f. 49a.

[438]   *derrangedes*: del francés 'deranger', desmandarse, extralimitarse. Comp.: "e amostradles buen talante e sedles muy mesurado e non les perdades vergüença, nin seades derranchado contra ninguno dellos, saluo ende por pelea que mouiessen en la vuestra casa". *Libro infinido*, p. 41.

de grand guisa, [439] ca liéva[n]lo a manera de menos-
preçio, non entendiendo quánto lo yerra[n]; ca non
an tan buen amigo en el mundo commo el que castiga
el moço porque non faga su daño, mas ellos non lo
toman assí, sinon por la peor manera. Et por aventura
caería tal desamor entre vós et él, que ternía daño a
entramos para adelante.

Al conde plogo mucho deste consejo que Patronio le
dio, et fízolo assí, [et fallóse ende bien].

Et porque don Iohan se pagó mucho deste exiemplo,
fízolo poner en este libro, et fizo estos viessos que dizen
assí:

> Non castigues moço maltrayéndo[l],
> mas dilo commol vaya plaziéndo[l].

Et la ystoria deste exienplo es ésta que se sigue:

EXEMPLO XXII[o]

DE LO QUE CONTESÇIÓ AL LEÓN ET AL TORO. *

FABLAVA otra vez el conde Lucanor con Patronio, su
consegero, et díxole assí:

—Patronio, yo he un amigo muy poderoso et muy
onrado, et commoquier que fasta aquí nunca fallé en l'
sinon buenas obras, agora dízenme que me non ama
tan derechamente commo suele, et aun, [440] que anda
buscando maneras porque sea contra mí. Et yo estó
agora en grandes dos cuydados: el uno es, porque me
he reçelo que si por aventura él contra mí quisiere seer,
que me pueda venir grand daño; el otro es que me
he reçelo que si él entiende que yo tomo dél esta sos-
pecha et que me vo [441] guardando dél, que él, otrosí,
que fará esso mismo, et que assí yrá cresçiendo la sos-
pecha et el desamor poco a poco fasta que nos aviemos

---

[439] *de grand guisa*: de elevada situación. Vid. otro ejemplo en
la p. 94.

* Figura ya en el *Pantchatantra*, como indicó Knust, p. 352-3.

[440] *et aun*: y aun más, y además. Comp.: "Aun tú, que dixiste
a los tus servidores / que con ellos seriés...". *Libro de buen amor*,
7a.

[441] *vo*: voy.

a desabenir. Et por la grant fiança que yo en vós he, ruégovos que me consejedes lo que bierdes que más me cumple de fazer en esto.

—Señor conde Lucanor —dixo Patronio—, para que desto vos podades guardar, plazerme ya mucho que sopiésedes lo que conteçió al león et al toro.

El conde le rogó quel dixiesse cómmo fuera aquello.

—Señor conde Lucanor —dixo Patronio—, el león et el toro eran mucho amigos, et porque ellos son animalias [442] muy fuertes et muy reçias, apoderávanse et enseñorgavan [443] todas las otras animalias: ca el león, con el ayuda del toro, apremiava [444] todas las animalias que comen carne; et el toro, con el ayuda del león, apremiava todas las animalias que pacen la yerva. Et desque todas las animalias entendieron que el león et el toro les apremiavan por el ayuda que fazían el uno al otro, et vieron que por esto les vinía grand premia [445] et grant daño, fablaron todos entre sí qué manera podrían catar para salir desta premia. Et entendieron que si fiziesen desabenir al león et al toro, que serían ellos fuera de la premia de que los trayan apremiados el león et el toro. Et porque el raposo et el carnero eran más allegados a la privança del león et del toro que las otras animalias, rogáronles todas las animalias que trabaiassen quanto pudiessen [para meter desavenencia entre ellos. Et el raposo et el carnero dixieron que se trabajarían quanto pudiesen] por fazer esto que las animalias querían.

Et el raposo, que era consegero del león, dixo al osso, que es el más esforçado et mas fuerte de todas las vestias que comen carne en pos el león, quel dixiesse que se reçelaba que el toro andava catando manera para le traer quanto daño pudiesse, et que días avié que gelo avían dicho esto, et commo quier que por aventura esto non era verdat, pero que parasse mientes en ello.

---

[442] *animalias*: animales. Comp.: "Darte he semejança de las abejas, que son animalias mudas e sin razon". *Castigos e documentos*, p. 79.

[443] *enseñorgavan*: enseñoreaban.

[444] *apremiava*: oprimía.

[445] *premia*: opresión. Vid. la nota 352 en la p. 111.

Et esso mismo dixo el carnero, que era consejero del toro, al cavallo, que es el más fuerte animal que a en esta tierra de las bestias que pacen yerva.

El osso et el cavallo cada uno dellos dixo esta razón al león et al toro. Et commo quier que el león et el toro non creyeron esto del todo, aún tomaron alguna sospecha que aquellos que eran los más onrados del su linage et de su compaña, [446] que gelo dizían por meter mal entrellos, pero con todo esso ya cayeron en alguna sospecha. Et cada uno dellos fablaron con el raposo et con el carnero, sus privados.

Et ellos dixiéronles que commo quier que por aventura el osso et el cavallo les dizían esto por alguna maestría engañosa, que con todo esso, que era bien que fuessen parando mientes en los dichos et en las obras que farían dallí adelante el león et el toro, et segund que viessen, que assí podrían fazer.

Et ya con esto cayó mayor sospecha entre el león et el toro. Et desque las animalias entendieron que el león et el toro tomaron sospecha el uno del otro, començáronles a dar a entender más descubiertamente que cada uno dellos se reçelava del otro, et que esto non podría ser sinon por las malas voluntades que tenían escondidas en los coraçones.

Et el raposo et el carnero, commo falsos conseieros, catando su pro et olbidando la leatad que avían de tener a sus señores, en logar de los desengañar, engañáronlos; et tanto fizieron, fasta que el amor que solía seer entre el león et el toro tornó en muy grand desamor; et desque las animalias esto vieron, començaron a esforçar a aquellos sus mayorales [447] fasta que les fizieron començar la contienda, et dando a entender cada uno dellos a su mayoral quel guardava, et guardávanse los unos et los otros, et fazían tornar todo el daño sobre el león et sobre el toro.

Et a la fin, el pleito vino a esto: que commo quier que el león fizo más daño et más mal al toro et abaxó mucho el su poder et la su onra, pero sienpre el león fincó tan desapoderado dallí adelante que nunca pudo enseñorar las otras vestias nin apoderarse dellas commo solía, también de las del su linage commo de las otras.

[446] *compaña*: compañía.
[447] *mayorales*: superiores. Véase la nota 386 en la p. 121.

Et assí, porque el león et el toro non entendieron que por el amor et el ayuda que el uno tomava del otro, eran ellos onrados [et] apoderados de todas las otras animalias, et non guardaron el amor aprovechoso [448] que avían entre ssí, et non se sopieron guardar de los malos consejos que les dieron para sallir de su premia et apremiar a ellos, fincaron el león et el toro tan mal de aquel pleito, que assí commo ellos eran ante apoderados [de todos, ansí fueron después todos apoderados] dellos.

Et vós, señor conde Lucanor, guardatvos que estos que en esta sospecha vos ponen contra aquel vuestro amigo, que vos lo non fagan por traer a aquello que troxieron las animalias al león et al toro. Et por ende, conséjovos yo que si aquel vuestro amigo es omne leal et falastes en l' sienpre buenas obras et leales et fiades en l' commo omne deve fiar del buen fijo o del buen hermano, que non creades cosa que vos digan contra [él]. Ante, vos consejo quel digades lo que vos dixieren dél, et él luego vos dirá otrosí lo que dixieren a él de vós. Et fazed tan grant escarmiento en los que esta falsedat cuydaren ordir, [449] porque nunca otros se atrevan a lo començar otra vegada. Pero si el amigo [non] fuere desta manera que es dicha, et fuere de los amigos que se aman por el tiempo, o por la ventura, o por el mester, [450] a tal amigo commo éste, sienpre guardat que nunca digades nin fagades cosa porque él pueda entender que de vós se mueva mala sospecha nin mala obra contra él, et dat passada [451] a algunos de sus yerros; ca por ninguna manera non puede seer que tan grant daño vos venga a desora de que ante non veades alguna señal çierta, commo sería el daño que vos

---

[448] *amor aprovechoso*: Corresponde al que el propio don Juan Manuel llama "amor de prouecho". Véase el *Libro infinido*, p. 80.

[449] *ordir*: urdir, tramar.

[450] Cf.: "Amor de tienpo es quando un omne ama a otro porque en aquel tienpo le cunple el su amor, et desque aquel tienpo es pasado, olbida de ligero lo que el otro por el fizo"; "amor de la ventura es quando un omne ama a otro porquel va muy bien et la ventura es en su ayuda"; "amor de mester es quando [un] omne esta en tal mester, quel cunple mucho el su ayuda de su amigo porque acabe aquel mester en que esta". *Libro infinido*, p. 83, 81.

[451] *dat passada*: tolerad, perdonad. Comp.: "porque quiso dar passada a los mios yerros et quiso sofrir que fuesse dicho por mi". *Libro de los estados*, f. 47a.

vernía si vos desabiniésedes por tal engaño et maestría
commo desuso es dicho; pero, al tal amigo, sienpre le
dat a entender en buena manera que, assí commo cum-
ple a vós la su ayuda, que assí cumple a él la vuestra;
et lo uno faziéndol buenas obras et mostrándol buen
talante et non tomando sospecha dél sin razón, nin cre-
yendo dicho de malos omnes et dando alguna passada
a sus yerros; et lo al, monstrándol que assí cumple a
vós la su ayuda, que [assí] cumple a él la vuestra. Por
estas maneras durará el amor entre vós, et seredes guar-
dados de non caer en el yerro que cayeron el león et
el toro.

Al conde plogo mucho deste consejo que Patronio le
dio, et fízolo assí, et fallóse ende bien.

Et entendiendo don Iohan que este exiemplo era muy
bueno fízolo escrivir en este libro et fizo estos viessos
que dizen assí:

> Por falso dicho de omne mintroso [452]
> non pierdas amigo aprovechoso.

Et la ystoria deste exienplo es ésta que se sigue:

EXEMPLO XXIII°

DE LO QUE FACEN LAS FORMIGAS PARA SE MANTENER. *

O T R A vez fablava el conde Lucanor con Patronio, su
conseiero, en esta manera:

—Patronio, loado a Dios, yo so assaz rico, et algunos
conséianme que, pues lo puedo fazer, que non tome
otro cuydado, sinon tomar plazer et comer et bever et
folgar, que assaz he para mi vida, et aún que dexe a
mios fijos bien heredados. Et por el buen entendimiento
que vós avedes, ruégovos que me conseiedes lo que vos
paresçe que devo fazer.

—Señor conde Lucanor —dixo Patronio—, commo
quier que el folgar et tomar plazer es bueno, para que

---

452 *mintroso*: mentiroso. Comp.: "...Si Amor eres, non puedes
aqui estar; / eres mintroso, falso". *Libro de buen amor*, 182cd.

   * Procede de Plinio, *Hist. natur.*, XI, 36, como señaló Knust,
p. 353.

vós fagades en esto lo que es más aprovechoso, plazerme ya que sopiéssedes lo que faze la formiga para mantenimiento de su vida.

Et el conde le preguntó cómmo era aquello, et Patronio le dixo:

—Señor conde Lucanor, ya vós veedes quánto pequeña cosa es la formiga, et, segund razón, non devía aver muy grand aperçebimiento, [453] pero fallaredes que cada año, al tiempo que los omnes cogen el pan, [454] sallen ellas de sus formigueros et van a las eras et traen quanto pan pueden para su mantenimiento, et métenlo en sus casas. Et a la primera agua que viene, sácanlo fuera; et las gentes dizen que lo sacan a enxugar, et non saben lo que dizen, ca non es assí la verdat; ca bien sabedes vós que quando las formigas sacan la primera vez el pan fuera de sus formigueros, que estonçe es la primera agua et comiença el invierno, et pues si ellas, cada que lloviesse, oviessen de sacar el pan para lo enxugar, luenga lavor ternían, et demás que non podrían aver sol para lo enxugar, ca en l' invierno non faze tantas vegadas sol que lo pudiessen enxugar.

Mas la verdat porque ellas lo sacan la primera vez que llueve es ésta: ellas meten quanto pan pueden aver en sus casas una vez, et non catan por al, [455] sinon por traer quanto pueden. Et desque lo tienen ya en salvo, cuydan que tienen ya recabdo para su vida esse año. Et quando viene la lluvia et se moia, el pan comiença de naçer; et ellas veen que si el pan naçe en los formigueros, que en logar de se gobernar [456] dello, que su pan mismo las mataría, et serían ellas ocasión de su daño. Et entonçe sácanlo fuera et comen aquel coraçón que a en cada grano de que sale la semiente et dexan todo el grano entero. Et después, por lluvia que faga, non puede naçer, et goviérnanse dél todo el año.

Et aún fallaredes que, maguer que [457] tengan quanto pan les complía, que cada [458] que buen tiempo faze,

---

[453] aperçibimiento: entendimiento.
[454] pan: trigo.
[455] catan por al: atienden a otra cosa.
[456] se gobernar: mantenerse, alimentarse. Comp.: "Mas a cabo de dos o tres días deuenle dar de buena gallina caliente comunalmente a comer. Et desta manera los deuen gouernar e mantener". Libro de la caza, p. 51.
[457] maguer que: aunque. Véase la nota 213 en la p. 80.
[458] que cada: que cada vez.

non fazen nin dexan de acarrear qualesquier erbizue-
las [459] que fallan. Et esto fazen reçelando que les non
cumplirá aquello que tienen; et mientre [460] an tiempo,
non quieren estar de valde nin perder el tiempo que
Dios les da, pues se pueden aprovechar dél.

Et vós, señor conde, pues la formiga, que es tan
mesquina cosa, ha tal entendimiento et faze tanto por
se mantener, bien devedes cuydar que non es buena
razón para ningún omne, et mayormente para los que
an de mantener grand estado et governar a muchos, en
querer sienpre comer de lo ganado; ca çierto sed que
por grant aver que sea, onde sacan cada día et non
ponen ý nada, que non puede durar mucho, et demás
paresçe muy grand amortiguamiento [461] et grand men-
gua de coraçón. Mas el mio consejo es éste: que si
queredes comer et folgar, que lo fagades sienpre man-
teniendo vuestro estado et guardando vuestra onra, et
catando et aviendo cuydado cómmo avredes de que lo
cumplades, ca si mucho ovierdes et bueno quisierdes
seer, assaz avredes logares en que lo despendades [462] a
vuestra onra.

Al conde plogo mucho deste conseio que Patronio
le dio, et fízolo assí, [et fallósse ende bien].

Et porque don Iohan se pagó deste exiemplo, fízolo
poner en este libro, et fizo estos viessos que dizen assí:

> Non comas sienpre lo que as ganado;
> bive tal vida que mueras onrado.

Et la ystoria deste exiemplo es ésta que se sigue:

---

[459] *erbizuelas*: diminutivo de 'hierba'.
[460] *mientre*: mientras. Comp.: "Mientre ellos estauan en esta tal entençia". *Libro de Apolonio*, 227. "Et mientre dona Sancha fuera bibda non aia poder so filio". R. Menéndez Pidal, *Documentos lin-güísticos de España* (Madrid, 1919), p. 418.
[461] *amortiguamiento*: debilidad.
[462] *despendades*: gastéis. Comp.: "porque tomen ende enxiemplo las gentes para non despender lo suyo en lo que con razon pueden escusar". *Libro de los estados*, f. 75a.

EXEMPLO XXIIII°

DE LO QUE CONTESÇIÓ A UN REY QUE QUERÍA PROVAR A TRES SUS FIJOS. *

UN día. fablava el conde Lucanor con Patronio, su consegero, et díxole assí:

—Patronio, en la mi casa se crían muchos moços, dellos omnes de grand guisa et dellos [463] que lo non son tanto, et beo en ellos muchas maneras et muy estrañas. [464] Et por el grand entendimiento que vós avedes, ruégovos que me digades, quanto vós entendedes, en qué manera puedo yo conosçer quál moço recudrá [465] a seer meior omne.

—Señor conde —dixo Patronio—, esto que me vós dezides es muy fuerte [466] cosa de vos lo dezir ciertamente, ca non se puede saber çiertamente ninguna cosa de lo que es de venir; [et esto que vós preguntades es por venir], et por ende non se puede saber ciertamente; mas lo que desto se puede saber es por señales que paresçen en los moços, también de dentro commo de fuera; et las que paresçen de fuera son las figuras de la cara et el donaire [467] et la color et el talle del cuerpo, et de los miembros, ca por estas cosas paresçe la señal de la complisión [468] et de los miembros prinçipales, que son el coraçón et el meollo et el fígado; commo quier que estas son señales, non se puede saber lo çierto; ca pocas vezes se acuerdan [469] todas las se-

---

* "Relacionado, sin duda, con el cuento del rey y sus tres hijos que figura en las *Mil y una noches* y en el *Syntipas* (Chauvin, *Bibliographie des ouvrages arabes*, VII, 162-163). También se halla en *Scala Coeli*, *Locutio inordinata*, 157a." Nota de A. González Palencia en su edic., p. 54.

[463] *dellos... dellos*: unos... otros.

[464] *estrañas*: diferentes. Comp.: "Por buscar Apolonio tan estranyo plaçer / entro en la çiudat". *Libro de Apolonio*, 90bc.

[465] *recudrá*: vendrá a ser, resultará. Comp.: "Et por la buena criança que an muchos dellos recuden muy buenos omnes". *Libro de los estados*, f. 98a.

[466] *fuerte*: grave, comprometida.

[467] *donaire*: gracia, gentileza.

[468] *complisión*: complexión, constitución.

[469] *acuerdan*: concuerdan. Comp.: "Por quanto las tres [sectas], que son la de los christianos et la de los judios et la de los moros todos acuerdan et creen que a un Dios". *Libro de los estados*, f. 58b.

ñales a una cosa: ca si las unas señales muestran lo
uno, muestran las otras el contrario; pero a lo más,
segund son estas señales, assí recuden las obras.

Et las más çiertas señales son las de la cara, et seña-
ladamente las de los ojos, et otrosí el donayre; ca muy
pocas vezes fallesçen éstas. Et non tengades que el do-
narie [470] se dize por seer omne fermoso en la [cara] nin
feo, ca muchos omnes son pintados [471] et fermosos, et
non an donarie de omne, et otros paresçen feos, que
an buen donario [472] para seer omnes apuestos.

Et el talle del cuerpo et de los miembros muestran
señal de la complisión et paresçe si deve seer valiente
o ligero, et las tales cosas. Mas el talle del cuerpo et
de los miembros, non muestran çiertamente quáles de-
ven seer las obras. Et con todo esto, éstas son señales;
et pues digo señales, digo cosa non çierta, ca la señal
sienpre es cosa que paresçe por ella lo que deve seer;
mas non es cosa forçada que sea assí en toda guisa. Et
éstas son las señales de fuera que siempre son muy
dubdosas para conosçer lo que vós me preguntades. Mas
para conosçer los moços por las señales de dentro [que
son ya quanto mas [473] çiertas], plazerme ya que sopié-
sedes cómmo provó una vez un rey moro a tres fijos
que avía, por saber quál dellos sería meior omne.

El conde le rogó quel dixiesse cómmo fuera aquello.

—Señor conde Lucanor —dixo Patronio—, un rey
moro avía tres fijos; et porque el padre puede fazer
que regne qual fijo de los suyos él quisiere, después que
el rey llegó a la vegez, los omnes buenos de su tierra
pidiéronle por merçed que les señalasse quál daquellos
sus fijos quería que regnasse en pos él. Et el rey díxoles
que dende [474] a un mes gelo diría.

---

[470] *donarie*: donaire. (Se cruzan 'donaire' y 'donario').

[471] *pintados*: bellos, hermoseados. Comp.: "todo su mayor fecho
es dar muchos sonetes, / palabrillas pintadas, fermosillos afeites".
Libro de buen amor, 1257. "en las coplas pintadas yaze la fealdat".
Ibíd., 69b.

[472] *donario*: donaire, de 'donarium'. Cf.: "El Criador que fizo
todas las criaturas / con diversos donarios e diversas figuras". "Ra-
sena la genta, fembra de gran donario". *Libro de Alexandre*, 2171b
y 1795d.

[473] *ya quanto más*: mucho más.

[474] *dende*: de allí.

Et quando vino a ocho o a dies días, una tarde dixo al fijo mayor que otro día grand mañana [475] quería cavalgar et que fuesse con él. Otro día, vino el infante mayor al rey, pero que non tan mañana [476] commo el rey, su padre, dixiera. Et desque llegó, díxol el rey que se quería vestir, quel fiziesse traer los paños. El infante dixo al camarero que troxiese los paños; el camarero preguntó que quáles paños quería. El infante tornó al rey et preguntol que quáles paños quería. El rey díxole que el aljuva, [477] et él tornó al camarero et díxole que el aljuva quería el rey. Et el camarero le preguntó que quál almexía [478] quería, et el infante tornó al rey a gelo preguntar. Et assí fizo por cada vestidura, que sienpre yva et vinía por cada pregunta, fasta que el rey tovo todos los paños. Et vino el camarero, et le vistió et lo calçó.

Et desque fue vestido et calçado, mandó el rey al infante que fiziesse traer el cavallo, et él dixo al que guardava los cavallos del rey quel troxiesse el cavallo, et el que los guardava díxole que quál cavallo traería; et el infante tornó con esto al rey, et assí fizo por la siella et por el freno et por el espada et las espuellas; et por todo lo que avía mester para cavalgar, por cada cosa fue preguntar al rey.

Desque todo fue guisado, [479] dixo el rey al infante que non podía cavalgar, et que fuesse él andar por la villa et que parasse mientes a las cosas que vería porque lo sopiesse retraer [480] al rey.

El infante cavalgó et fueron con él todos los onrados omnes del rey et del regno, et yvan ý muchas trompas et tabales [481] et otros strumentos. El infante andido [482]

---

[475] *grand mañana*: muy de madrugada. Vid. p. 128.

[476] *tan mañana*: tan temprano.

[477] *aljuva*: gabán con mangas cortas y estrechas que usaban los moros y también los cristianos. (Del árabe al-gubbah).

[478] *almexía*: del árabe al-mehsiya, manto pequeño que usaban los moros. Comp.: "Yo en esto estando, vino Sancta Maria, / cubriome con la manga de la su almexia". Berceo, *Milagros*, 448ab.

[479] *guisado*: preparado.

[480] *retraer*: contar. Comp.: "Pero sí diz la fabla que s' suele retraer / que "más val con mal asno...". *Libro de buen amor*, 1622ab.

[481] *trompas et tabales*: trompetas y atabales o timbales. Comp.: "Trompas e añafiles salen con atabales". *Libro de buen amor*, 1234.

[482] *andido*: anduvo. Comp.: "E el leon partiose dél e fuese su via e andido por los montes fasta que fue guarido". *Castigos e documentos*, p. 141.

una pieça por la villa, et desque tornó al rey, preguntol quél paresçía de lo que viera. Et el infante díxole que bien le paresçía, sinon quel fazían muy grand roýdo aquellos estrumentes. [483]

Et a cabo de otros días, mandó el rey al fijo mediano que veniesse a él otro día mañana; et el infante fízolo assí. Et el rey fizo todas las pruevas que fiziera al infante mayor, su hermano, et el infante fízolo, et dixo bien commo el hermano mayor.

Et a cabo de otros días, mandó al infante menor, su fijo, que fuesse con él de grand mañana. Et el infante madurgó [484] ante que el rey despertasse, et esperó fasta que despertó el rey; et luego que fue espierto, [485] entró el infante et omillósele [486] con la reverençia que devía. Et el rey mandol quel fiziesse traer de bestir. Et el infante preguntol qué paños quería, et en una vez [487] le preguntó por todo lo que avía de bestir et de calçar, et fue por ello et tráxogelo todo. Et non quiso que otro camarero lo vestiesse nin lo calçasse sinon él, dando a entender que se te[r]nía por de buena ventura si el rey, su padre, tomasse plazer o serviçio de lo que él pudiesse fazer, et que pues su padre era, que razón et aguisado [488] era de fazer quantos serviçios et omildades [489] pudiesse.

Et desque el rey fue vestido et calçado, mandó al infante quel fiziesse traer el cavallo. Et él preguntóle quál cavallo quería, et con quál siella et con quál freno, et quál espada, et por todas las cosas que eran mester paral cavalgar, et quién quería que cavalgasse con él, et assí por todo quanto cumplía. Et desque todo lo fizo, non preguntó por ello más de una vez, et tráxolo et aguisólo commo el rey lo avía mandado.

Et desque todo fue fecho, dixo el rey que non quería cavalgar, mas que cavalgasse él et quel contasse lo que

---

[483] *estrumentes*: instrumentos. Comp.: "Su estrumente en mano paro se le delante". *Libro de Apolonio*, 489d.

[484] *madurgó*: madrugó. Véase la nota 426 en la p. 129.

[485] *espierto*: despierto.

[486] *omillósele*: humillósele, hízole acatamiento.

[487] *en una vez*: de una vez.

[488] *aguisado*: justo, conveniente.

[489] *omildades*: rendimientos, acatamientos. Comp.: "quando el ınfante llego al rey, besol la mano con muy grant reuerençia et humildat, asi commo deuia fazer a padre et a sennor". *Libro de los estados*, f. 50c.

viesse. Et el infante cavalgó et fueron con él todos commo fizieran con los otros sus hermanos; mas él nin ninguno de sus hermanos, nin omne del mundo, non sabíe nada de la razón porque el rey fazía esto.

Et desque el infante cavalgó, mandó quel mostrassen toda la villa de dentro, et las calles et do tenía el rey sus tesoros, et quántos podían seer, et las mezquitas et toda la nobleza [490] de la villa de dentro et las gentes que ý moravan. Et después salió fuera et mandó que saliessen allá todos los omnes de armas, et de cavallo et de pie, et mandóles que trebejassen [491] et le mostrassen todos los juegos de armas et de trebejos, et vio los muros et las torres et las fortalezas de la villa. Et desque lo ovo visto, tornósse paral rey, su padre.

Et quando tornó era ya muy tarde. Et el rey le preguntó de las cosas que avía visto. Et el infante le dixo que si a él non pesasse, que él le diría lo quel paresçía de lo que avía visto. Et el rey le mandó, so pena de la su bendiçión, quel dixiesse lo quel paresçía. Et el infante le dixo que commo quier que él era muy leal rey, quel paresçía que non era tan bueno commo devía, ca si lo fuesse, pues avía tan buena gente et tanta, et tan grand poder et tan grand aver, et que si por él non fincasse, que todo el mundo devía ser suyo.

Al rey plogo mucho deste denuesto [492] que el infante le dixo.

Et quando vino el plazo a que avía de dar respuesta a los de la tierra, díxoles que aquel fijo les dava por rey.

Et esto fizo por las señales que vio en los otros et por las que vio en éste. Et commo quier que [493] más quisiera qualquier de los otros para rey, non tovo por aguisado [494] de lo fazer por lo que vio en los unos et en el otro.

Et vós, señor conde, si queredes saber quál moço sería mejor, parat mientes a estas tales cosas, et assí

[490] *nobleza*: cosa notable.

[491] *trebejassen*: torneasen. Comp.: "et fablar en las cosas que son de cauallería en que podredes tomar plazer con vuestros grandes omnes ...asi commo caualgar et caçar et trebejar con ellos". *Libro de los estados*, 51a.

[492] *denuesto*: reparo, tacha. Comp.: "bien te puedo dezir "antojo" por denuesto". *Libro de buen amor*, 404d.

[493] *commo quier que*: aunque.

[494] *aguisado*: acertado.

podredes entender algo et por aventura lo más dello que a de ser de los moços.

Al conde plogo mucho de lo que Patronio le dixo.

Et porque don Iohan tovo este por buen exienplo, fízolo escrivir en este libro et fizo estos viessos que dizen assí:

> *Por obras et maneras podrás conosçer*
> *a los moços quáles deven los más seer.*

Et la ystoria deste exiemplo es ésta que se sigue:

EXEMPLO XXVº

DE LO QUE CONTESÇIÓ AL CONDE DE PROVENÇIA, CÓMMO FUE LIBRADO DE LA PRISIÓN POR EL CONSEJO QUE LE DIO SALADÍN. *

EL conde Lucanor fablava una vez con Patronio, su consegero, en esta manera:

—Patronio, un mio vasallo me dixo el otro día que quería casar una su parienta, et assí commo él era tenudo de [me] conseiar lo meior que él pudiesse, que me pidía por merçed quel consejasse en esto lo que entendía que era más su pro, et díxome todos los casamientos quel trayan. Et porque éste es omne que yo quer[r]ía que lo acertasse muy bien, et yo sé que vós sabedes mucho de tales cosas, ruégovos que me digades lo que entendedes en esto, porquel yo pueda dar tal conseio que se falle él vien dello.

—Señor conde Lucanor —dixo Patronio—, para que podades bien conseiar a todo omne que aya de casar su parienta, plazerme ýa mucho que sopiéssedes [lo] qué contesçió al conde de Provençia con Saladín, que era soldán [495] de Babilonia.

El conde Lucanor le rogó quel dixiesse cómmo fuera aquello.

---

* Lope de Vega dramatiza el cuento en *La pobreza estimada* y Calderón en *El conde Lucanor*. Véase J. Fradejas Lebrero, "Un cuento de don Juan Manuel y dos comedias del Siglo de Oro" en la *Revista de Literatura*, VIII (1955), págs. 67-80, y el citado artículo de Daniel Devoto, p. 202 y ss.

495 *soldán*: sultán.

—Señor conde Lucanor —dixo Patronio—, un conde ovo en Provençia que fue muy buen omne et deseava mucho fazer en guisa[496] porquel oviesse Dios merçed al alma et ganasse la gloria del Paraýso, faziendo tales obras que fuessen a grand su onra et del sú estado. Et para que esto pudiesse complir, tomó muy grand gente consigo, et muy bien aguisada, et fuesse para la Tierra Sancta de Ultramar, poniendo en su coraçón que, por quequier[497] quel pudiesse acaesçer, que siempre sería omne de buena ventura, pues le vinía estando él derechamente en serviçio de Dios. Et porque los juyzios de Dios son muy marabillosos et muy ascondidos, et Nuestro Señor tiene por bien de tentar muchas vezes a los sus amigos, pero si aquella temptaçión saben sofrir, sienpre Nuestro Señor guisa[498] que torne el pleito a onra et a pro de aquel a quien tienta; et por esta razón tovo Nuestro Señor por bien de temptar al conde de Provençia, et consentió que fuesse preso en poder del soldán.

Et commo quier que estava preso, sabiendo Saladín la grand vondat del conde, fazíale mucho bien et mucha onra, et todos los grandes fechos que avía de fazer, todos los fazía por su conseio. Et tan bien le conseiava el conde et tanto fiava dél el soldán que, commo quier que estava preso, que tan grand logar et tan grand poder avía, et tanto fazían por él en toda la tierra de Saladín, commo farían en la suya misma.

Quando el conde se partió de su tierra, dexó una fija muy pequeñuela. Et el conde estudo tan grand tiempo en la prisión, que era ya su fija en tiempo para casar; et la condessa, su muger, et sus parientes enviaron dezir al conde quantos fijos de reys et otros grandes omnes la demandavan por casamiento.

Et un día, quando Saladín vino a fablar con el conde, desque ovieron acordado aquello porque Saladín allí viniera, fabló con él [el] conde en esta manera:

—Señor, vós me fazedes a mí tanta merçed et tanta onra et fiades tanto de mí que me ternía por muy de buena ventura si vos lo pudiesse servir. Et pues vós,

---

[496] en guisa: de manera.
[497] quequier: cualquier cosa. Cf.: "quequier que por ti faga, tenlo en poridat". Libro de buen amor, 566d.
[498] guisa: procura.

señor, tenedes por bien que vos conseie yo en todas las cosas que vos acaesçen, atreviéndome a la vuestra merçed et fiando del vuestro entendimiento, pídovos por merçed que me conseiedes en una cosa que a mí acaesçió.

El soldán gradesçió esto mucho al conde, et díxol quel conseiaría muy de grado; et aún, quel ayudaría muy de buena mente en quequiera quel cumpliesse.

Entonçe le dixo el conde de los casamientos quel movían [499] para aquella su fija et pidiol por merçed quel conseiasse con quién la casaría.

El Saladín respondió assí:

—Conde, yo sé que tal es el vuestro entendimiento, que en pocas palabras que vos omne diga entendredes todo el fecho. Et por ende vos [quiero] conseiar en este pleito segund lo yo entiendo. Yo non conosco todos estos que demandan vuestra fija, qué linage o qué poder an, o quáles son en los sus cuerpos o quánta vezindat an convusco, o qué meioría an los unos de los otros, et por ende que non vos puedo en esto conseiar çiertamente; mas el mio consejo es éste: que casedes vuestra fija con omne.

El conde gelo tovo en merçed, et entendió muy bien lo que aquello quería dezir. Et envió el conde dezir a la condessa su muger et a sus parientes el consejo que el soldán le diera, et que sopiesse de quantos omnes fijos dalgo avía en todas sus comarcas, de qué maneras et de qué costumbres, et quáles eran en los sus cuerpos, et que non casassen por su riqueza nin por su poder, mas quel enviassen por escripto dezir qué tales eran en sí los fijos de los reyes et de los grandes señores que la demandavan et qué tales eran los otros omnes fijos dalgo que eran en las comarcas.

Et la condessa et los parientes del conde se marabillaron desto mucho, pero fizieron lo quel conde les envió mandar, et posieron por escripto todas las maneras et costumbres buenas et contrarias que avían todos los que demandavan la fija del conde, et todas las otras condiçiones que eran en ellos. Et otrosí, escrivieron quáles eran en sí los otros omnes fijos dalgo que eran en las comarcas, et enviáronlo todo contar al conde.

---

[499] *movían*: promovían, inspiraban. Cf.: "Siempre fue mi costumbre e los mis pensamientos / levantar yo de mio e mover casamientos". *Libro de buen amor*, 735ab.

Et desque el conde vio este escripto, mostrólo al
soldán; et desque Saladín lo vio, commo quier que
todos eran muy buenos, falló en todos los fijos de los
reyes et de los grandes señores en cada uno algunas
tachas: o de seer mal acostumbrados en comer o en
vever, o en seer sañudos, o [a]partadizos, [500] o de mal
reçebimiento a las gentes, et pagarse de malas compa-
ñas, o enbargados de su palabra, o alguna otra tacha
de muchas que los omnes pueden aver. Et falló que
un fijo de un rico omne que non era de muy grand
poder, que segund lo que paresçía dél en aquel escrip-
to, que era el meior omne et el más complido, et más
sin ninguna mala tacha de que él nunca oyera fablar.
Et desque esto oyó el soldán, conseió al conde que
casasse su fija con aquel omne, ca entendió que, com-
moquier que aquellos otros eran más onrados et más
fijos dalgo, que mejor casamiento era aquel et mejor
casava el conde su fija con aquél que con ninguno de
los otros en que oviesse una mala tacha, quanto más
si oviesse muchas; et tovo que más de preçiar era el
omne por las sus obras que non por su riqueza, nin
por nobleza de su linage.

El conde envió mandar [501] a la condessa et a sus
parientes que casassen su fija con aquel que Saladín
les mandara. Et commo quier que se marabillaron mu-
cho ende, enviaron por aquel fijo de aquel rico omne
et dixiéronle lo que el conde les envió mandar. Et él res-
pondió que bien entendía que el conde era más fijo
dalgo et más rico et más onrado que él, pero que si
él tan grant poder oviesse que bien tenía que toda
muger sería bien casada con él, et que esto que fabla-
van con él, si lo dizían por non lo fazer, que tenía
que le fazían muy grand tuerto et quel querían perder
de balde. [502] Et ellos dixieron que lo querían fazer en
toda guisa, et contáronle la razón en cómmo el soldán
conseiara al conde quel diesse su fija ante que a nin-
guno de los fijos de los reyes nin de los otros grandes
señores, señaladamente porquel escogiera por omne.
Desque él esto oyó, entendió que fablavan verdadera-

---

[500] [a]partadizos: huraños, esquivos. Comp.: "Otrosi, quel plega
de estar con las gentes en los tiempos que lo deue fazer et non ser
apartadizo". *Libro de los estados*, f. 87c.

[501] *envió mandar*: ordenó.

[502] *de balde*: sin motivo, inútilmente. Vid. nota 309 en la p. 101.

mente en el casamiento et tovo que, pues Saladín lo escogiera por omne, et le fiziera allegar a tan grand onra, que non sería él omne si non fiziesse en este fecho lo que pertenesçía.

Et dixo luego a lla condessa et a los parientes del conde que si ellos querían que creyesse él que gelo dizían verdaderamente, quel apoderasen [503] luego de todo el condado et de todas las rendas, [504] pero non les dixo ninguna cosa de lo que él avía pensado de fazer. A ellos plogo de lo que él les dizía, et apoderáronle luego de todo. Et él tomó muy grand aver, et, en grand poridat, armó pieça de galeas [505] et tovo muy grand aver guardado. Et desque esto fue fecho, mandó guisar sus vodas para un día señalado.

Et desque las vodas fueron fechas muy ricas et muy onradas, en la noche, quando se ovo de yr para su casa do estava su muger, ante que se echassen en la cama, llamó a la condessa et a sus parientes et díxoles en grant poridat que bien sabíen que el conde [le] escogiera entre otros muy meiores que él, et que lo fiziera porque el soldán le conseiara que casasse su fija con omne, et pues el soldán et el conde tanta onra le fizieran [et lo escogieran] por omne, que ternía él que non era omne si non fiziesse en esto lo que pertenesçía; et que se quería yr et que les dexava aquella donzella con qui él avía de casar, et el condado: que él fiava por Dios que él le endereçaría porque entendiessen las gentes que fazía fecho de omne.

Et luego que esto ovo dicho, cavalgó et fuesse en buena ventura. Et endereçó al regno de Armenia, et moró ý tanto tiempo fasta que sopo muy bien el lenguage et todas las maneras de la tierra. Et sopo cómmo Saladín era muy caçador.

Et él tomó muchas buenas aves et muchos buenos canes, et fuesse para Saladín, et partió aquellas sus galeas et puso una en cada puerto, et mandóles que nunca se partiessen ende fasta quél gelo mandasse.

---

[503] *apoderasen*: diesen poder. Véase en la p. 58 la nota 78.
[504] *rendas*: rentas. Comp.: "Et pus el capítulo de las rendas çerca del capítulo de las fortalezas porque cumple[n] mucho las rendas para ser las fortalezas guardadas". *Libro infinido*, p. 59.
[505] *pieça de galeas*: 'cantidad de galeras. Véanse las notas 427 y 181 en las págs. 129 y 76.

Et desque él llegó al soldán, fue muy bien reçebido, pero non le besó la mano nin le fizo ninguna reverençia de las que omne deve fazer a su señor. Et Saladín mandol dar todo lo que ovo mester, et él gradesçiógelo mucho, mas non quiso tomar dél ninguna cosa et dixo que non viniera por tomar nada dél; mas por quanto bien oyera dezir dél, que si él por bien toviesse, que quería bevir algún tiempo en la su casa por aprender alguna cosa de quanto bien avía en él et en las sus gentes; et porque sabía que el soldán era muy caçador, que él traýa muchas aves et muy buenas, et muchos canes, et si la su merçed fuesse, que tomasse ende lo que quisiesse, et con lo quel fincaría a él, que andaría con él a caça, et le faría quanto serviçio pudiesse en aquello et en al.

Esto le gradesçió mucho Saladín, et tomó lo que tovo por bien de lo que él traýa, mas por ninguna guisa nunca pudo guisar [506] que el otro tomasse dél ninguna cosa, nin le dixiesse ninguna cosa de su fazienda, nin oviesse entrellos cosa porque él tomasse ninguna carga de Saladín porque fuesse tenido de lo guardar. Et assí andido [507] en su casa un grand tiempo.

Et commo Dios acarrea, [508] quando su voluntad es, las cosas que Él quiere, guisó que alançaron [509] los falcones a unas grúas. [510] Et fueron matar la una de llas grúas a un puerto de la mar do estava la una de las galeas que el yerno del conde ý pusiera. Et el soldán, que yva en muy buen cavallo, et él en otro, alongáronse [511] tanto de las gentes, que ninguno dellos non vio por do yva. Et quando Saladín llegó do los falcones estavan con la grúa, descendió mucho aýna [512] por los acorrer. Et el yerno del conde que viníа con él, de quel vio en tierra, llamó a los de la galea.

---

[506] *pudo guisar:* pudo obtener.

[507] *andido:* anduvo. Véase la nota 482 en la p. 140.

[508] *acarrea:* conduce, guía.

[509] *alançaron:* lanzaron. Es término muy usado en cetrería.

[510] *grúas:* grullas. Comp.: "Et si caçan gruas con los azores tomanlas muy acerca e muy de rebato, et con los falcones caçan las gruas de rebato". *Libro de la caza,* p. 7.

[511] *alongáronse:* alejáronse. Vid. la nota 147 en la p. 70.

[512] *aýna:* deprisa. Otro ejemplo en la p. 95.

Et el soldán, que non parava mientes sinon por cevar [513] sus falcones, quando vio la gente de la galea en derredor de sí, fue muy espantado. Et el yerno del conde metió mano a la espada et dio a entender quel quería ferir con ella. Et quando Saladín esto vio, començósse a quexar mucho diziendo que esto era muy grand trayçión. Et el yerno del conde le dixo que non mandasse [514] Dios, que bien sabía él que nunca él le tomara por señor, nin quisiera tomar nada de lo suyo, nin tomar dél ningún encargo porque oviesse razón de lo guardar, mas que sopiesse que Saladín avía fecho todo aquello.

Et desque esto ovo dicho, tomólo et metiólo en la galea, et de que lo tovo dentro, contol cómmo él era el yerno del conde, et que era aquél que él escogiera, entre otros meiores que sí, [515] por omne; et pues él por omne lo escogiera, que bien entendía que non fuera él omne si esto non fiziera; et quel pidía por merçed quel diesse su suegro, porque entendiesse que el consejo que él le diera que era bueno et verdadero, et que se fallava bien dél.

Quando Saladín esto oyó, gradesçió mucho a Dios, et plógol más porque açertó en l' su conseio, que sil oviera acaesçido otra pro [516] o otra onra por grande que fuesse. Et dixo al yerno del conde que gelo daría muy de buena mente.

Et el yerno del conde fio en l' soldán, et sacólo luego de la galea et fuesse con él. Et mandó a los de la galea que se alongassen del puerto tanto que non los pudiesse[n] veer ningunos que ý llegassen.

Et el soldán et el yerno del conde cevaron muy bien sus falcones. Et quando las gentes ý llegaron, fallaron a Saladín mucho alegre. Et nunca dixo a omne del mundo nada de quanto le avía contesçido.

Et desque llegaron a lla villa, fue luego desçender a la casa do estava el conde preso et levó consigo al yerno del conde. Et desque vio al conde, començol a dezir con muy grand alegría:

---

[513] *cevar*: cebar, pero con el sentido de 'encarnizarse', 'ensañarse' en las grullas cazadas.
[514] *mandasse*: demandase.
[515] *que si*: que él.
[516] *otra pro*: otra cosa de provecho.

—Conde, mucho gradesco a Dios por la merçed que me fizo en acertar tan bien commo acerté en l' consejo que vos di en l' casamiento de vuestra fija. Evad [517] aquí vuestro yerno, que vos a sacado de prisión.

Entonçe le contó todo lo que su yerno avía fecho, la lealdat et el grand esfuerço que fiziera en le prender et en fiar luego en él.

Et el soldán et el conde et quantos esto sopieron, loaron mucho el entendimiento et el esfuerço et la lealdad del yerno del conde. Otrosí, loaron muncho las vondades de Saladín et del conde, et gradesçieron mucho a Dios porque quiso guisar de lo traer a tan buen acabamiento.

Entonçe dio el soldán muchos dones et muy ricos al conde et a su yerno; et por el enojo que el conde tomara en la prisión, diol dobladas todas las rentas que el conde pudiera levar de su tierra en quanto estudo en la prisión, et enviol muy rico et muy bien andante para su tierra.

Et todo este bien vino al conde por el buen consejo que el soldán le dio que casasse su fija con omne.

Et vós, señor conde Lucanor, pues avedes a conseiar aquel vuestro vasallo en razón del casamiento de aquella su parienta, conseialde que la prinçipal cosa que cate en l' casamiento que sea aquél con quien la oviere de casar buen omne en sí; ca si esto non fuere, por onra, nin por riqueza, nin por fidalguía que aya, nunca puede ser bien casada. Et devedes saber que el omne con vondad acreçenta la onra et alça su linage et acreçenta las riquezas. Et por seer muy fidalgo nin muy rico, si bueno non fuere, todo sería mucho ayna perdido. Et desto vos podría dar muchas fazañas [518] de muchos omnes de grand guisa que les dexaren sus padres et muy ricos et mucho onrados, et pues non fueron tan buenos com[m]o devían, fue en ellos perdido el linage et la riqueza; et otros de grand guisa et de pequeña que, por la grand vondad que ovieron en sí, acresçentaron mucho en sus onras et en sus faziendas,

---

[517] *Evad*: He aquí, tened. Su etimología no parece clara. Véase *Vocabulario del Poema del Cid*, de don R. Menéndez Pidal, p. 675. Comp.: "Evades aqui oro e plata fina". *Poema del Cid*, 820.

[518] *fazañas*: historias ejemplares, ejemplos. Comp.: "fablarme buena fabla, non burlas nin picañas, / e dil que non me diga de aquestas tus fazañas". *Libro de buen amor*, 1.493cd.

en guisa que fueron muy más loados et más preçiados
por lo que ellos fizieron et por lo que ganaron, que
aun por todo su linage. Et assí entendet que todo el
pro et todo el daño nasçe et viene de quál el omne es
en sí, de qualquier estado que sea. Et por ende, la
primera cosa que se deve catar en el casamiento es
quáles maneras et quáles costumbres et quál entendi-
miento et quáles obras a en sí el omne o la muger que
a de casar; et esto seyendo primero catado, dende
en adelante, quanto el linage es más alto et la riqueza
mayor et la apostura más complida et la vezindat más
açerca et más aprovechosa, tanto es el casamiento me-
jor.

Al conde plogo mucho destas razones que Patronio
le dixo, et tovo que era verdat todo assí commo él le
dizía.

Et veyendo don Iohan que este enxiemplo era muy
bueno, fízolo escrivir en este libro, et fizo estos viessos
que dizen assí:

> Qui omne es, faz todos los provechos;
> qui non lo es, mengua todos los fechos.

Et la ystoria deste enxiemplo es ésta que se sigue:

EXEMPLO XXVI°

De lo que contesçió al árvol de la Mentira

Un día fablava el conde Lucanor con Patronio, su
conseiero, et díxole así:

—Patronio, sabet que estó en muy grand quexa et
en grand roýdo con unos omnes que me non aman
mucho; et estos omnes son tan reboltosos et tan min-
trosos que nunca otra cosa fazen sinon mentir a mí
et a todos los otros con quien an de fazer o deli-
brar [519] alguna cosa. Et las mentiras que dizen, sáben-
las tan bien apostar [520] et aprovéchanse tanto dellas,

---

[519] *delibrar*: deliberar. Comp.: "fuera si lo fisiese la cosa deli-
brada". *Libro de Alexandre*, 571c.
[520] *apostar*: embellecer, hermosear. Véase un poco más adelante,
p. 153, las 'mentiras apostadas'.

que me traen a muy grand daño, et ellos apodéranse [521] mucho, et an gentes muy fiera[s] · contra mí. Et aun creed que si yo quisiesse obrar por aquella manera, que por aventura lo sabría fazer tan bien commo ellos; mas porque yo sé que la mentira es de mala manera, nunca me pagué della. Et agora, por el buen entendimiento que vós avedes, ruégovos que me conseiedes qué manera tome [522] con estos omnes.

—Señor conde Lucanor —dixo Patronio—, para que vós fagades en esto lo mejor et más a vuestra pro, plazerme ýa mucho que sopiéssedes lo que contesçió a la Verdat et a la Mentira.

El conde le rogó quel dixiesse cómmo fuera aquello.

—Señor conde Lucanor —dixo Patronio—, la Mentira et la Verdat fizieron su compañía en uno, et de que ovieron estado assí un tiempo, la Mentira, que es acuçiosa, dixo a la Verdat que sería bien que pusiessen un árbol de que oviessen fructa et pudiessen estar a la su sonbra quando fiziesse calentura. Et la Verdat, commo es cosa llana et de buen talante, dixo quel plazía.

Et de que el árbol fue puesto et començó a naçer, dixo la Mentira a la Verdat que tomasse cada una dellas su parte de aquel árbol. Et a la Verdat plógol con esto. Et la Mentira, dándol a entender con razones coloradas [523] et apuestas que la raýz del árbol es la cosa que da la vida et la mantenençia al árbol, et que es mejor cosa et más aprovechosa, conseió la Mentira a la Verdat que tomasse las raýzes del árbol que están so tierra et ella que se aventuraría a tomar aquellas ramiellas que avían a salir et estar sobre tierra, commoquier que era muy grand peligro porque estava a aventura de taiarlo o follarlo [524] los omnes o roerlo las vestias o taiarlo las aves con las manos et con los picos o secarle la grand calentura o quemarle el grant

---

[521] *apodéranse*: tienen un gran poder.

[522] *tome*: adopte, use.

[523] *razones coloradas*: razones elocuentes, adornadas, de 'colores' retóricos. Comp.: "Fizo della un libro de dichos colorados / de su virginidat contra tres renegados". Berceo, *Milagros*, 51cd. "Propuso la Gloriosa palabra colorada". Ibíd., 82a.

[524] *follarlo*: hollarlo, pisotearlo. (Vid. más adelante, p. 175, la forma 'follase'.) Cf.: "e él cabalgó luego, pero sentíase maltrecho, porque le habían follado mucho los caballos e las bestias que pasaron sobre él". *Gran conquista de Ultramar*, p. 272a.

yelo, et que de todos estos periglos non avía a soffrir ningunos la raýz.

Et quando la Verdat oyó todas estas razones, porque non ay en ella muchas maestrías et es cosa de grand fiança et de grand creençia, fiosse en la Mentira, su compaña, [525] et creó que era verdat lo quel dizía, et tovo que la Mentira le conseiava que tomasse muy buena parte, tomó la raýz del árbol et fue con aquella parte muy pagada. Et quando la Mentira esto ovo acabado, fue mucho alegre por el engaño que avía fecho a ssu compañera diziéndol mentiras fermosas et apostadas. [526]

La Verdat metiósse so tierra para vevir ó estavan las raýzes que eran la su parte, et la Mentira fincó sobre tierra do viven los omnes et andan las gentes et todas las otras cosas. Et commo es ella muy fallaguera, en poco tiempo fueron todos muy pagados della. Et el su árbol començó a crescer et echar muy grandes ramos et muy anchas fojas que fazían muy fermosa sonbra et paresçieron [527] en él muy apuestas flores de muy fermosas colores et muy pagaderas [528] a paresçençia. [529]

Et desque las gentes vieron aquel árbol tan fermoso, ayuntávanse muy de buena mente [530] a estar cabo dél, et pagávanse mucho de la su sombra et de las sus flores tan bien coloradas, et estavan ý siempre las más de las gentes, et aun los que se fallavan por los otros logares dizíán los unos a los otros que si querían estar viçiosos [531] et alegres, que fuessen estar a la sombra del árbol de la Mentira.

Et quando las gentes eran ayuntadas so aquel árbol, commo la Mentira es muy fallaguera et de grand

---

[525] *compaña*: compañera. Comp.: "Ca muy pocos son los que veen quando los falcones van con las gruas e la apartan e la derriban, et veen commo sus conpañas vienen acorrer a la derribada". *Libro de la caza*, p. 7.

[526] *apostadas*: apuestas, adornadas. Comp.: "Hurón avia por nombre, un apostado donzel". *Libro de buen amor*, 1.619c.

[527] *paresçieron*: aparecieron.

[528] *pagaderas*: atrayentes, agradables.

[529] *paresçençia*: apariencia, forma.

[530] *de buena mente*: gustosamente, con agrado. Comp.: " "Et çiertamente, tanbien en esto, commo en todas las otras razones que yo vos he fablado, en esta razon escusara yo de buena mente si pudiera". *Libro de los estados*, f. 50b.

[531] *viçiosos*: regalados, contentos.

sabiduría, fazía muchos plazeres a las gentes et amos-
trávales de su sabiduría; et las gentes pagávanse de
apprender de aquella su arte mucho. Et por esta ma-
nera tiró [532] a ssí todas las más gentes del mundo: ca
mostrava a los unos mentiras senziellas, et a los otros,
más sotiles mentiras dobladas, et a otros, muy más
sabios, mentiras trebles. [533]

Et devedes saber que la mentira senziella es quando
un omne dice a otro: "Don Fulano, yo faré tal cosa
por vós", et él miente de aquello quel dize. Et la
mentira doble es quando faze iuras [534] et omenages [535]
et rehenes [536] et da otros por sí que fagan todos aque-
llos pleitos, et en faziendo estos seguramientos, ha él
ya pensado et sabe manera cómmo todo esto tornará
en mentira et en engaño. Mas, la mentira treble, que
es mortalmente engañosa, es la quel miente et le enga-
ña diziéndol verdat.

Et desta sabiduría tal avía tanta en la Mentira et
sabíala tan bien mostrar a los que se pagavan de estar
a la sombra del su árbol, que les fazía acabar por
aquella sabiduría lo más de las cosas que ellos querían,
et non fallavan ningún omne que aquella arte non so-
piesse, que ellos non le troxiessen a fazer toda su vo-
luntad. Et lo uno por la fermosura del árbol, et lo al
con la grand arte que de la Mentira aprendían, desea-
van mucho las gentes estar a aquella sombra et apren-
der lo que la Mentira les amostrava.

La Mentira estava mucho onrada et muy preçiada
et mucho aconpañada de las gentes, et el que menos
se llegava a ella et menos sabía de la su arte, me-
nos le preçiavan todos, et aun él mismo se preçiava
menos.

Et estando la Mentira tan bien andante, la lazdrada
et despreçiada de la Verdat estava ascondida so tie-
rra, et omne del mundo non sabía della parte, nin se
pagava della, nin la quería buscar. Et ella, veyen-

---

[532] *tiró*: arrastró. Véase la nota 38 en la p. 52.

[533] *trebles*: triples. Comp.: "Tres vezes fue orar por la ley
complir, / ...la treble oración esto quiere dezir". Berceo, *Sacrificio*,
73.

[534] *iuras*: juramentos. Comp.: "Prended las arcas e meterlas en
vuestro salvo; / con grand jura meted i las fedes amos". *Poema del
Cid*, 119-120.

[535] *omenages*: juramentos de fidelidad.

[536] *rehenes*: cosas que se ponen por fianza o seguro.

do que non le avía fincado cosa en que se pudiesse mantener sinon aquellas raýzes del árbol que era la parte quel conseiara tomar la Mentira, et con mengua de otra vianda, óvose a tornar a roer et a tajar et a governarse [537] de las raýzes del árbol de la Mentira. Et commo quier que el árbol tenía muy buenas ramas et muy anchas fojas que fazían muy grand sombra et muchas flores de muy apuestas colores, ante que pudiessen levar fructo, fueron tajadas todas sus raýzes, ca las ovo a comer la Verdat, pues non avía al de que se governar.

Et desque las raýzes del árbol de la Mentira fueron todas tajadas, et estando la Mentira a la sombra del su árbol con todas las gentes que aprendían de la su arte, vino un viento et dio en el árbol, et porque las sus raýzes eran todas tajadas, fue muy ligero de derribar et cayó sobre la Mentira et quebrantóla de muy mala manera; et todos los que estavan aprendiendo de la su arte fueron todos muertos et muy mal feridos, et fincaron muy mal andantes.

Et por el lugar do estava el tronco del árbol salló la Verdat que estava escondida, et quando fue sobre la tierra, falló que la Mentira et todos los que a ella se allegaron eran muy mal andantes et se fallaron muy mal de quanto aprendieron et usaron del arte que aprendieron de la Mentira.

Et vós, señor conde Lucanor, parad mientes que la mentira ha muy grandes ramos, et las sus flores, que son los sus dichos et los sus pensamientos et los sus fallagos, son muy plazenteros, et páganse mucho dellos las gentes, pero todo es sombra et nunca llega a buen fructo. Por ende, si aquellos vuestros contrarios usan de llas sabidurías et de los engaños de la mentira, guardatvos dellos quanto pudierdes et non querades seer su conpañero en aquella arte, nin ayades envidia de la su buena andança que an por usar del arte de la mentira, ca cierto seed que poco les durará, et non pueden aver buena fin; et quando cuydaren seer más bien andantes, estonçe les fallecerá, [538] así commo fallesçió el árbol de la Mentira a los que cuydavan estar muy bien andantes a su sombra; mas, aunque la

---

[537] *governarse*: alimentarse. Otras referencias en 136 y 218.
[538] *fallecerá*: fallará.

verdat sea menospreçiada, abraçatvos bien con ella et
preciadla mucho, ca çierto seed que por ella seredes
bien andante et abredes buen acabamiento et ganaredes
la gracia de Dios porque vos dé en este mundo mucho
bien et mucha onra paral cuerpo et salvamiento paral
alma en l' otro.

Al conde plogo mucho deste conseio que Patronio
le dio, et fízolo assí et fallóse ende bien.

Et entendiendo don Iohan que este exiemplo era
muy bueno, fízolo escrivir en este libro et fizo estos
viessos que dizen assí:

> Seguid verdad por la mentira foyr,
> ca su mal cresçe quien usa de mentir.

Et la ystoria deste exiemplo es ésta que se sigue:

EXEMPLO XXVII°

DE LO QUE CONTESÇIÓ A UN EMPERADOR ET A DON ALVAR HÁÑEZ MINAYA [539] CON SUS MUGERES

FABLAVA el conde Lucanor con Patronio, su consege-
ro, un día et díxole assí:

[539] "Fue uno de los más notables caballeros de la corte de Al-
fonso VI, debelador de los almorávides y reconquistador de la Alca-
rria. En el reinado de doña Urraca, la hija de Alfonso VI, fue
gobernador de Toledo de 1109 a 1114, fecha en que fue muerto por
los de Segovia, defendiendo los derechos de su Reina contra los
partidarios del rey aragonés Alfonso *el Batalladvr.* El Cantar [del
Cid] llama a Alvar Fáñez *sobrino* del Cid (v. 2858-3438), parentesco
confirmado por la carta de arras de doña Jimena, del año 1074, y
supone que el Cid le tiene siempre a su lado, *nos le parte de so
braço* (1244)". R. Menéndez Pidal, *Poema de mio Cid* (Clás. cast.,
24), p. 17. M.ª R.ª Lida de Malkiel, op. cit., p. 107 (nota), escribe:
"Al anotar la segunda parte del *Exemplo XXVII,* Knust (p. 456 ss.)
pormenoriza la biografía de Alvar Fáñez y de Pero Anzúrez, el cual
no tenía tres hijas, sino un hijo y cuatro hijas, y no la menor, sino
la segunda casó con Alvar Fáñez, y no se llamaba Vascuñana,
sino Emilia (o Mencía). Las rectificaciones podrían continuar (si el
detalle de ser tres las hijas y la menor la heroína no advirtiese que
nos hallamos en pleno reino del cuento), pues, en efecto, es poco
verosímil que Álvar Fáñez Minaya sometiera a la hija de don Pero
Anzúrez a la prueba de la obediencia monacal a que en las *Apo-
tegmas de los Padres* (Migne, *Patrologia Graeca,* t. 65, col. 296b,
apud Knust, p. 358) somete el abad Silvano a su discípulo Marco,
y que con diversidad de variantes ha pasado a numerosos cuentos".

—Patronio, dos hermanos que yo he son casados
entramos et biven cada uno dellos muy de[s]bariada-
mente [540] el uno del otro; ca el uno ama tanto aquella
dueña con qui es casado, que abés [541] podemos guisar
con él que se parta un día del lugar onde ella es, et
non faz cosa del mundo sinon lo que ella quiere, et si
ante non gelo pregunta. Et el otro, en ninguna guisa
non podemos con él que un día la quiera veer de los
ojos, [542] nin entrar en casa do ella sea. Et porque yo
he grand pesar desto, ruégovos que me digades alguna
manera porque podamos ý poner consejo.

—Señor conde Lucanor —dixo Patronio—, segund
esto que vós dezides, entramos vuestros hermanos an-
dan muy errados en sus faziendas; ca el uno nin el
otro non devían mostrar tan grand amor nin tan grand
desamor commo muestran a aquellas dueñas con qui
ellos son casados; mas commo quier que lo ellos ye-
rran, por aventura es por las maneras que an aquellas
sus mugeres; et por ende querría que sopiésedes lo que
contesçió al emperador Fradrique [543] et a don Alvar
Fáñez Minaya con su mugeres.

El conde le preguntó cómmo fuera aquello.

—Señor conde Lucanor —dixo Patronio—, porque
estos exiemplos son dos et non vos los podría entra-
mos dezir en uno, contarvos he primero lo que contes-
çió al emperador Fradrique, et después contarvos he
lo que contesçió a don Alvar Háñez.

—Señor conde, el emperador Fradrique casó con una
donzella de muy alta sangre, segund le pertenesçía;
mas de tanto, [544] non le acaesçió bien, que non sopo
ante que casasse con aquélla las maneras que avía.

Et después que fueron casados, commoquier que ella
era muy buena dueña et muy guardada en l' su cuerpo,
començó a seer la más brava [545] et la más fuerte [546] et

[540] de[s]bariadamente: contrariamente, diferentemente.
[541] abés: apenas. Vid. la nota 129 en la p. 65.
[542] veer de los ojos: forma pleonástica.
[543] Quizá Federico I Barbarroja, Duque de Suabia (1150-1190), ascendiente de don Juan Manuel, o Federico II, emperador de Alemania y rey de Sicilia (1197-1250).
[544] mas de tanto: pero con todo.
[545] brava: irascible, de mal genio. Comp.: "Et commo quier que a vezes cumple mostrarse los sennores por brauos e crueles, esto deue ser por espantar". Libro infinido, p. 64.
[546] fuerte: terrible.

la más rebessada [547] cosa del mundo. Assí que, si el
emperador quería comer, ella dizía que quería ayunar;
et si el emperador quería dormir, queríese ella levan-
tar; et si el emperador querié comer bien alguno, luego ella
lo desamava. [548] ¿Qué vos diré más? Todas las cosas
del mundo en que el emperador tomava plazer, en
todas dava ella a entender que tomava pesar, et de
todo lo que el emperador fazía, de todo fazía ella el
contrario sienpre.

Et desque el emperador sufrió esto un tiempo, et vio
que por ninguna guisa non la podía sacar desta enten-
ción por cosa que él nin otros le dixiessen, nin por
ruegos, nin por amenazas, nin por buen talante, nin
por malo quel mostrasse, et vio que sin el pesar et la
vida enoiosa que avía de sofryr quel era tan grand
daño para su fazienda et para las sus gentes, que
non podía ý poner conseio; et de que esto vio, fuesse
paral Papa et contol la su fazienda, también de la vida
que passava, commo del grand daño que binía a él et
a toda la tierra por las maneras que avía la empera-
driz; et quisiera muy de grado, si podría seer, que los
partiesse [549] el Papa. Mas vio que segund la ley de los
christianos non se podían partir, et [que] en ninguna
manera non podían bevir en uno [550] por las malas ma-
neras que la emperadriz avía, et sabía el Papa que
esto era assí.

Et desque otro cobro [551] no podieron fallar, dixo el
Papa al emperador que este fecho que lo acomendava
él al entendimiento et a la sotileza del emperador, ca
él non podía dar penitençia ante que el pecado fuesse
fecho.

Et el emperador partióse del Papa et fuesse para su
casa, et trabaió por quantas maneras pudo, por fala-
gos et por amenazas et por conseios et por desengaños
et por quantas maneras él et todos los que con él bi-
vían pudieron asmar [552] para la sacar de aquella mala

---

547 *rebessada*: indomable, atravesada.
548 *desamava*: aborrecía.
549 *partiesse*: separase, divorciase.
550 *en uno*: juntos.
551 *cobro*: medio, solución. Comp.: "Ca en la muerte nunca ay
cobro". *Libro de los estados*, f. 79b. "cuidé en otra orden fallar cobro
alguno / do perdiese lazeria". *Libro de buen amor*, 1.308.
552 *asmar*: pensar. Vid. en la p. 84 la nota 230.

entençión, mas todo esto non tobo ý pro, que quanto más le dizían que se partiesse de aquella manera, tanto más fazía ella cada día todo lo revesado. [553]

Et de que el emperador vio que por ninguna guisa esto non se podía endereçar, díxol un día que él quería yr a la caça de los çiervos et que levaría una partida de aquella yerva[554] que ponen en las saetas con que matan los çiervos, et que dexaría lo al para otra vegada, quando quisiesse yr a caça, et que se guardasse que por cosa del mundo non pusiesse de aquella yerva en sarna, nin en postiella, [555] nin en lugar donde saliesse sangre; ca aquella yerva era tan fuerte, que non avía en el mundo cosa viva que non matasse. Et tomó de otro ungüento muy bueno et muy aprovechoso para qualquier llaga et el emperador untósse con él antella en algunos lugares que non estavan sanos. Et ella et quantos ý estavan vieron que guaresçía luego con ello. Et díxole que si le fuesse mester, que de aquél pusiesse en qualquier llaga que oviesse. Et esto le dixo ante pieça de omnes et de mugeres. Et de que esto ovo dicho, tomó aquella yervá que avía menester para matar los çiervos et fuesse a su caça, assí como avía dicho.

Et luego que el emperador fue ydo, començó ella a ensañarse et a enbraveçer, et començó a dezir:

—¡Veed el falso del emperador, lo que me fue dezir! Porque él sabe que la sarna que yo he non es de tal manera commo la suya, díxome que me untasse con aquel ungüento que se él untó, porque sabe que non podría guaresçer con él, mas de aquel otro ungüento bueno con que él sabe que guarescría, dixo que non tomasse dél en guisa ninguna; mas por le fazer pesar, yo me untaré con él, et quando él viniere, fallarme ha sana. Et so çierta que en ninguna cosa non le podría fazer mayor pesar, et por esto lo faré.

Los cavalleros et las dueñas que con ella estavan travaron [556] mucho con ella que lo non fiziesse, et començáronle a pedir merçed, muy fieramente llorando,

---

553 *lo revesado*: lo contrario, al revés.
554 *yerva*: hierba de ballestero, veneno hecho con el eléboro. Comp.: "por gladio o por yerbas si matar lo pudieres". *Libro de Apolonio*, 40c.
555 *postiella*: postilla, pústula.
556 *travaron*: discutieron, pusieron trabas.

que se guardasse de lo fazer, ca çierta fuesse, si lo
fiziesse, que luego sería muerta.

Et por todo esto non lo quiso dexar. Et tomó la
yerva et untó con ella las llagas. Et a poco rato comen-
çol a tomar la rabia de la muerte, et ella repintiérase [557]
si pudiera, mas ya non era tiempo en que se pudiesse
fazer. Et murió por la manera que avía porfiosa et a
su daño.

Mas a don Alvar Háñez contesçió el contrario desto,
et porque lo sepades todo commo fue, contarvos he
cómmo acaesçió.

Don Alvar Háñez era muy buen omne et muy on-
rado et pobló [558] a Yxcar, [559] et morava ý. Et el conde
don Pero Ançúrez [560] pobló a Cuéllar, [561] et morava en
ella. Et el conde don Pero Ançúrez avía tres fijas.

Et un día, estando sin sospecha [562] ninguna, entró
don Alvar Háñez por la puerta; et al condé don Pero
Ançúrez plógol mucho con él. Et desque ovieron co-
mido, preguntol que por qué vinía tan sin sospecha. Et
don Alvar Háñez díxol que vinía por demandar una
de sus fijas para con que casase, [563] mas que quería que
gelas mostrasse todas tres et quel dexasse fablar con
cada una dellas, et después que escogería quál quisiesse.
Et el conde, veyendo quel fazía Dios mucho bien en
ello, dixo quel plazía mucho de fazer quanto don Alvar
Háñez le dizía.

Et don Alvar Háñez apartósse con la fija mayor et
díxol que, si a ella ploguiesse, que quería casar con
ella, pero ante que fablasse más en el pleito, quel que-
ría contar algo de su fazienda. Que sopiesse, lo pri-
mero, que él non era muy mançebo et que por las mu-
chas feridas que oviera en las lides que se acertara, [564]
quel e[n]flaqueçiera [565] tanto la cabeça que por poco

---

[557] *repintiérase*: se arrepintiera.
[558] *pobló*: repobló.
[559] *Yxcar*: Iscar, en la provincia de Valladolid.
[560] Pedro Ansúrez, noble que acompañó a Alfonso VI en su
destierro a Toledo, fue conde de Zamora, Saldaña y Carrión y en-
grandeció a Valladolid.
[561] En la provincia de Segovia. Está cerca de Iscar.
[562] *sin sospecha*: inesperadamente.
[563] *para con que casase*: para casar con ella.
[564] *acertara*: hallara presente, concurriera. Comp.: "Ifantes de
Carrion, sabet, si açertaron". *Poema del Cid*, 1.835.
[565] *e[n]flaqueçiera*: debilitara.

vino que viviesse, quel fazíe perder luego el entendi-
miento; et de que estava fuera de su seso, que se
asañava tan fuerte que non catava lo que dizía; et que
a las vegadas firía a los omnes en tal guisa, que se re-
pentía mucho después que tornaba a su entendimiento;
et aun, quando se echava a dormir, desque yazía en
la cama, que fazía ý muchas cosas que non enpeçería
nin migaja [566] si más linpias fuessen. Et destas cosas le
dixo tantas, que toda muger quel entendimiento non
oviesse muy maduro, se podría tener dél por non muy
bien casada.

Et de que esto le ovo dicho, respondiol la fija del
conde que este casamiento non estava en ella, sinon en
su padre et en su madre.

Et con tanto, [567] partiósse de don Alvar Háñez et
fuesse para su padre.

Et de que el padre et la madre le preguntaron qué
era su voluntad de fazer, porque ella non fue de muy
buen entendimiento commo le era mester, dixo a su
padre et a su madre que tales cosas le dixiera don Alvar
Háñez, que ante quería seer muerta que casar con él.

Et el conde non lo quiso dezir esto a don Alvar
Háñez, mas díxol que su fija que non avía entonçe
voluntad de casar.

Et fabló don Alvar Háñez con la fija mediana; et
passaron entre él et ella bien assí commo con el her-
mana mayor. [568]

Et después fabló con el hermana menor et díxol
todas aquellas cosas que dixiera a las otras sus her-
manas.

Et ella respondiol que gradesçía mucho a Dios en que
don Alvar Háñez quería casar con ella; et en lo
quel dizía quel fazía mal el vino, que si, por aven-
tura, alguna vez le cumpliesse [569] por alguna cosa de
estar apartado de las gentes por aquello quel dizía o
por al, que ella lo encubriría mejor que ninguna otra

---

[566] migaja: miaja, pizca.
[567] con tanto: con eso. Cf.: "Ovieronse con tanto del pleito a
partir". Berceo, Milagros, 156c.
[568] Los adjetivos terminados en or casi siempre llevaban concor-
dancia masculina en la Edad Media. Comp.: "Quiero dexar con
tanto las aves cantadores". Berceo, Milagros, 44.
[569] cumpliesse: conviniese. Comp.: "mas dezir vos he dél alguna
palabra que compliría para esto". Libro de los estados, f. 70a.

persona del mundo; et a lo que dizía que él era viejo,
que quanto por esto non partiría [570] ella el casamien-
to, que cunplíale [571] a ella del casamiento el bien et
la onra que avía de ser casada con don Alvar Háñez;
et de lo que dizía que era muy sañudo et que firía a
las gentes, que quanto por esto, non fazía fuerça, ca
nunca ella le faría por que la firiesse, et si lo fiziesse,
que lo sabría muy bien soffrir.

Et a todas las cosas que don Alvar Háñez le dixo,
a todas le sopo tan bien responder, que don Alvar
Háñez fue muy pagado, et gradesçió mucho a Dios
porque fallara muger de tan buen entendimiento.

Et dixo al conde don Pero Ançúrez [que] con aquella
quería casar. Al conde plogo mucho ende. [572] Et fizie-
ron ende sus vodas luego. Et fuesse con su muger luego
en buena ventura. Et esta dueña avía nombre doña
Vascuñana.

Et después que don Alvar Háñez levó a su muger a
su casa, fue ella tan buena dueña et tan cuerda, que
don Alvar Háñez se tovo por bien casado della et tenía
por razón que se fiziesse todo lo que ella queríe.

Et esto fazía él por dos razones: la primera, porquel
fizo Dios a ella tanto bien, que tanto amava a don
Alvar Háñez et tanto presçiava el su entendimiento,
que todo lo que don Alvar Háñez dizía et fazía, que
todo tenía ella verdaderamente que era lo mejor; et
plazíale mucho de quanto dizía et de quanto fazía,
et nunca en toda su vida contralló [573] cosa que enten-
diesse que a él plazía. Et non entendades que fazía
esto por le lisoniar, nin por le falagar, mas fazíalo
por[que] verdaderamente creýa, et era su entención,
que todo lo que don Alvar Háñez quería et dizía et
fazía, que [en] ninguna guisa non podría seer yerro,
nin lo podría otro ninguno mejorar. Et lo uno por
esto, que era el mayor bien que podría seer, et lo al
porque ella era de tan buen entendimiento et de tan
buenas obras, que siempre acertava en lo meior. Et por-

[570] *partiría*: renunciaría, apartaría. Véase la nota 109 en la
p. 63.
[571] *cunplíale*: le compensaba. Cf.: "señores, vuestro saber quiera
mi mengua cumplir". *Libro de buen amor*, 1.134d.
[572] *ende*: de eso. Cf.: "Et los que yo ende sé son estos". *Libro
del cavallero et del escudero*, p. 65.
[573] *contralló*: contrarió. Véase la p. 63.

estas cosas amávala et preçiávala tanto don Alvar. Háñez que tenía por razón de fazer todo lo que ella queríe, ca sienpre ella quería et le conseiava lo que era su pro et su onra. Et nunca tovo mientes por talante, nin por voluntad que oviesse de ninguna cosa, que fiziesse don Alvar Háñez, sinon lo que a él más le pertenesçía, et que era más su onra et su pro.

Et acaesçió que, una vez, seyendo don Alvar Háñez en su casa, que vino a él un so sobrino que vivía en casa del rey, et plógol mucho a don Alvar Háñez con él. Et desque ovo morado con don Alvar Háñez algunos días, díxol un día que era muy buen omne et muy complido [574] et que non podía poner en él ninguna tacha sinon una. Et don Alvar Háñez preguntol que quál era. Et el sobrino díxol que non fallava tacha quel poner sinon que fazía mucho por su muger et la apoderava [575] mucho en toda su fazienda. Et don Alvar Háñez respondiol que, a esto, que dende a pocos días le daría ende la repuesta.

Et ante que don Alvar Háñez viesse a doña Vascuñana, cavalgó et fuesse a otro lugar et andudo allá algunos días et levó allá aquel su sobrino consigo. Et después envió por doña Vascuñana, et guisó assí don Alvar Háñez que se encontraron en el camino, pero que non fablaron ningunas razones entre sí, nin ovo tiempo aunque lo quisiessen fazer.

Et don Alvar Háñez fuesse adelante, et yba con él su sobrino. Et doña Vascuñana vinía [en pos dellos]. Et desque ovieron andado assí una pieça don Alvar Háñez et su sobrino, fallaron una pieça de vacas. Et don Alvar Háñez començó a dezir:

—¿Viestes, sobrino, qué fermosas yeguas ha en esta nuestra tierra?

Quando su sobrino esto oyó, maravillóse ende mucho, et cuydó que gelo dizía por trebejo et díxol que cómmo dizía tal cosa, que non eran sinon vacas.

Et don Alvar Háñez se començó mucho de maravillar et dezirle que reçelava que avía perdido el seso, ca bien beýe que aquéllas, yeguas eran.

Et de que el sobrino vio que don Alvar Háñez porfiava tanto sobresto, et que lo dizía a todo su seso,

---

[574] *complido*: perfecto. Véase en la p. 53 la nota 42.
[575] *apoderava*: le daba mucho poder.

fincó mucho espantado et cuydó que don Alvar Háñez
avía perdido el entendimiento.

Et don Alvar Háñez estido [576] tanto adrede en aque-
lla porfía, fasta que asomó doña Vascuñana que vinía
por el camino. Et de que don Alvar Háñez la vio, dixo
a su sobrino:

—Ea, don [577] sobrino, fe aquí [578] a doña Vascuñana
que nos partirá nuestra contienda.

Al sobrino plogo desto mucho; et desque doña Vas-
cuñana llegó, díxol su cuñado: [579]

—Señora, don Alvar Háñez et yo estamos en con-
tienda, ca [580] él dize por unas vacas, que son yeguas,
et yo digo que son vacas; et tanto avemos porfiado,
que él me tiene por loco, et yo tengo que él non está
bien en su seso. Et vós, señora, departidnos agora
esta contienda.

Et quando doña Vascuñana esto vio, commo quier
que ella tenía que aquéllas eran vacas, pero pues su
cuñado le dixo que dizía don Alvar Háñez que eran
yeguas, tovo verdaderamente ella, con todo su entendi-
miento, que ellos erravan, que las non conosçían, mas
que don Alvar Háñez non erraría en ninguna manera
en las conosçer; et pues dizía que eran yeguas, que en
toda guisa del mundo, que yeguas eran et non vacas.

Et començó a dezir al cuñado et a quantos ý estavan:

—Por Dios, cuñado, pésame mucho desto que dezi-
des, et sabe Dios que quisiera que con mayor seso et
con mayor pro nos viniéssedes agora de casa del rey,
do tanto avedes morado; ca bien veedes vós que muy
grand mengua de entendimiento et de vista es tener
que las yeguas que son vacas.

Et començol a mostrar, también por las colores, com-
mo por las façiones, commo por otras cosas muchas,
que eran yeguas, et non vacas, et que era verdat lo que
don Alvar Háñez dizía, que en ninguna manera el

---

[576] *estido*: estuvo. Cf.: "Benedictos los arbores so los quales
estido". Berceo, *Vida de san Millán*, 64c.

[577] La palabra 'don' se anteponía a nombres comunes. Véase
más adelante la p. 190.

[578] *fe aquí*: he aquí. Comp.: "fevos aqui las señas, verdad vos
digo yo". *Poema del Cid*, 1.335.

[579] *cuñado*: indica parentesco por afinidad, como señala doña
María Goyri de Menéndez Pidal en su edic., p. 104.

[580] *ca*: porque. Véase la p. 50, nota 21.

entendimiento et la palabra de don Alvar Háñez que nunca podría errar. Et tanto le afirmó esto, que ya el cuñado et todos los otros començaron a dubdar que ellos erravan, et que don Alvar Háñez dizía verdat, que las que ellos tenían por vacas, que eran yeguas. Et de que esto fue fecho, fuéronse don Alvar Háñez et su sobrino adelante et fallaron una grand pieça de yeguas.

Et don Alvar Háñez dixo a su sobrino:

—¡Ahá, [581] sobrino! Estas son las vacas, que non las que vos dizíades ante, que dizía yo que eran yeguas.

Quando el sobrino esto oyó, dixo a su tío:

—Por Dios, don Alvar Háñez, si vos verdat dezides, el diablo me traxo a mí a esta tierra; ca çiertamente, si éstas son vacas, perdido he yo el entendimiento, ca, en toda guisa del mundo, éstas, yeguas son, et non vacas.

Don Alvar Háñez começó a porfiar muy fieramente que eran vacas. Et tanto duró esta porfía, fasta que llegó doña Vascuñana. Et desque ella llegó et le contaron lo que dizía don Alvar Háñez et dizía su sobrino, maguer a ella paresçía que el sobrino dizía verdat, non pudo creer por ninguna guisa que don Alvar Háñez pudiesse errar, nin que pudiesse seer verdat al, sinon lo que él dizía. Et començó a catar razones para provar que era verdat lo que dizía don Alvar Háñez, et tantas razones et tan buenas dixo, que su cuñado et todos los otros tovieron que el su entendimiento, et la su vista, errava; mas lo que don Alvar Háñez dizía, que era verdat. Et aquesto fincó assí.

Et fuéronse don Alvar Háñez et su sobrino adelante et andudieron tanto, fasta que llegaron a un río en que avía pieça de molinos. Et dando del agua a las vestias en el río, començó a dezir don Alvar Háñez que aquel río que corría contra la parte onde nasçía, et aquellos molinos, que del otra parte les vinía el agua.

Et el sobrino de don Alvar Háñez se tovo por perdido quando esto le oyó; ca tovo que, assí commo errara en l' conosçimiento de las vacas et de las yeguas, que assí errava agora en cuydar que aquel río vinía al revés de commo dizía don Alvar Háñez. Pero porfiaron tanto sobresto, fasta que doña Vascuñana llegó.

Et desquel dixieron esta porfía en que estava don Alvar Háñez et su sobrino, pero que a ella paresçía que el sobrino dizía verdat, non creó al su entendimiento et tovo que era verdat lo que don Alvar Háñez dizía. Et por tantas maneras sopo ayudar a la su razón, [582] que su cuñado et quantos lo oyeron, creyeron todos que aquella era la verdat.

Et daquel día acá, fincó por fazaña [583] que si el marido dize que corre el río contra ar[r]iba, que la buena muger lo deve crer et deve dezir que es verdat.

Et desque el sobrino de don Alvar Háñez vio que por todas estas razones que doña Vascuñana dizía se provava que era verdat lo que dizía don Alvar Háñez, et que errava él en non conosçer las cosas assí commo eran, tóvose por muy ma[l]trecho, cuydando que avía perdido el entendimiento.

Et de que andudieron assí una grand pieça por el camino, et don Alvar Háñez vio que su sobrino yva muy triste et en grand cuydado, díxole assí:

—Sobrino, agora vos he dado la repuesta a lo que en l' otro día me dixiestes que me davan las gentes por grand tacha porque tanto fazía por doña Vascuñana, mi muger; ca bien cred que todo esto que vós et yo avemos passado oy, todo lo fize porque entendiéssedes quién es ella, et que lo que yo por ella fago, que lo fago con razón; ca bien creed que entendía yo que las primeras vacas que nós fallamos, et que dizía yo que eran yeguas, que vacas eran, assí como vós dizíades. Et desque doña Vascuñana llegó et vos oyó que yo dizía que eran yeguas, bien çierto so que entendía que vós dizíades verdat; mas que fió ella tanto en l' mio entendimiento, que tien que, por cosa del mundo, non podría errar, tovo que vós et ella errávades en non lo conosçer cómmo era. Et por ende dixo tantas razones et tan buenas, que fizo entender a vós, et a quantos allí estavan, que lo que yo dizía era verdat; et esso mismo fizo después en lo de las yeguas et del río. Et bien vos digo verdat: que del día que comigo casó, que nunca un día le bi fazer nin dezir cosa en que yo pudiesse en-

<hr>

[582] *razón*: a lo dicho. Cf.: "et des aqui tornare a mi razon". *Libro del cavallero et del escudero*, p. 16.

[583] *fazaña*: sentencia, refrán. Otro caso en la p. 204.

tender que quería nin tomava plazer, sinon en aquello
que yo quis; nin le vi tomar enojo de ninguna cosa que
yo fiziesse. Et sienpre [tiene] verdaderamente en su ta-
lante que qualquier cosa que yo faga, que aquello es lo
mejor; et lo que ella a de fazer de suyo o le yo aco-
miendo que faga, sábelo muy bien fazer, et sienpre lo
faze guardando toda mi onra et mi pro et queriendo
que entiendan las gentes que yo so el señor, et que la
mi voluntad et la mi onra se cumpla; et non quiere para
sí otra pro, nin otra fama de todo el fecho, sinon que
sepan que es mi pro, et tome yo plazer en ello. Et tengo
que si un moro de allende el mar esto fiziesse, quel'
devía yo mucho amar et presçiar yo et fazer yo mucho
por el su consejo, et demás seyendo ella tal et yo seer
casado con ella et seyendo ella tal et de tal linaje de
que me tengo por muy bien casado. Et agora, sobrino,
vos he dado repuesta a la tacha que el otro día me
dixiestes que avía.

Quando el sobrino de don Alvar Háñez oyó estas
razones, plógol ende mucho, et entendió que, pues doña
Vascuñana tal era et avía tal entendimiento et tal enten-
ción, que fazía muy grand derecho don Alvar Háñez
de la amar et fiar en ella et fazer por ella quanto fazía
et aun muy más, si más fiziesse.

Et assí fueron muy contrarios la muger del enpe-
rador et la muger de don Alvar Háñez.

Et, señor conde Lucanor, si vuestros hermanos son
tan desvariados, que el uno faze todo quanto su muger
quiere et el otro todo lo contrario, por aventura esto
es [por] que sus mugeres fazen tal vida con ellos commo
fazía la enperadriz et doña Vascuñana. Et si ellas tales
son, non devedes maravillarvos nin poner culpa a vues-
tros hermanos; mas si ellas non son tan buenas nin tan
revesadas como estas dos de que vos he fablado, sin
dubda vuestros hermanos non podrían seer sin grand
culpa; ca commo quier que aquel vuestro hermano que
faze mucho por su muger, faze bien, entendet que este
bien, que se deve fazer con razón et non más; ca si el
omne, por aver grand amor a su muger, quiere estar con
ella tanto porque dexe de yr a los lugares o a los fechos
en que puede fazer su pro et su onra, faze muy grand
yerro; nin si por le fazer plazer nin complir su talante
dexa nada de lo que pertenesçe a su estado, nin a su
onra, faze muy desaguisado; mas guardando estas

cosas, todo buen talante et toda fiança que el marido
pueda mostrar a su muger, todo le es fazedero et todo
lo deve fazer et le paresçe muy bien que lo faga. Et
otrosí, deve mucho guardar que por lo que a él mucho
non cumple, nin le faze gran men[gua, [584] que non le
faga enojo nin pesar et señaladamente eñ ninguna guisa
cosa que puede aver pecado, ca desto vienen muchos
daños: lo uno, la maldad et el pecado que omne faze,
lo al, que por fazerle emienda et plazer porque pierda
aquel enojo et avrá a fazer cosas que se le tornarán en
daño de la fama et de la fazienda. Otrosí, el que por
su fuerte ventura tal muger oviere commo la enperatriz,
pues al comienço non pudo o non sopo ý poner consejo
en ello non ay sinon pasar su ventura commo Dios gelo
quisiere aderesçar; pero sabed que para lo uno et para
lo otro cumple mucho que para el primero día que el
omne casa, dé a entender a su muger que él es el señor
de todo, et quel faga entender la vida que an de pasar
en uno.

Et vos, señor conde, al mi cuydar, parando mientes
a estas cosas, pod[r]edes consejar a vuestros hermanos
en quál manera vivan con sus mugeres.

Al conde plogo mucho destas cosas que Patronio
le dixo, et tovo que dezía verdat et muy buen seso.

Et entendiendo don Juan que estos enxemplos eran
buenos, fízolos poner en este libro, et fizo estos versos
que dizen así:

> *En el prim[er]o día que omne casare deve mostrar*
> *qué vida a de fazer o cómmo a de pasar.*

EXEMPLO [585] XXVIII *

DE CÓMMO MATÓ DON LORENÇO ÇUÁRES GALLYNATO [586] A UN CLÉRIGO QUE SE TORNÓ MORO EN GRANADA.

FABLAVA el conde Lucanor con Patronio, su conse-
gero, en esta guisa:

___

* Falta el folio 160. Sigo para suplirlo el códice de Puñon-
rostro.
[585] En el códice pone *Capítulo* XXIX.
[586] "De don Lorenzo Suárez Gallinato, protagonista del *Exemplo
XXVIII*, consta que, desterrado por Fernando III, se había refugiado
en la corte de Abenhuc de Écija y que pagó alevosamente la hospi-

—Patronio, un omne vino a mí por guaresçerse conmigo, et commo quier que yo sé que él es buen omne en sí, pero algunos dízenme que a fecho algunas cosas desaguisadas. Et por el buen entendimiento que vós avedes, ruégovos que me consejedes lo que vos paresçe que faga en esto.

—Señor conde —dixo Patronio—, para que vós fagades en esto lo que vos cumple, plazerme ya que sopiésedes lo que contesçió a don Lorenço Çuáres Gallinato.

El conde le preguntó cómmo fuera aquello.

—Señor conde —dixo Patronio—, don Lorenço Çuárez bevía con el rey de Granada. Et desque vino a la merçed del rey don Ferrando, preguntol un día el rey que, pues él tantos deserviçios fiziera a Dios con los moros et sin ayuda, que nunca Dios avríe merçed dél et que perderíe el alma.

Et don Lorenço Çuáres díxol que nunca fiziera cosa porque cuydase que Dios le avría merçed del alma, sinon porque matara una vez un clérigo misacantano.

Et el rey óvolo por muy estraño; et preguntol cómo podría esto ser.

Et él dixo que biviendo con el rey de Granada, quel rey fiaba mucho dél, et era guarda del su cuerpo. Et yendo un día con el rey, que oyó roýdo de omnes que davan vozes, et porque era guarda del rey, de que oyó el roýdo, dio de las espuelas al cavallo et fue do lo fazían. Et falló un clérigo que estava revestido.

Et devedes saber queste clérigo fue cristiano et tornóse moro. Et un día, por fazer bien a los moros et plazer, díxoles que, si quisieren, que él les daría el Dios en que los cristianos creen, et tenían por Dios. Et ellos le rogaron que gelo diesen. Estonçe el clérigo traydor fizo unas vestimentas, et un altar, et dixo allý misa, et consagró una ostia. Et desque fue consagrada, diola a los moros; et los moros arrastrávanla por la villa et por el lodo et faziéndol muchos escarnios.

---

talidad del moro para reconciliarse con Fernando III (Knust, p. 359): don Juan Manuel le muestra en Granada —más prestigiosa que Écija— sirviendo al rey con lealtad que realza la lealtad aun mayor que guarda a su ley de cristiano, y que se ve recompensada con un milagro de la hostia, análogo a los muchos que había puesto en circulación sobre todo la piedad cisterciense". M.ª R.ª Lida de Malkiel, op. cit., p. 107 (nota).

Et quando don Lorenço Çuárez esto vido, commo quier que él bivía con los moros, membrándose [587] cómmo era cristiano, et creyendo sin dubda que aquél era verdaderamente el cuerpo de Dios et pues [que] Ihesu Cristo muriera por redemir nuestros pecados, que sería él de buena ventura si muriese por le bengar o por le sacar de aquella desonrra que falsamente cuydava quel fazían. Et por el gran duelo et pesar que de esto ovo, enderesçó al traydor del dicho rrenegado que aquella trayçión fiziera, et cortol la cabeça.

Et desçendió del cavallo et fincó los ynojos en el lodo et adoró el cuerpo de Dios que los moros trayan rastrando. Et luego que fincó los ynojos, la ostia que estava dél alongada, saltó del lodo en la falda de don Lorenço Çuáres.

Et quando los moros esto vieron, ovieron ende gran pesar, et metieron mano a las espadas, et palos, et piedras, et vinieron contra él por lo matar. Et él metió mano al espada con que descabeçara al clérigo, et començóse a defender.

Quando el rey oyó este roýdo, et vio que querían matar a don Lorenço Çuáres, mandó quel non fiziesen mal, et preguntó que qué fuera aquello. Et los moros, con gran quexa, dixiéronle cómmo fuera et cómmo pasara aquel fecho.

Et el rey se quexó et le pesó desto mucho, et preguntó a don Lorenço Çuáres por qué lo fiziera. Et él le dixo que bien sabía que él non era de la su ley, pero quel rey esto sabía, que fiava dél su cuerpo et que lo escogiera él para esto cuydando que era leal et que por miedo de la muerte non dexaría de lo guardar, et pues si él lo tenía por tan leal, que cuydava que faría esto por él, que era moro, que parase mientes, si él leal era, qué devía fazer, pues era cristiano, por guardar el cuerpo de Dios, que es rey de los reyes et señor de los señores, et que si por esto le matasen, que nunca él tan buen día viera.

Et quando el rey esto oyó, plógol mucho de lo que don Lorenço Çuáres fiziera et de lo que dezía, et amol et preçiol, et fue mucho más amado desde allý adelante.

Et vós, conde señor, si sabedes bien que aquel omne que conbusco quiere bevir es buen omne en sí et pode-

---

des fiar dél, quanto por lo que vos dizen que fizo algu-
nas cosas sin razón, non le devedes por eso partir de
la vuestra conpaña; ca por aventura aquello que los
omnes cuydan que es sin razón, non es así, commo cuy-
dó el rey que don Lorenço fiziera desaguisado en matar
aquel clérigo. Et don Lorenço fizo el mejor fecho del
mundo. Mas sy vós sopiésedes que lo que él fizo es tan
mal fecho, porque él sea por ello mal envergonçado, et
lo fizo syn razón, por tal fecho faríades bien en lo non
querer para vuestra compaña.

Al conde plogo mucho desto que Patronio le dixo, et
fízolo así et fallóse ende bien.

Et entendi[end]o don Juan que este enxemplo era
bueno], fízolo escrivir en este libro et fizo estos vies-
sos que dizen assí:

Muchas cosas parescen sin razón,
et qui las sabe, en sí buenas son.

Et la ystoria deste exienplo es ésta que se sigue:

EXEMPLO XXIX

DE LO QUE CONTESÇIÓ A UN RAPOSO QUE SE ECHÓ EN LA CALLE ET SE FIZO MUERTO. *

OTRA ves fablava el conde Lucanor con Patronio, su
consegero, et díxole así:

—Patronio, un mio pariente bive en una tierra do non
ha tanto poder que pueda estrañar [588] quantas escati-
mas [589] le fazen, et los que han poder en la tierra que-
r[r]ían muy de grado que fiziesse él alguna cosa porque
oviessen achaque para seer contra él. Et aquel mio

---

* El *exemplo* procede del *Syntipas*, como indicó Knust, p. 361,
y de aquí pasó a varias colecciones medievales. En España se en-
cuentra en el *Libro de buen amor* ("Enxiemplo de la raposa que
comié las gallinas"), 1412-1425. La versión de don Juan Manuel es
recreada por Azorín en *Los valores literarios*, p. 1.045, "La raposa
mortecina".

[588] *estrañar*: evitar, alejar. Véase la nota 256 en la p. 90.

[589] *escatimas*: afrentas, insultos. Comp.: "ante renunciaria toda
la mi prebenda [...] / que la mi Orabuena tal escatima prenda".
Libro de buen amor, 1.699.

pariente tiene quel es muy grave cosa de soffrir aquellas terrerías [590] quel fazen, et quer[r]ía aventurarlo todo ante que soffrir tanto pesar de cada día. Et porque yo quer[r]ía que él acertasse en lo mejor, ruégovos que me digades en qué manera lo conseje porque passe lo mejor que pudiere en aquella tierra.

—Señor conde Lucanor —dixo Patronio—, para que vós le podades conseiar en esto, plazerme ýa que sopiéssedes lo que contesçió una vez a un raposo que se fezo [591] muerto.

El conde le preguntó cómmo fuera aquello.

—Señor conde —dixo Patronio—, un raposo entró una noche en un corral do avía gallinas; et andando en roýdo [592] con las gallinas, quando él cuydó que se podría yr, era ya de día et las gentes andavan ya todos por las calles. Et desque él vio que non se podía asconder, salió escondidamente a la calle, et tendiósse assí commo si fuesse muerto.

Quando las gentes lo vieron, cuydaron que era muerto, et non cató ninguno por él.

A cabo de una pieça passó por ý un omne, et dixo que los cabellos de la fruente [593] del raposo que eran buenos para poner en la fruente de los moços pequeños [594] porque non le[s] aoien. [595] Et trasquiló con unas tiseras [596] de los cabellos de la fruente del raposo.

Después vino otro, et dixo esso mismo de los cabellos del lomo; et otro, de las yjadas. Et tantos dixieron esto fasta que lo trasquilaron todo. Et por todo esto, nunca se movió el raposo, porque entendía que aquellos cabellos non le fazían daño en los perder.

Después vino otro et dixo que la uña del polgar del raposo que era buena para guaresçer de los panarizos; [597] et sacógela. Et el raposo non se movió.

[590] *terrerías:* amenazas terroríficas.
[591] *fezo:* hizo. Vid. otro ejemplo en la p. 69.
[592] *en roýdo con:* entretenido con, alborotado con.
[593] *fruente:* frente. Véase la nota 233 en la p. 84.
[594] *moços pequeños:* niños.
[595] *aoien:* aojen, de 'mal de ojo'.
[596] *tiseras:* tijeras. Cf.: "Et desque el cavallero vio su buena obra tan mal confondida por la torpedat de aquel çapatero, tomo muy passo unas tiseras et tajo quantos çapatos el çapatero tenia fechos". Don Juan Manuel, "Prólogo general" a sus *Obras*, p. 3.
[597] *panarizos:* panadizos, inflamación o tumor en las puntas de los dedos.

Et después vino otro que dixo que el diente del rapo-
so era bueno para el dolor de los dientes; et sacógelo.
Et el raposo non se movió.

Et después, a cabo de otra pieça, vino otro que dixo
que el coraçón era bueno paral dolor del coraçón, et
metió mano a un cochiello para sacarle el coraçón. Et
el raposo vio quel querían sacar el coraçón et que si
gelo sacassen, non era cosa que se pudiesse cobrar, et
que la vida era perdida, et tovo que era meior de se
aventurar a quequier [598] quel pudiesse venir, que soffrir
cosa porque se perdiesse todo. Et aventuróse et puñó [599]
en guaresçer [600] et escapó muy bien.

Et vós, señor conde, conseiad a aquel vuestro pariente
que si Dios le echó en tierra do non puede estrañar lo
quel fazen commo él querría o commo le cumplía, que
en quanto las cosas quel fizieren fueren atales que se
puedan soffrir sin grand daño et si[n] grand mengua,
que dé a entender que se non siente dello et que les dé
passada; [601] ca en quanto da omne a entender que se
non tiene por maltrecho de lo que contra él an fe-
cho, non está tan envergonçado; mas desque da a en-
tender que se tiene por maltrecho de lo que ha reçebido,
si dende adelante non faze todo lo que deve por non
fincar menguado, non está tan bien commo ante. Et por
ende, a las cosas passaderas, pues non se pueden estra-
ñar commo deven, es mejor de les dar passada, mas si
llegare el fecho a alguna cosa que sea grand daño o
grand mengua, estonçe se aventure et non le sufra, ca
mejor es la pérdida o la muerte, defendiendo omne su
derecho et su onra et su estado, que bevir passando en
estas cosas mal [et] desonradamente.

El conde tovo éste por buen conseio.

Et don Iohan fízolo escrivir en este libro et fizo estos
viessos que dizen assí:

> Sufre las cosas en quanto divieres,
> estraña las otras en quanto pudieres.

Et la ystoria deste exienplo es ésta que se sigue:

---

598 *quequier*: cualquier cosa. Vid. la p. 144, nota 497.
599 *puñó*: se esforzó, luchó. Vid. otro ejemplo en la p. 101.
600 *guaresçer*: salvarse. Comp.: "Et en las mares et aguas, todas
las cosas vivas que en ellas viuen guaresçen nadando". *Libro de los
estados*, f. 55d.
601 *dé pasada*: tolere, soporte. Véase la nota 451 en la p. 134.

EXEMPLO XXXº

DE LO QUE CONTESÇIÓ AL REY ABENABET DE SEVILLA CON RAMAYQUÍA, SU MUGER *

UN día fablava el conde Lucanor con Patronio, su consegero, en esta manera:

—Patronio, a mí contesçe con un omne assí: que muchas vezes me ruega et me pide quel ayude et le dé algo de lo mío. Et commoquier que quando fago aquello que él me ruega, da a entender que me lo gradesçe, luego que otra vez me pide alguna cosa, si lo non fago assí commo él quiere, luego se ensaña et da a entender que non me [lo] gradesçe et que a olbidado todo lo que fiz por él. Et por el buen entendimiento que habedes, ruégovos que me conseiedes en qué manera passe con este omne.

—Señor conde Lucanor —dixo Patronio—, a mí paresçe que vos contesçe con este omne segund contesçió al rey Abenabet [602] de Sevilla con Ramayquía, [603] su muger.

El conde preguntó cómmo fuera aquello.

—Señor conde —dixo Patronio—, el rey Abenabet era casado con Ramayquía et amávala más que cosa del mundo. Et ella era muy buena muger et los moros an della muchos buenos exiemplos; pero avía una manera que non era muy buena: esto era que a las vezes tomava algunos antojos a su voluntad.

Et acaesçió que un día, estando en Córdova en l' mes de febrero, cayó una nieve. [604] Et quando Ramayquía la vio, començó a llorar. Et preguntó el rey por qué llorava. Et ella díxol que por[que] nunca la dexava estar en tierra que viesse nieve.

---

* El cuento se inspira en una anécdota histórica de Al-Mutámid de Sevilla que se cuenta en las *Analectas* de Al-Mankari. (Hay una traducción de P. Gayangos, *The History of the Mohammedan Dynasties in Spain* (Londres, 1843, II, p. 299). La recogió Dozy en *Historia de los Musulmanes de España* (Madrid, 1920), IV, p. 126 y ss.
[602] *Abenabet*: Muhammad ibn al-Mutámid ibn Abbád, el célebre rey poeta de Sevilla, que murió pobre en el destierro en 1095, vencido por los almorávides.
[603] *Ramayquía*: Rumayqiya, "por ser esclava de Rumaiq, llamada después Itimad cuando estuvo en relación con Al-Mutámid", según anota A. González Palencia en su edic., p. 74.
[604] *nieve*: nevada.

Et el rey, por le fazer plazer, fizo poner almendrales por toda la xierra de Córdova; porque pues Córdova es tierra caliente et non nieva y cada año, que en l' febrero paresciessen los almendrales floridos, que semejan nieve, por le fazer perder el deseo de la nieve.

Otra vez, estando Ramayquía en una cámara sobre el río, [605] vio una muger descalça bo[l]viendo [606] lodo cerca el río para fazer adobes; et quando Ramayquía lo vio, començó a llorar; et el rey preguntól por qué llorava. Et ella díxol porque nunca podía estar a su guisa, siquier faziendo lo que fazía aquella muger.

Entonçe, por le fazer plazer, mandó el rey fenchir de agua rosada aquella grand albuhera [607] de Córdova en logar de agua, et en lugar de tierra, fízola fenchir de açúcar et de canela et espic [608] et clavos et musgo [609] et ambra [610] et algalina, [611] et de todas buenas especias et buenos olores que pudían seer; et en lugar de paia, fizo poner cañas de açúcar. Et desque destas cosas fue llena el albuhera de tal lodo qual entendedes que podría seer, dixo el rey a Ramayquía que se descalçase et que follase [612] aquel lodo et que fiziesse adobes dél quantos quisiesse.

Otro día, por otra cosa que se [le] antojó, començó a llorar. Et el rey preguntol por qué lo fazía.

Et ella díxol que cómmo non lloraría, que nunca fiziera el rey cosa por le fazer plazer. Et el rey veyendo que, pues tanto avía fecho por le fazer plazer et conplir su talante, et que ya non sabía qué pudiesse fazer más, díxol una palabra que se dize en l' algaravía [613] desta guísa: "v. a. le mahar aten?" [614] et quie-

---

[605] "Desde la que se veía el río".

[606] *bo[l]biendo*: revolviendo. Cf.: "irás a oir las oras, non provarás la lucha, / nin bolverás pelea segund que la as ducha". *Libro de buen amor*, 1.164cd.

[607] *albuhera*: albufera, alberca. Cf.: "e mando labrar grandes albuheras que enchiessen de agua". *General estoria*, 1.ª parte (Madrid, 1930), p. 209a.

[608] *espic*: nardo. Cf.: "e envio estonces al huerto del santo Abraham por un verdugo de un arbol que llaman espique". *Gran conquista de Ultramar*, p. 352b.

[609] *musgo*: almizcle.

[610] *ambra*: ámbar.

[611] *algalina*: algalia.

[612] *follasse*: hollase, pisase. Vid. la p. 152, nota 524.

[613] *algaravía*: lengua árabe.

[614] Dejo lo que dice el ms. Los arabistas transcriben así: Ga-

re dezir: "¿Et non el día del lodo?", commo diziendo que pues, las otras cosas [olvidaba, que non debía] olvidar el lodo que fiziera por le fazer plazer.

Et vós, señor conde, si veedes que por cosa que por aquel omne fagades, que si non le fazedes todo lo al que vos dize, que luego olvida et desgradesçe todo lo que por él avedes fecho, conséjovos que non fagades por él tanto que se vos torne en grand daño de vuestra fazienda. Et a vós, otrosí, conséjovos que, si alguno fiziesse por vós alguna cosa que vos cumpla et después non fiziere todo lo que vós quer[r]íedes, que por esso nunca lo desconozcades [615] el bien que vos vino de lo que por vós fizo.

El [conde] tovo este por buen consejo et fízolo assí et fallósse ende bien.

Et teniendo don Iohan éste por buen enxienplo, fízolo escrivir en este libro et fizo estos viessos que dizen assí:

> Qui te desconosçe tu bien fecho,
> non dexes por él tu grand provecho.

Et la ystoria deste exienplo es ésta que se sigue:

EXEMPLO XXXI°

DEL JUYZIO QUE DIO UN CARDENAL ENTRE LOS CLÉRIGOS DE PARÍS ET LOS FRAYRES MENORES *

Otro día fablava el conde Lucanor con Patronio, su consegero, en esta guisa:

---

yangos: "Ahua le nahar at-tin", y lo mismo hace Juliá, por consejo de arabistas como Asín Palacios, y Longás. En Knust se lee: "Va la nahar el-tin", al paso que A. R. Nilk en "Arabic phrases in el Conde Lucanor", en la Hispanic Review, X (1942), p. 14, propone "Wa la nahar at-tin?" con interrogante final. (Mi colega J. Vernet me dice que don Juan Manuel transcribe árabe dialectal y que hoy sabemos muy poco de cómo era ese árabe. De ahí las vacilaciones de los arabistas en sus transcripciones.)

[615] desconozcades: desagradezcáis, olvidéis.

* M.ª R.ª Lida de Malkiel, op. cit., p. 96, cree que es de origen dominico, "pues refleja en forma humorística la animosidad que sentían los dominicos por la otra orden mendicante y por el clero seglar, rivalidad particularmente sensible en el ambiente universitario de París a que alude el cuento".

—Patronio, un mio amigo et yo quer[r]íamos fazer una cosa que es pro et onra de amos; et yo podría fazer aquella cosa et non me atrevo a la fazer fasta que él llegue. Et por el buen entendimiento que Dios vos dio, ruégovos que me conseiedes en esto.

—Señor conde —dixo Patronio—, para que fagades lo que me paresçe más a vuestra pro, plazerme ýa que sopiésedes lo que contesçió a los de la eglesia catedral et a los frayres menores en París.

El conde le preguntó cómmo fuera aquello.

—Señor conde —dixo Patronio—, los de la eglesia dizían que, pues ellos eran cabeça de la eglesia, que ellos devían tañer primero a las oras. [616] Los frayres dizían que ellos avían de estudiar et de levantarse a matines et a las horas en guisa que non perdiessen su estudio, et demás que eran exentos et que non avían por qué esperar a ninguno.

Et sobresto fue muy grande la contienda, et costó muy grand aver a los avogados en el pleito a entramas las partes.

A cabo de muy grand tiempo, un Papa que vino acomendó este fecho a un cardenal et mandol que lo librasse de una guisa o de otra.

El cardenal fizo traer ante sí el proçesso, et era tan grande que todo omne se espantaría solamente de la vista. Et desque el cardenal tovo todos los scriptos ante sí, púsoles plazo para que viniesen otro día a oyr sentençia.

Et quando fueron antél, fizo quemar todos los proçessos et díxoles assí:

—Amigos, este pleito ha mucho durado, et avedes todos tomado grand costa [617] et grand daño, et yo non vos quiero traer en pleito, mas dovos por sentençia que el que ante despertare, ante tanga. [618]

---

[616] *oras*: horas canónicas.

[617] *costa*: dispendio, gasto. Cf.: "si un amigo sabe que otro su amigo esta en alguna quexa con su enemigo et [...] le viene ayudar et toma en esta venida trabajo o costa o afan o miedo". *Libro de los estados*, f. 70b.

[618] *tanga*: taña. Comp.: "Nunca vi sacristano viésperas mejor tanga". "Los que son mas propincos, ermanos e ermanas, / non cuidan ver la ora que tangan las campanas". *Libro de buen amor*, 384 y 1.537.

Et vós, señor conde, si el pleito es provechoso para vós amos et vós lo podedes fazer, conséiovos yo que lo fagades et non le dedes vagar, [619] ca muchas vezes se pierden las cosas que se podrían acabar por les dar vagar et después, quando omne quer[r]ía, o se pueden fazer o non.

El conde se tovo desto por bien aconseiado et fízolo assí, et fallóse en ello muy bien.

Et entendiendo don Iohan que este enxienplo era bueno, fízolo escrivir en este libro et fizo estos viessos que dizen assí:

> Si muy grand tu pro puedes fazer,
> nol des vagar que se pueda perder.

Et la ystoria deste enxienplo es ésta que se sigue:

EXEMPLO XXXIIº

DE LO QUE CONTESCIÓ A UN REY CON LOS BURLADORES QUE FIZIERON EL PAÑO *

FABLAVA otra vez el conde Lucanor con Patronio, su conseiero, et dizíale:

—Patronio, un omne vino a mí et díxome muy grand fecho et dame a entender que sería muy grand mi pro; pero dízeme que lo non sepa omne del mundo por mucho que yo en él fíe; et tanto me encaresçe que guarde esta poridat, fasta que dize que si a omne del mundo lo digo, que toda mi fazienda et aun la mi vida es en grand periglo. Et porque yo sé que omne non vos podría dezir cosa que vós non entendades, si se dize por vien o por algún engaño, ruégovos que me digades lo que vos paresçe en esto.

—Señor conde Lucanor —dixo Patronio—, para que vós entendades, al mio cuydar, lo que vos más cumple de fazer en esto, plazerme ýa que sopiésedes lo que

---

619 *dedes vagar*: no lo dejéis pasar.
*. A González Palencia le parecía de origen árabe (edic. cit., p. 77). Quizá sea el germen del conocido entremés de Cervantes *El retablo de las maravillas*. Andersen lo repitió en el cuento *Los vestidos nuevos del emperador*.

conteçió a un rey con tres omnes burladores que vinieron a él.

El conde le preguntó cómmo fuera aquello.

—Señor conde —dixo Patronio—, tres omnes burladores vinieron a un rey et dixiéronle que eran muy buenos maestros de fazer paños, et señaladamente que fazían un paño que todo omne que fuesse [fijo] daquel padre que todos dizían, que vería el paño; mas el que non fuesse fijo daquel padre que él tenía a que las gentes dizían, que non podría ver el paño.

Al rey plogo desto mucho, teniendo que por aquel paño podría saber quáles omnes de su regno eran fijos de aquellos que devían seer sus padres o quáles non, et que por esta manera podría acresçentar mucho lo suyo; ca los moros non heredan cosa de su padre si non son verdaderamente sus fijos. Et para esto mandóles dar un palaçio [620] en que fiziessen aquel paño.

Et ellos dixiéronle que porque viesse que non le querían engañar, que les mandasse çerrar [621] en aquel palaçio fasta que el paño fuesse fecho. Desto plogo mucho al rey. Et desque ovieron tomado para fazer el paño mucho oro et plata et seda et muy grand aver, para que lo fiziesse[n], entraron en aquel palaçio, et çerráronlos ý.

Et ellos pusieron sus telares et davan a entender que todo el día texían en l' paño. Et a cabo de algunos días, fue el uno dellos dezir al rey que el paño era començado et que era la más fermosa cosa del mundo; et díxol a qué figuras et a qué labores lo començaban de fazer et que, si fuesse la su merçet, que lo fuesse ver et que non entrasse con él omne del mundo. Desto plogo al rey mucho.

Et el rey, queriendo provar [622] aquello ante en otro, [623] envió un su camarero que lo viesse, pero non le aperçibió quel desengañasse.

---

[620] *palaçio*: casa. Comp.: "a grand señor conviene grand palacio e grand vega". *Libro de buen amor*, 1.250c. "assi dexa sus palaçios yermos e desheredados". *Poema del Cid*, 12.

[621] *çerrar*: encerrar. Comp.: "Quando fue el ministerio todo acabado, / el atahut bien preso, el cuerpo bien çerrado". *Libro de Apolonio*, 283.

[622] *provar*: examinar, comprobar.

[623] *en otro*: que otro.

Et desque el camarero vio los maestros et lo que dizían, non se atrevió a dezir que non lo viera. Quando tornó al rey, dixo que viera el paño. Et después envió otro, et díxol esso mismo. Et desque todos los que el rey envió le dixieron que vieran el paño, fue el rey a lo veer.

Et quando entró en el palaçio et vio los maestros que estavan texiendo et dizían: "Esto es tal labor, et esto es tal ystoria, et esto es tal figura, et esto es tal color", et conçertavan [624] todos en una cosa, et ellos non texían ninguna cosa, quando el rey vio que ellos non texían et dizían de qué manera era el paño, et él, que non lo veýa et que lo avían visto los otros, tóvose por muerto, ca tovo que porque non era fijo del rey que él tenía, por su padre, que por esso non podía ver el paño, et reçeló que si dixiesse que lo non veýa, que perdería el regno. Et por ende [comenzó] a loar mucho el [paño] et aprendió muy bien la manera commo dizían aquellos maestros que el paño era fecho.

Et desque fue en su casa con las gentes, començó a dezir maravillas de quánto bueno et quánto maravilloso era aquel paño, et dizía las figuras et las cosas que avía en el paño, pero que él estava con muy mala sospecha.

A cabo de dos o de tres días, mandó a su alguazil que fuesse veer aquel paño. Et el rey contol las marabillas et estrañezas que viera en aquel paño. El alguazil fue allá.

Et desque entró et vio los maestros que texían et dizían las figuras et las cosas que avía en el paño et oyó al rey cómmo lo avía visto, et que él non lo veýa, tovo que porque non era fijo daquel padre que él cuydava, que por eso non lo veýa, et tovo que si gelo sopiessen, que perdería toda su onra. Et por ende, començó a loar el paño tanto commo el rey o más.

Et desque tornó al rey et le dixo que viera el paño et que era la más noble [625] et la más apuesta cosa del mundo, tóvose el rey aún más por mal andante, pensando que, pues el alguazil viera el paño et él non lo

624 conçertavan: estaban de acuerdo, concordaban.
625 noble: notable. Comp.: "que todas estas cosas sean muy nobles et muy apuestas, segund pertenesçe al su estado". Libro de los estados, f. 75b. (Vid. 'nobleza' en la p. 142.)

viera, que ya non avía dubda que él non era fijo del
rey que él cuydava. Et por ende, començó más de loar
et de firmar [626] más la vondad et la nobleza del paño et
de los maestros que tal cosa sabían fazer.

Et otro día, envió el rey otro su privado et conteçiol
commo al rey et a los otros. ¿Qué vos diré más? Desta
guisa, et por este reçelo, fueron engañados el rey et
quantos fueron en su tierra, ca ninguno non osava dezir
que non veye el paño.

Et assí passó este pleito, fasta que vino una grand
fiesta. Et dixieron todos al rey que vistiesse aquellos
paños para la fiesta.

Et los maestros traxiéronlos enbueltos en muy buenas
sávanas, et dieron a entender que desbo[l]vían el paño
et preguntaron al rey qué quería que taiassen [627] de
aquel paño. Et el rey dixo quáles vestiduras quería. Et
ellos davan a entender que taiavan et que medían el
talle [628] que avían de aver las vestiduras, et después que
las coserían.

Quando vino el día de la fiesta, vinieron los maes-
tros al rey, con sus paños taiados et cosidos, et fizié-
ronle entender quel vistían et quel allanavan [629] los
paños. Et assí lo fizieron fasta que el rey tovo que era
vestido, ca él non se atrevía a dezir que él non veya
el paño.

Et desque fue vestido tan bien commo avedes oýdo,
cavalgó para andar por la villa; mas de tanto [630] le
avino bien, [631] que era verano.

Et desque las gentes lo vieron assí venir et sabían
que el que non veya aquel paño que non era fijo da-
quel padre que cuydava, [cuydava] cada uno que los
otros lo veyan et que pues él non lo veya, que si lo
dixiesse, que sería perdido et desonrado. Et por esto
fincó aquella poridat guardada, que non se atrevíe nin-
guno a lo descubrir, fasta que un negro, que guardava

---

[626] *firmar*: afirmar, asegurar. Cf.: "Et si el pleito legare a lo
que él quiere, dando a entender quel non plaze ende mucho, duelo
firmar luego en guisa que se non pueda tirar el otro afuera nin
andar". *Libro de los estados*, f. 81c.

[627] *taiassen*: cortasen.

[628] *talle*: forma, traza o corte del vestido.

[629] *allanavan*: estiraban, arreglaban.

[630] *mas de tanto*: sin embargo. Véase otra referencia en la p.
157.

[631] *avino bien*: tuvo suerte, le sucedió bien.

el cavallo del rey et que non avía que pudiesse perder, llegó al rey et díxol:

—Señor, a mí non me enpeçe que me tengades por fijo de aquel padre que yo digo, nin de otro, et por ende, dígovos que yo so çiego, o vós desnuyo [632] ydes.

El rey le començó a maltraer diziendo que porque non era fijo daquel padre que él cuydava, que por esso non veýa los sus paños.

Desque el negro esto dixo, otro que lo oyó dixo esso mismo, et assí lo fueron diziendo fasta que el rey et todos los otros perdieron el reçelo de conosçer la verdat et entendieron el engaño que los burladores avían fecho. Et quando los fueron buscar, non los fallaron, ca se fueran con lo que avían levado del rey por el engaño que avedes oýdo.

Et vós, señor conde Lucanor, pues aquel omne vos dize que non sepa ninguno de los en que vós fiades nada de lo que él vos dize, cierto seed que vos cuyda engañar, ca bien devedes entender que non ha él razon de querer más vuestra pro, que non ha convusco tanto debdo commo todos los que conbusco biven, que an muchos debdos et bien fechos de vos, porque deven querer vuestra pro et vuestro serviçio.

El conde tovo éste por buen conseio et fízolo assí et fallóse ende bien.

Et veyendo don Iohan que éste era buen exiemplo, fízolo escrivir en este libro, et fezo estos viessos que dizen assí:

> *Quien te conseia encobrir de tus amigos,*
> *sabe que más te quiere engañar que dos figos.*

Et la ystoria deste exiemplo es ésta que se sigue:

---

[632] *desnuyo*: desnudo. El hiato de 'desnu(d)o', como en 'buyo', se resuelve con la 'y'.

EXEMPLO XXXIIIº

De lo que contesçió a un falcón sacre del infante
don Manuel con una águila et con una garça *

FABLAVA otra vez el conde Lucanor con Patronio, su
consegero, en esta manera:

—Patronio, a mí contesçió de aver muchas vezes
contienda con muchos omnes; et después que la con-
tienda es passada, algunos conséianme que tome otra
contienda con otros. Et algunos conséianme que fuel-
gue et esté en paz, et algunos conséianme que comien-
çe guerra et contienda con los moros. Et porque yo sé
que ninguno otro non me podría conseiar meior que
vós, por ende vos ruego que me conseiedes lo que faga
en estas cosas.

—Señor conde Lucanor —dixo Patronio—, para que
vós en esto acertedes en lo mejor, sería bien que so-
piéssedes lo que contesçió a los muy buenos falcones
garçeros, [633] et señaladamente lo que contesçió a un
falcón sacre [634] que era del infante don Manuel.

El conde le preguntó cómmo fuera aquello.

—Señor conde —dixo Patronio—, el infante don Ma-
nuel andava un día a caça cerca de Escalona, et lançó
un falcón sacre a una garça, et montando [635] el falcón

* Para dar mayor verosimilitud al relato, don Juan Manuel atri-
buye a su padre un lance de altanería que procede de una tradi-
ción literaria muy clara, como demostró A. H. Krappe en "Le
faucon de l'Infant dans Le conde Lucanor" en el Bulletin Hispani-
que, XXXV (1933), p. 294-297. M.ª R.ª Lida de Malkiel, ob. cit.,
págs. 107-108 (nota), añade que también figura en el tratado De
natura rerum, II, p. 124, de Alexander Neckham (m. en 1217).
Krappe notó cómo don Juan Manuel no se limita a narrar un suceso
de caza, sino que altera la intención del cuento para justificar su
conducta de vasallo rebelde. Véase también Daniel Devoto, artículo
cit., págs. 209-215.

[633] falcones garçeros: halcones adiestrados para la caza de gar-
zas. Comp.: "E dize don Iohan que para fazer buen falcon garçero
que ha mester seys cosas". Libro de la caza, p. 26.

[634] falcón sacre: una clase de halcones. Comp.: "Etl primero
departe commo las naturas de los falcones con que agora usan caçar
son çinco; conuienen a saber: girifaltes, sacres, neblis, baharis,
bornis". Libro de la caza, p. 4.

[635] montando: remontando, volar sobre un ave. Comp.: "Et des-
que viere quel falcon va montando, deuel dar vozes, aquellas que
suele dar quando quiere que monte". Libro de la caza, p. 37. Vid.
unas líneas más adelante.

con la garça, vino al falcón una águila. El falcón con miedo del águila, dexó la garça et començó a foýr; et el águila, desque vio que non podía tomar el falcón, fuesse. Et desque el falcón vio yda el águila, tornó a la garça et començó a andar muy bien con ella por la matar.

Et andando el falcón con la garça, tornó otra vez el águila al falcón, et el falcón començó a foýr commo el otra vez; et el águila fuesse, et tornó el falcón a la garça: Et esto fue assí bien tres o quatro vezes: que cada que el águila se yva, luego el falcón tornaba a la garça; et cada que el falcón tornava a la garça, luego viníe el águila por le matar.

Desque el falcón vio que el águila non le quería dexar matar la garça, dexóla, et montó sobre el águila, et vino a ella tantas vezes, feriéndola, fasta que la fizo dester[r]ar daquella tierra. Et desque la ovo desterrado, tornó a la garça, et andando con ella muy alto, vino el águila otra vez por lo matar. Desque el falcón vio que non le valía cosa que feziesse, subió otra vez sobre el águila et dexóse venir [636] a ella et diol tan grant colpe, quel quebrantó el ala. Et desque ella vino caer, el ala quebrantada, tornó el falcón a la garça et matóla. Et esto fizo porque tenía que la su caça non la devía dexar, luego que fuesse desenbargado de aquella águila que gela enbargaba.

Et vós, señor conde Lucanor, pues sabedes que la vuestra caça et la vuestra onra et todo vuestro bien paral cuerpo et paral alma es que fagades serviçio a Dios, et sabedes que en cosa del mundo, segund el vuestro estado que vós tenedes, non le podedes tanto servir commo en aver guerra con los moros por ençalçar la sancta et verdadera fe católica, conséjovos yo que luego que podades seer seguro de las otras partes, que ayades guerra con los moros. Et en esto faredes muchos bienes: lo primero, faredes serviçio de Dios; lo al, faredes vuestra onra et bivredes [637] en vuestro offiçio et vuestro meester et non estaredes comiendo el pan de balde, que es una cosa que non paresçe bien a ningund grand señor: ca los señores, quando estades sin ningund mester, non preciades las gentes

---

[636] *dexóse venir*: descendió.
[637] *bivredes*: viviréis.

tanto **commo** devedes, nin fazedes por ellos todo lo
que devíades fazer, et echádesvos a otras cosas que
serían a las vezes muy bien de las escusar. Et pues a
los señores vos es bueno et aprovechoso aver algund
mester, çierto es que de los mesteres non podedes aver
ninguno tan bueno et tan onrado et tan a pro del alma
et del cuerpo, [et] tan sin daño, commo la guerra de
los moros. Et si quier, parat mientes al enxiemplo ter-
çero que vos dixe en este libro, del salto que fizo el
rey Richalte de Inglaterra, et quánto ganó por él; et
pensat en vuestro coraçón que avedes a morir et que
avedes fecho en vuestra vida muchos pesares a Dios,
et que Dios es derechurero [638] et de tan grand iustiçia
que non podedes salir sin pena de los males que avedes
fecho; pero veed si sodes [639] de buena ventura en fallar
carrera para que en un punto podades aver perdón de
todos vuestros pecados, ca si en la guerra [de los mo-
ros] morides, estando en verdadera penitençia, sodes
mártir et muy bienaventurado; [et] aunque por armas
non murades, las buenas obras et la buena entençión
vos salvará.

El conde tovo éste por buen enxiemplo et puso en
su coraçón de lo fazer, et rogó a Dios que gelo gui-
se commo Él sabe que lo él desea.

Et entendiendo don Iohan que este enxiemplo era
muy bueno, fízolo escrivir en este libro, et fizo estos
viessos que dizen assí:

> Si Dios te guisare de aver segurança, [640]
> puña de ganar la complida bien andança.

Et la ystoria deste enxiemplo es ésta que se sigue:

---

[638] *derechurero*: recto, seguro, justo. Comp.: "e cred por cierto
que segund los mereçimientos del pueblo [e segund] andan e biuen
en las car[r]eras de Dios [...] dales Dios buenos reys, derechureros
e piadosos". *Libro infinido*, p. 29.
[639] *sodes*: sois. Vid. otro ejemplo en la p. 79.
[640] *segurança*: seguranza, garantía, seguridad.

EXEMPLO XXXIIII°

DE LO QUE CONTESÇIÓ A UN ÇIEGO QUE ADESTRAVA A OTRO *

OTRA vez fablava el conde Lucanor con Patronio, su consegero, en esta guisa:

—Patronio, un mio pariente amigo, de qui yo fío mucho et so çierto que me ama verdaderamente, me conseia que vaya a un logar de que me reçelo yo mucho. Et él dize que me non aya reçelo, que ante tomaría él muerte que yo tome ningund daño. Et agora ruégovos que me conseiedes en esto.

—Señor conde Lucanor —dixo Patronio—, para este conseio mucho querría que sopiésedes lo que contesçió a un çiego con otro.

El conde le preguntó cómmo fuera aquello.

—Señor conde —dixo Patronio—, un omne morava en una villa, et perdió la vista de los oios et fue çiego. Et estando así çiego et pobre, vino a él otro çiego que morava en aquella villa, et díxole que fuessen amos a otra villa cerca daquella et que pidrían por Dios et que avrían de qué se mantener et governar.

Et aquel çiego le dixo que él sabía aquel camino de aquella villa, que avía ý pozos et varrancos et muy fuertes passadas; [641] et que se reçelava mucho daquella yda.

Et el [otro] çiego le dixo que non oviesse reçelo, ca él se yría con él y lo pornía en salvo. Et tanto le asseguró et tantas proes [642] le mostró en la yda, que el çiego creyó al otro çiego; et fuéronse.

Et desque llegaron a los lugares fuertes et peligrosos cayó el çiego que guiava al otro, et non dexó por esso de caer el çiego que reçelava el camino.

Et vós, señor conde, si reçelo avedes con razón et el fecho es peligroso, non vos metades en peligro por

---

* Deriva de la parábola evangélica (San Lucas, VI, 39; San Mateo, XV, 14).

[641] *passadas*: pasos. Comp.: "cient pasadas aderedor / non sintryades la calor". *Razón de amor*, edic. de R. Menéndez Pidal en la *Revue Hispanique*, XXII (1905), 41-42. "Saco a part al bispo bien a quinze passadas". Berceo, *Milagros*, 563c.

[642] *proes*: ventajas.

lo que vuestro pariente et amigo vos dize que ante
morrá que vós tomedes daño; ca muy poco vos apro-
vecharía a vós que él muriesse et vós tomássedes daño
et muriéssedes.

El conde tovo éste por buen conseio et fízolo assí et
fallóse ende muy bien.

Et entendiendo don Iohan que este enxiemplo era
bueno, fízolo escrivir en este libro, et fizo estos viessos
que dizen assí:

> Nunca te metas ó puedas aver mal andança,
> aunque [el tu] amigo te faga segurança.

Et la ystoria deste exiemplo es ésta que se sigue:

EXEMPLO XXXVᵒ

DE LO QUE CONTESÇIÓ A UN MANÇEBO QUE CASÓ CON UNA [MUGER] MUY FUERTE ET MUY BRAVA *

O T R A vez fablava el conde Lucanor con Patronio, et
díxole:

—Patronio, un mio criado me dixo quel trayán cas-
samiento con una muger muy rica et aun, que es más
onrada que él, et que es el casamiento muy bueno para
él, sinon por un enbargo ⁶⁴³ que ý ha, et el enbargo
es éste: díxome quel dixeran que aquella muger que
era la más fuerte et más brava cosa del mundo. Et
agora ruégovos que me conseiedes si le mandaré que
case con aquella muger, pues sabe de quál manera es,
o sil mandaré que lo non faga.

—Señor conde —dixo Patronio—, si él fuer tal com-
mo fue un fijo de un omne bueno que era moro, con-
seialde que case con ella, mas si non fuere tal, non gelo
conseiedes.

El conde le rogó quel dixiesse cómmo fuera aquello.

---

* El cuento parece de origen persa (Knust, p. 368) y es cono-
cido en la literatura europea, sobre todo lo referente a la parte
final, aún viva en la literatura popular española. Como es lógico,
todos los estudiosos se refieren a las relaciones de este cuento con
la comedia de Shakespeare *La fierecilla domada.*

⁶⁴³ *enbargo:* impedimento, dificultad. Véase otra referencia en
la p. 78.

Patronio le dixo que en una villa avía un omne bue-
no que avía un fijo, el mejor mançebo que podía ser,
<u>mas non era tan rico</u> que pudiesse complir tantos fechos
et tan grandes commo el su coraçón le dava a entender
que devía complir. Et por esto era él en grand cuydado,
ca avía la buena voluntat et non avía el poder.

En aquella villa misma, avía otro <u>omne muy más
onrado et más rico</u> que su padre, et <u>avía una fija non
más</u>, et era muy contraria de aquel mançebo; ca quan-
to aquel mançebo avía de buenas maneras, tanto las
avía aquella fija <u>del</u> omne bueno malas et revesadas;
et por ende, <u>omne del mundo non quería casar con
aquel diablo.</u>

Aquel tan buen mançebo vino un día a su padre et
díxole que bien sabía que él non era tan rico que pu-
diesse darle con que él pudiesse bevir a su onra, et
que, pues le convinía a fazer vida menguada [644] et laz-
drada o yrse daquella tierra, que si él por bien tobiesse,
quel paresçía mejor seso de catar algún casamiento con
que pudiesse aver alguna passada. [645] Et el padre le
dixo quel plazía ende mucho si pudiesse fallar para él
casamiento quel cumpliesse.

Entonce le dixo el fijo que, si él quisiesse, que podría
guisar que aquel omne bueno que avía aquella fija que
gela diesse para él. Quando el padre esto oyó, fue muy
maravillado, et díxol que cómmo cuydava en tal cosa:
que non avía omne que la conosçiesse que, por po-
bre que fuese, quisiese casar con ella. <u>El fijo le dixo
quel pidía por merçed quel guisasse aquel casamiento.</u>
Et tanto lo afincó que, commo quier que el padre lo
tovo por estraño, que gelo otorgó.

Et él fuesse luego para aquel omne bueno, et amos
eran mucho amigos, et díxol todo lo que passara [646]
con su fijo et rogol que, pues su fijo se atrevía a
casar con su fija, quel ploguiesse que gela diesse para

---

[644]   *menguada*: miserable, pobre. Comp.: "pues el buey y el
asno, que son animalias, que estauan comiendo en el pesebre, co-
nosçieron su señor et su criador, et segund el su poder le fizieron
reuerençia, quanto menguados son ellos [los hombres] en non lo
conosçer". *Libro de los estados*, f. 112c.
[645]   *passada*: medio de vivir. Cf.: "De los bienes deste siglo /
non tenemos nos passada". *Libro de buen amor*, 1.711ab. Vive hoy
en la frase "tener un mediano pasar" o en "pasar a uno la renta".
[646]   *passara*: tratara.

él. Quando el omne bueno esto oyó aquel su amigo, díxole:

—Par Dios, amigo, si yo tal cosa fiziesse seervos ýa muy falso amigo, ca vós avedes muy buen fijo, et ternía que fazía muy grand maldat si yo consintiesse su mal nin su muerte; et so çierto que, si con mi fija casase, que o sería muerto o le valdría más la muerte que la vida. Et non entendades que vos digo esto por non complir vuestro talante, ca si la quisierdes, a mí mucho me plaze de la dar a vuestro fijo, o a quienquier que me la saque de casa.

El su amigo le dixo quel gradesçía mucho quanto le dizía, et que pues su fijo quería aquel casamiento, quel rogava quel ploguiesse.

El casamiento se fizo, et levaron la novia a casa de su marido. Et los moros an por costumbre que adovan de çena a los novios et pón[enl]es la mesa et déxanlos en su casa fasta otro día. Et fiziéronlo aquellos assí; pero estavan los padres et las madres et parientes del novio et de la novia con grand reçelo, cuydando que otro día fallarían el novio muerto o muy maltrecho.

Luego que ellos fincaron solos en casa, assentáronse a la mesa, et ante que [ella] ubiasse [647] a dezir cosa, [648] cató el novio en derredor de la mesa, et vio un perro et díxol ya quanto [649] bravamente:

—¡Perro, danos agua a las manos!

El perro non lo fizo. Et él encomençósse a ensañar et díxol más bravamente que les diesse agua a las manos. Et el perro non lo fizo. Et desque vio que lo non fazía, levantóse muy sañudo de la mesa et metió mano a la espada et endereçó [650] al perro. Quando el perro lo vio venir contra sí, començó a foýr, et él en pos él, saltando amos por la ropa et por la mesa et por el fuego, et tanto andido en .pos dél fasta que lo alcançó, et cortol la cabeça et las piernas et los braços, et fízolo todo pedaços et ensangrentó toda la casa et toda la mesa et la ropa.

---

[647] *ubiasse*: de 'obviare', llegase, pudiese. Cf.: "fuego infernal arde do uvias assentar". *Libro de buen amor*, 232d.

[648] *cosa*: nada. Cf.: "de lo que l'prometiste non es cosa guardado". *Libro de buen amor*, 836d.

[649] *ya quanto*: bastante, algo. Véase otra referencia en la p. 99.

[650] *endereçó*: se dirigió.

Et assí, muy sañudo et todo ensangrentado, tornóse a sentar a la mesa et cató en der[r]edor, et vio un gato et díxol quel diesse agua a manos; et porque non lo fizo, díxole:

—¡Cómmo, don [651] falso traydor!; ¿et non vistes lo que fiz al perro porque non quiso fazer lo quel mandé yo? Prometo a Dios que, si poco nin más conmigo porfías, que esso mismo faré a ti que al perro.

El gato non lo fizo, ca tampoco es su costumbre de dar agua a manos, commo del perro. Et porque non lo fizo, levantóse et tomol por las piernas [652] et dio con él a la pared et fizo dél más de çient pedaços, et mostrándol muy mayor saña que contra el perro.

Et assí, bravo et sañudo et faziendo muy malos contenentes, [653] tornóse a la mesa et cató a todas partes. La muger, quel vio esto fazer, tóvo que estava loco o fuera de seso, et non dizía nada.

Et desque ovo catado a cada parte, et vio un su cavallo que estava en casa, [654] et él non avía más de aquél, et díxol muy bravamente que les diesse agua a las manos; el cavallo non lo fizo. Desque vio que lo non fizo, díxol:

—¡Cómmo, don cavallo!, ¿cuydades que porque non he otro cavallo, que por esso vos dexaré si non fizierdes lo que yo vos mandare? Dessa [655] vos guardat, que si, por vuestra mala ventura, non fizierdes lo que yo vos mandare, yo juro a Dios que tan mala muerte vos dé commo a los otros; et non ha cosa viva en el mundo que non faga lo que yo mandare, que esso mismo non le faga.

El cavallo estudo quedo. Et desque vio que non fazía su mandado, fue a él et cortol la cabeça con la mayor saña que podía mostrar, [et] despedaçólo todo.

[651] Para el uso de 'don', véase la nota 577 en la p. 164. Nótese el 'don cavallo' un poco más adelante.

[652] Doña María Goyri, edic. cit., p. 128, hace notar el uso de 'piernas', 'brazos', 'manos' aplicado a animales.

[653] *contenentes*: gestos, actitudes o composturas del cuerpo. Véase la nota 428 en la p. 129.

[654] "Era costumbre señorial en la Edad Media vivir en habitaciones grandes, en las que albergaban el caballo del señor junto a las personas". Nota de doña María Goyri, edic. cit., p. 128. (Pero recuérdese que 'casa' tiene el significado de 'establo' en la p. 89.)

[655] *Dessa*: De eso, de ello; neutro.

Quando la muger vio que matava el cavallo non aviendo otro et que dizía que esto faría a quiquier [656] que su mandado non cumpliesse, tovo que esto ya non se fazía por juego, et ovo tan grand miedo, que non sabía si era muerta o biva.

Et él assí, vravo et sañudo et ensangrentado, tornóse a la mesa, jurando que si mil cavallos et omnes et mugeres oviesse en casa quel saliessen de mandado, [657] que todos serían muertos. Et assentósse et cató a cada parte, teniendo la espada sangrienta en el regaço; et desque cató a una parte 'et a otra et non vio cosa viva, bolvió los ojos contra [658] su muger muy bravamente et díxol con grand saña, teniendo la espada en la mano:

—Levantadvos et datme agua a las manos.

La muger, que non esperava otra cosa sinon que la despedaçaría toda, levantóse muy apriessa et diol agua a las manos. Et díxole él:

—¡A!, ¡cómmo gradesco a Dios porque fiziestes lo que vos mandé, ca de otra guisa, por el pesar que estos locos me fizieron, esso oviera fecho a vós que a ellos!

Después mandol quel diesse de comer; et ella fízolo.

Et cada quel dizía alguna cosa, tan bravamente gelo dizía et en tal son, [659] que ella ya cuydava que la cabeça era yda del polvo. [660]

Assí passó el fecho entrellos aquella noche, que nunca ella fabló, mas fazía lo quel mandavan. Desque ovieron dormido una pieça, díxol él:

—Con esta saña que ove esta noche, non pude bien dormir. Catad que non me despierte cras [661] ninguno; tenedme bien adobado de comer.

Quando fue grand mañana, [662] los padres et las madres et parientes llegaron a la puerta, et porque non fablava ninguno, cuydaron que el novio estava muerto

[656] *quiquier*: quien quiera.

[657] *saliessen de mandado*: desobedeciesen.

[658] *contra*: hacia, para. Véase la nota 153 en la p. 71.

[659] *tal son*: tal tono. Comp.: "tempro bien la vihuella en hun son natural". *Libro de Apolonio*, 178b.

[660] *del polvo*: al polvo, por el suelo.

[661] *cras*: mañana. Comp.: "que non deuia querer nin querria alongar la muerte para cras". *Libro de los estados*, f. 89d. "El bien que oy pudieres fazer non lo guardes para cras". *Castigos e documentos*, 162.

[662] *grand mañana*: muy de mañana. Vid. las págs. 128 y 140.

o ferido. Et desque vieron por entre las puertas a la novia et non al novio, cuydáronlo más.

Quando ella los vio a la puerta, llegó muy passo, [663] et con grand miedo, et començóles a dezir:

—¡Locos, traydores!, ¿qué fazedes? ¿Cómmo osades llegar a la puerta nin fablar? ¡Callad, sinon todos, también vós commo yo, todos somos muertos!

Quando todos esto oyeron, fúeron marabillados; et desque sopieron cómmo pasaron en uno, presçiaron mucho el mançebo porque assí sopiera fazer lo quel cumplía et castigar [664] tan bien su casa.

Et daquel día adelante, fue aquella su muger muy bien mandada et ovieron muy buena bida.

Et dende a pocos días, su suegro quiso fazer assí commo fiziera su yerno, et por aquella manera mató un gallo, et díxole su muger:

—A la fe, [665] don fulán, tarde vos acordastes, ca ya non vos valdría nada si matássedes çient cavallos: que ante lo oviérades a començar, ca ya bien nos conosçemos.

Et vós, señor conde, si aquel vuestro criado quiere casar con tal muger, si fuere él tal commo aquel mançebo, conseialde que case seguramente, ca él sabrá cómmo passa en su casa; mas si non fuere tal que entienda lo que deve fazer et lo quel cumple, dexadle passe su ventura. Et aun conseio a vós, que con todos los omnes que ovierdes a fazer, [666] que siempre les dedes a entender en quál manera an de pasar conbusco.

El conde obo este por buen conseio, et fízolo assí et fallóse dello vien.

Et porque don Iohan lo tovo por buen enxiemplo, fízolo escrivir en este libro, et fizo estos viessos que dizen assí:

> *Si al comienço non muestras qui eres,*
> *nunca podrás después quando quisieres.*

Et la ystoria deste enxiemplo [es] ésta que se sigue:

---

[663] *passo*: despacio, quedo. Cf.: "Et desque el cavallero vio su buena obra tan mal confondida por la torpedat de aquel çapatero, tomo muy passo unas tiseras et tajo quantos çapatos el çapatero tenia fechos". "Prólogo general", p. 3, a las *Obras* del propio don Juan Manuel.

[664] *castigar*: aquí 'gobernar', 'llevar'.

[665] *A la fe*: En verdad.

[666] *ovierdes a fazer*: que tuviéreis que tratar.

*Fallaron una posada muy buena, et una cámara
mucho apuesta* (Exemplo XI)

Murió el omne, mas non murió el su nombre
(Exemplo XVI)

EXEMPLO XXXVI°

DE LO QUE CONTESÇIÓ A UN MERCADERO QUANDO FALLÓ
SU MUGER ET SU FIJO DURMIENDO EN UNO *

UN día fablava el conde Lucanor con Patronio, estando muy sañudo por una cosa quel dixieron, que tenía él que era muy grand su desonra, et díxole que quería fazer sobrello tan grand cosa et tan grand movimiento, [667] que para siempre fincasse por fazaña.

Et quando Patronio lo vio assí sañudo tan arrebatadamente, díxole:

—Señor conde, mucho querría que sopiéssedes lo que contesçió a un mercadero que fue un día conprar sesos. [668]

El conde le preguntó cómmo fuera aquello.

—Señor conde —dixo Patronio—, en una villa morava un grand maestro que non avía otro offiçio nin otro mester sinon vender sesos. Et aquel mercadero de que ya vos fablé, por esto que oyó un día, fue veer aquel maestro que vendía sesos et díxol quel vendiesse uno daquellos sesos. Et el maestro díxol que de quál presçio lo quería, ca segund quisiesse el seso, que assí avía de dar el presçio por él. Et díxole el mercadero que quería seso de un maravedí. Et el maestro tomó el maravedí, et díxol:

—Amigo, quando alguno vos convidare, si non sopiéredes los manjares que oviéredes a comer, fartadvos bien del primero que vos traxieren.

El mercadero le dixo que non le avía dicho muy grand seso. Et el maestro le dixo que él non le diera presçio que deviesse dar grand seso. El mercadero le dixo quel diesse seso que valiesse una dobla, et diógela.

El maestro le dixo que, quando fuesse muy sañudo et quisiese fazer alguna cosa ar[r]ebatadamente, que se non quexasse [669] nin se ar[r]ebatasse fasta que sopiesse toda la verdat.

---

* Véase la extensa nota que dedica Knust a este cuento, p. 369 y ss. Figura ya en *Gesta romanorum*, cap. 103, pero se contaba aún en Asturias en 1891, según R. Menéndez Pidal, "La peregrinación de un cuento. (La compra de los consejos)", en *Archivum* (Oviedo), IX, 1959, p. 13 y ss.

[667] *movimiento*: alteración, suceso.
[668] *sesos*: sentencias, consejos.
[669] *quexasse*: preocupase. Vid. otro ejemplo en la p. 96.

El mercadero tovo que aprendiendo tales fabliellas [670] podría perder quantas doblas traýa, et non quiso comprar más sesos, pero tovo este seso en el coraçón.

Et acaesçió que el mercadero que fue sobre mar a una tierra muy lueñe, [671] et quando se fue, dexó a su muger en çinta. El mercadero moró, [672] andando en su mercaduría [673] tanto tiempo, fasta que el fijo, que nasçiera de que fincara su muger en çinta, avía más de veinte años. Et la madre, porque non avía otro fijo et tenía que su marido non era vivo, conortávase [674] con aquel fijo et amávalo commo a fijo, et por [el] grand amor que avía a su padre, llamá[va]lo marido. Et comía sienpre con ella et durmía con ella commo quando avía un año o dos, et assí passaba su vida commo muy buena mujer, et con muy grand cuyta porque non sabía nuebas [675] de su marido.

Et acaesçió que el mercadero libró [676] toda su mercaduría et tomó muy bien andante. Et el día que llegó al puerto de aquella villa do morava, non dixo nada a ninguno, fuesse desconoçidamente para su casa et escondióse en un lugar encubierto por veer lo que se fazía en su casa.

Quando fue contra la tarde, [677] llegó el fijo de la buena muger, et la madre preguntol:

—Di, marido, ¿ónde vienes?

El mercadero, que oyó a su mujer llamar marido a aquel mançebo, pesol mucho, ca bien tenía que era omne con quien fazía mal, o a lo meior que era casada con él; et tovo más: que fazía maldat que non que fuese casada, et porque el omne era tan moço. Quisiéralos matar luego, pero acordándose del seso que costara una dobla, non se ar[r]ebató.

---

[670] *fabliellas*: refranes, dichos. Comp.: "Redréme de la dueña e creí la fablilla / que diz: 'Por lo perdido no estés mano en la mexilla'". *Libro de buen amor*, 179cd.

[671] *lueñe*: lejos.

[672] *moró*: permaneció, continuó.

[673] *mercaduría*: mercadería, comercio.

[674] *conortávase*: se consolaba.

[675] *nuebas*: noticias. Comp.: "Los mandados son idos a las partes todas; / llegaron las nuevas al comde de Barçilona". *Poema del Cid*, 955-56.

[676] *libró*: despachó, vendió.

[677] *contra la tarde*: hacia la tarde. Vid. la nota 153 en la p. 71.

Et desque llegó la tarde assentáronse a comer. De que el mercadero los vio assí estar, fue aun más movido por los matar, pero por el seso que conprara non se ar[r]ebató.

Mas, quando vino la noche et los vio echar en la cama, fízosele muy grave de soffrir et endereçó a ellos por los matar. Et yendo assí muy sañudo, acordándose del seso que conprara, estido quedo.

Et ante que matassen la candela, començó la madre a dezir al fijo, llorando muy fuerte:

—¡Ay, marido et fijo! ¡Señor!, dixiéronme que agora llegara una nabe al puerto et dizían que vinía daquella tierra do fue vuestro padre. Por amor de Dios, id allá cras de grand mañana, et por ventura querrá Dios que sabredes algunas buenas nuebas dél.

Quando el mercadero aquello oyó, et se acordó cómmo dexara en çinta a su muger, entendió que aquél era su fijo. Et si ovo grand plazer, non vos marabilledes. Et otrosí, gradesçió mucho a Dios porque quiso guardar que los non mató commo lo quisiera fazer, donde fincara muy mal andante por tal ocasión, et tovo por bien enpleada la dobla que dio por aquel seso, de que se guardó et que se non ar[r]ebató por saña.

Et vós, señor conde, commo quier que cuydades que vos es mengua de sofrir esto que dezides, esto sería verdat de que fuéssedes çierto de la cosa, mas fasta que ende seades çierto, conséiovos yo que, por saña nin por rebato, que vos non rebatedes a fazer ninguna cosa (ca pues esto non es cosa que se pierda por tiempo en vos sofrir), fasta que sepades toda la verdat, et non perdedes nada, et del rebatamiento podervos ýades [678] muy aýna repentir.

El conde tovo este por buen conseio et fízolo assí, et fallóse ende bien.

Et teniéndolo don Iohan por buen enxiemplo, fízol escrivir en este libro et fizo estos viessos que dizen assí:

> Si con rebato grant cosa fazierdes,
> ten que es derecho si te ar[r]epentieres.

Et la ystoria deste enxiemplo es ésta que se sigue:

---

[678] *podervos ýades:* os podríais.

EXEMPLO XXXVII[o]

De la repuesta que dio el conde Ferrant Gonsáles
a sus gentes depués que ovo vençido la batalla de
Façinas. *

U N A vegada, vinía el conde de una hueste muy can-
sado et muy lazdrado et pobre, et ante que huviasse [679]
folgar nin descansar, llegol mandado muy apressurado
de otro fecho que se movía de nuebo; et los más de
su gente conseiárenle que folgasse algún tiempo et des-
pués que faría lo que se le guisase. Et el conde pre-
guntó a Patronio lo que faría en aquel fecho. Et Pa-
tronio díxole:

—Señor, para que vós escoiades en esto lo meior,
mucho quer[r]ía que sopiéssedes la repuesta que dio
una vez el conde Ferrant Gonsáles a sus vassallos.

El conde preguntó a Patronio cómmo fuera aquello.

—Señor conde —dixo Patronio—, quando el conde
Ferrant Gonsáles vençió al Rey Almozerre [680] en Façi-
nas, murieron ý muchos de los suyos; et él et todos
los más que fincaron vivos fueron muy mal feridos;
et ante que uviassen guaresçer, sopo quel entrava el
rey de Navarra por la tierra, et mandó a los suyos que
endereçassen a lidiar con los navarros. Et todos los
suyos dixiéronle que tenían muy cansados los cavallos,
et aun los cuerpos; et aunque por esto non lo dexasse,
que lo devía dexar porque él et todos los suyos esta-
van muy mal feridos, et que esperasse fasta que fuessen
guaridos [681] él et ellos.

Quando el conde vio que todos querían partir [de]
aquel reyno, sintiéndose más de la onra que del cuerpo,
díxoles:

---

* La batalla de Façinas se narra en el *Poema de Fernán Gonzá-
lez*, 484-565, y en la *Primera crónica general*, p. 400 y ss.

[679] *huviasse*: llegase, pudiese. Vid. la nota 647 en la p. 189.
Otro ejemplo se hallará unas líneas más adelante.

[680] *Almozerre*: Almanzor. La forma 'Almoçor' se halla en el
Poema, 406d, y 'Almozorre' en cierto verso que no tiene cabida en
la estrofa 431: "Eso mesmo el rrey Almozorre fuerte pueblo mores-
mo". Vid. la edic. cit. de Clás. cast., p. 129.

[681] *guaridos*: sanos. Cfr.: "que estedes quedo fasta que sanedes
e seades guarido". *Crónica general*, p. 398.

—Amigos, por las feridas non lo dexemos, ca estas feridas nuebas que agora nos darán, nos farán que olvidemos las que nos dieron en la otra vatalla.

Desque los suyos vieron que se non dolía del cuerpo por defender su tierra et su onra, fueron con él. Et vençió la lid et fue muy bien andante.

Et vós, señor conde Lucanor, si queredes fazer lo que devierdes, quando viéredes que cumple para defendimiento de lo vuestro et de los vuestros, et de vuestra onra, nunca vos sintades [682] por lazeria, nin por travajo, nin por peligro, et fazet en guisa que el peligro et la lazeria nueba vos faga olvidar lo passado.

El conde tovo este por buen conseio, et fízolo assí et fallósse dello muy bien.

Et entendiendo don Iohan que éste era muy buen enxienplo, fízolo poner en este libro et fizo estos viessos que dizen assí:

Aquesto tenet çierto, que es verdat provada:
que onra et grand vicio non an una morada. [683]

Et la ystoria deste enxiemplo es ésta que se sigue:

EXEMPLO XXXVIII°

DE LO QUE CONTESÇIÓ A UN OMNE QUE YVA CARGADO DE PIEDRAS PREÇIOSAS ET SE AFOGÓ EN EL RÍO.

U N día, dixo el conde a Patronio que avía muy grand voluntad de estar en una tierra porquel avían de dar ý una partida de dineros, et cuydava fazer ý mucho de su pro, pero que avía muy grand reçelo que, si allí se detoviesse, quel podría venir muy grand periglo del cuerpo, et quel rogava quel conseiasse qué faría en ello.

—Señor conde —dixo Patronio—, para que vós fagades en esto, al mio cuydar, lo que vos más cumple, sería muy bien que sopiéssedes lo que contesçió a un omne que llevava una cosa muy presçiada en el cuello et passava un río.

---

[682] sintades: os quejéis. Comp.: "nunca da el trentanario, del duelo mucho s'siente". Libro de buen amor, 1542d.

[683] Comp.: "Et que onra et· biçio non en una morada biuen". Libro de los estados, f. 95d.

El conde le preguntó cómmo fuera aquello.

—Señor conde —dixo Patronio—, un omne levava muy grand pieça de piedras preçiosas a cuestas, et tantas eran que se le fazían muy pesadas de levar; et acaesçió que ovo de passar un grand río; et commo él levava grand carga, çafondava [684] más que si aquella carga non levasse; et quando [fue] en ondo del río, començó a çafondar mucho.

Et un omne que estava a la oriella del río començol a dar vozes et dezir que si non echasse carga, que sería muerto. Et el mesquino loco non entendió que si muriesse en el río, que perdería el cuerpo et la carga que levava; et si la echasse que, aunque perdiesse la carga, que non perdería el cuerpo. Et por la grant cobdiçia de lo que valían las piedras preçiosas que levava, non las quiso echar et murió en l' río, et perdió el cuerpo et perdió la carga que levava.

Et vós, señor conde Lucanor, commoquier que los dineros et lo al que podríades fazer de vuestra pro sería bien que lo fiziésedes, conséiovos yo que si peligro de vuestro cuerpo fallades en la fincada, [685] que non finquedes ý por cobdiçia de dineros nin de su semejante. Et aún vos conseio que nunca aventuredes el vuestro cuerpo si non fuere por cosa que sea vuestra onra o vos sería mengua si lo non fiziésedes: ca el que poco se presçia et por cobdiçia o por devaneo aventura su cuerpo, bien creed que non tiene mientes de fazer mucho con el su cuerpo, ca el que mucho presçia el su cuerpo, a menester que faga en guisa porque lo presçien mucho las gentes; et non es el omne presçiado por presçiarse él mucho, mas es muy presçiado porque faga tales obras quel presçien mucho las gentes. Et si él tal fuere, çierto seed que preciará mucho el su cuerpo, non lo aventurará por cobdiçia nin por cosa en que non aya grand onra; mas en lo que se devería aventurar, seguro sed que non ha omne en el mundo que tan aýna nin tan de buenamente aventure el cuerpo, commo el que vale mucho et se presçia mucho.

---

[684] çafondava: hundía. Cfr.: "Ca la naue de Sant Pedro andar puede en las hondas de las tormentas de la mar, mas non que en ninguna manera se pueda çafondar ayuso". *Castigos e documentos*, p. 109.

[685] *fincada*: estada, permanencia, de 'fincar'.

El conde tovo éste por buen enxienplo, et fízolo assí et fallóse dello muy bien.

Et porque don Iohan entendió que éste era muy buen enxiemplo, fízolo escrivir en este libro et fizo estos viessos que dizen assí:

> Quien por grand cobdiçia de aver se aventura,
> será maravilla que el bien muchol dura.

Et la ystoria deste enxiemplo es ésta que se sigue:

EXEMPLO XXXIX°

DE LO QUE CONTESÇIÓ A UN OMNE CON LA GOLONDRINA ET CON EL PARDAL.

O T R A vez fablava el conde Lucanor con Patronio, su consegero, en esta guisa:

—Patronio, yo non puedo escusar en ninguna guisa de aver contienda con uno de dos vezinos que yo he, et contesce assí: que el más mio vezino non es tan poderoso, et el que es más poderoso, non es tanto mio vezino. Et agora ruégovos que me conseiedes lo que faga en esto.

—Señor conde —dixo Patronio—, para que sepades para esto lo que vos más cumple, sería bien que sopiésedes lo que contesçió a un omne con un pardal et con una golondrina.

El conde le preguntó que cómmo fuera aquello.

—Señor conde —dixo Patronio—, un omne era flaco [686] et tomava grand enoio con el roýdo de las vozes de las aves et rogó a un su amigo quel diesse algún conseio: [687] que non podía dormir por el roýdo quel fazían los pardales et las golondrinas.

Et aquel su amigo le dixo que de todos non le podía desenbargar, más que él sabía un escanto [688] con que lo desenbargaría del 'uno dellos: o del pardal o de la golondrina.

---

[686] *flaco*: sin fuerza, débil, enfermizo. Véase la nota 128 en la p. 65.

[687] *conseio*: remedio. Véanse otros en p. 82.

[688] *escanto*: remedio, encanto, hechizo. Comp.: "Porque a ti non mientan sábelas falagar, / ca tal escanto usan que saben bien cegar". *Libro de buen amor*, 442c.

Et aquel que estava flaco respondiol que commoquier que la golondrina da mayores vozes, pero porque la golondrina va et viene et el pardal mora sienpre en casa, que antes se querría para[ra]l [689] roýdo de la golondrina, maguer que es mayor porque va et viene, que al del pardal, porque está sienpre en casa.

Et vós señor conde, commoquier que aquel que mora más lexos es más poderoso, conséiovos yo que ayades ante contienda [con aquél, que] con el que vos está más cerca, aunque non sea tan poderoso.

El conde tovo esto por buen conseio, et fízolo assí et fallóse ende bien.

Et porque don Iohan se pagó deste enxienplo, fízolo poner en este libro, et fizo estos viessos que dizen assí:

> Si en toda guisa contienda ovieres de aver,
> toma la de más lexos, aunque aya más poder.

Et la ystoria deste exienplo es ésta que se sigue:

EXEMPLO XL

De las razones porque perdió el alma un Siniscal [690] de Carcassona. *

Fablava otra ves el conde Lucanor con Patronio, et díxole:

—Patronio, porque yo sé que la muerte non se puede escusar, querría fazer en guisa que depués de mi muerte, que dexasse alguna cosa señalada que fincasse por mi alma et que fincasse para sienpre, porque todos sopiessen que yo feziera aquella obra. Et ruégovos que me conseiedes en qué manera lo podría fazer mejor.

—Señor conde —dixo Patronio—, commoquier que el vien fazer en qualquier guisa o por qualquier entención que se faga sienpre el bien fazer es bien, pero para que vós sopiésedes cómmo se deve fazer lo que omne faze por su alma et a quál entención, plazerme ýa mu-

---

[689] para[ra]l: librarse de.
[690] siniscal: senescal, mayordcmo, y también jefe de la nobleza en la guerra.
* Knust, p. 384, relaciona el cuento con el viejo refrán castellano de "El Abad de Bamba lo que no puede comer lo da por su almá".

cho que sopiéssedes lo que contesçió a un senescal de
Carcaxona.

El conde le preguntó cómmo fuera aquello.

—Señor conde —dixo Patronio—, un senescal de Car-
cassona adolesçió. [691] Et desque entendió que non podía
escapar, envió por el prior de los frayres predicadores
et por el guardián de los frayres menores, et ordenó
con ellos fazienda de su alma. Et mandó que luego que
él [fuese muerto, que ellos cumpliesen todo aquello
que] él mandava.

Et ellos fiziéronlo assí. Et él avía mandado [692] mu-
cho por su alma. Et porque fue tan bien complido et
tan aýna, estavan los frayres muy pagados et en muy
buena entención et buena esperança de la su salvación.

Acaesçió que, dende a pocos días, que fue una mu-
ger demoniada [693] en la villa, et dizía muchas cosas
maravillosas, porque el diablo, que fablava en ella, sabía
todas las cosas fechas et aun las dichas.

Quando los frayres en que dexara el senescal fecho
de su alma sopieron las cosas que aquella muger dizía,
tovieron que era bien de yrla ver, por preguntarle si
sabía alguna cosa del alma del senescal; et fiziéronlo.
Et luego que entraron por la casa do estava la muger
demoniada, ante que ellos le preguntassen ninguna cosa,
díxoles ella que bien sabía por qué vinían, et que
sopiessen que aquella alma porque ellos quería[n] pre-
guntar, que muy poco avía que se partiera della et la
dexara en el Infierno.

Quando los frayres esto oyeron, dixiéronle que min-
tía; ca çierto era que él fuera muy bien confessado et
reçibiera los sacramentos de Sancta Eglesia, et pues la
fe de los christianos era verdadera, que non podía seer
que fuesse verdat lo que ella dizía.

Et ella díxoles que sin dubda la fe et la ley de los
christianos toda era verdadera, et si él muriera et fiziera
lo que deve fazer el que es verdadero christiano, que
salva fuera la su alma; mas él non fizo commo verda-
dero nin buen christiano, ca commo quier que mucho
mandó fazer por su alma, non lo fizo commo devía nin
ovo buena entención, ca él mandó complir aquello

---

[691] *adolesçió*: enfermó. Véase la nota en la p. 75.

[692] *mandado*: dejado mandas en su testamento.

[693] *demoniada*: endemoniada. Comp.: "Colomba avie nomne otra
demoniada". Berceo, *Vida de San Millán*, 177.

después que fuesse muerto, et su entención era que si
muriesse, que lo cumpliessen; mas si visquiesse, [694] que
non fiziesse[n] nada dello; et mandólo complir después
que muriesse, quando non lo podía tener nin levar con-
sigo; et otrosí, dexávalo porque fincasse dél fama para
sienpre de lo que fiziera, porque oviesse fama de las
gentes et del mundo. Et por ende, commo quier que él
fizo buena obra, non la fizo bien, ca Dios non galar-
dona solamente las buenas obras, mas galardona las
que se fazen bien. Et este bien fazer es en la entención,
et porque la entención del senescal non fue buena, ca
fue quando non devía seer fecha, por ende non ovo
della buen galardón.

Et vós, señor conde, pues me pedides consejo, dígo-
vos, que, al mio grado, que el bien que quisiéredes
fazer, que lo fagades en vuestra vida. Et para que aya-
des dello buen galardón, conviene que, lo primero, que
desfagades los tuertos que avedes fecho: ca poco val-
dría robar el carnero et dar los pies por amor de Dios.
Et a vós poco vos valdría tener mucho robado et fur-
tado a tuerto, et fazer limosnas de lo ageno. Et más,
para que la limosna sea buena, conviene que aya en
ella estas çinco cosas: la una, que se faga de lo que
omne oviere de buena parte; la otra, que la faga es-
tando en verdadera penitençia; la otra, que sea tanta,
que sienta omne alguna mengua por lo que da, et que
sea cosa de que se duela omne; la otra, que la faga en
su vida; la otra, que la faga omne simplemente por
Dios et non por vana gloria nin por ufana [695] del mun-
do. [696] Et, señor, faziéndose estas çinco cosas, serían
todas las buenas obras et limosnas bien complidas, et
avría omne de todas muy grand galardón; pero vós,
nin otro ninguno que tan complidamente non las pudies-
sen fazer, non deve por esso dexar de fazer buenas
obras, teniendo que, pues non las faze en las çinco
maneras que son dichas, que non le tiene pro de las
fazer; ca ésta sería muy mala razón et sería commo
desesperamiento; ca çierto, que en qualquier manera

---

[694] *visquiese*: viviese. Vid. la nota 140 en la p. 68.
[695] *ufana*: vanidad, presunción. Véase la p. 72, nota 163.
[696] Comp.: "Otrosi, el que da limosna tal que non siente menos
lo que da, yo non digo que tal limosna sea mal, mas digo que seria
mejor si diese tanto por amor de Dios fasta que sintiese alguna men-
gua". *Libro de los estados*, f. 73v.

que omne faga bien, que sienpre es bien; ca las buenas obras prestan al omne a salir de pecado et venir a penitençia et a la salut del cuerpo, et a que sea rico et onrado, et que aya buena fama de las gentes, et para todos los vienes temporales. Et assí, todo bien que omne faga a qualquier entençión sienpre es bueno, mas sería muy meior para salvamiento et aprovechamiento del alma guardando las cinco cosas dichas.

El conde tovo que era verdat lo que Patronio le dizía et puso en su coraçón de lo fazer assí et rogó a Dios quel guise que lo pueda fazer en la manera que Patronio le dizía.

Et entendiendo don Iohan que este enxiemplo era muy bueno, fízolo escrivir en este libro et fizo estos viessos que dizen assí:

> Faz bien et a buena entençión en tu vida,
> si quieres acabar la gloria conplida.

Et la ystoria deste enxiemplo es ésta que se sigue:

EXEMPLO XLI

DE LO QUE CONTESÇIÓ A UN REY DE CÓRDOVA QUEL DIZÍAN ALHAQUEM. *

UN día fablava el conde Lucanor con Patronio, su consegero, en esta guisa:

—Patronio, vós sabedes que yo só muy grand caçador et he fecho muchas caças nuevas que nunca fizo

* "Acerca del Exemplo XLI [...], Gayangos (BAE, t. 51, p. XX) asegura: "...está fundado sobre una anécdota que refieren los escritores de aquella nación [la arábiga] como sucedida a al-Haquem II". Ningún comentador del *Conde Lucanor* ha vuelto a dar con la anécdota. Sánchez Cantón, ed. cit., p. 207, advierte francamente: "Lo del albogón..., creo que sólo por don Juan Manuel se sabe". Contra la indicación expresa de González Palencia, ed. cit., p. 88, tampoco se lee en al-Makkarí, aunque este historiador refiere con mucho detalle las obras de la mezquita, la vida y costumbres del monarca, ilustrándolas con varias anécdotas. En tal situación es imposible señalar con certeza el aporte personal de don Juan Manuel". M.ª R.ª Lida de Malkiel, op. cit., p. 109. A pesar de esto, la ilustre investigadora añade numerosas notas de gran interés.

Al-Hakán II fue califa de Córdoba entre 961 y 976.

Véase la deliciosa recreación de Azorín en *Los valores literarios*, p. 1037.

otro omne. [697] Et aun he fecho et eñadido en las piue-
las [698] et en los capiellos [699] algunas cosas muy apro-
vechosas que nunca fueron fechas. Et agora, los que
quieren dezir mal de mí, fablan en manera de escarnio,
et quando loan al Cid Roy Díaz o al conde Ferrant
Gonzáles de quantas lides vençieron o al sancto et bien
aventurado rey don Ferrando de quantas buenas con-
quistas fizo, loan a mí diziendo que fiz muy buen fecho
porque añadí aquello en los capiellos et en las pihuelas.
Et porque yo entiendo que este alabamiento más se me
torna en denuesto que en alavamiento, ruégovos que
me conseiedes en qué manera faré porque non me es-
carnezcan por la buena obra que fiz.

—Señor conde Lucanor —dixo Patronio—, para que
vós sepades lo que vos más cumpliría de fazer en esto,
plazerme ya que sopiéssedes lo que contesçió a un moro
que fue rey de Córdova.

Et el conde le preguntó cómmo fuera aquello.

—Señor conde —dixo Patronio—, en Córdova ovo
un rey que avía no[m]bre [Al]haquim. Commo quier
que mantenía assaz bien su regno, non se travajava de
fazer otra cosa onrada nin de grand fama de las que
suelen et deven fazer los buenos reys, ca non tan sola-
mente son los reys tenidos de guardar sus regnos, mas
los que buenos quieren seer, conviene que tales obras
fagan porque con derecho acresçienten su regno et fa-
gan en guisa que en su vida sea[n] muy loado[s] de las
gentes, et después de su muerte finquen buenas faza-
ñas [700] de las buenas obras que el[los] oviere[n] fechas.
Et este rey non se trabaiava desto, sinon de comer et
folgar et estar en su casa viçioso.

Et acaesçió que, estando un día folgando, que tañían
antél un estrumento de que se pagara[n] mucho los mo-
ros, que a nombre albogón. [701] Et el rey paró mientes
et entendió que non fazía tan buen son commo era
menester, et tomó el albogón et añadió en él un fora-

[697] Quizá ahora hable el propio don Juan Manuel.
[698] *piuela*: pihuela, correa de guarnición que se aplicaba a los
pies de los halcones.
[699] *capiello*: capillo, capirote, caperuza de cuero con que se
cubría la cabeza del halcón.
[700] *fazañas*: palabras, dichos. Vid. la p. 166.
[701] *albogón*: especie de flauta con siete agujeros. Cfr.: "gaita e
xabeba e 'l finchado albogón". *Libro de buen amor*, 1233a.

do [702] en la parte de yuso [703] en derecho de los otros forados, et dende adelante faze el albogón muy meior son que fasta entonçe fazía.

Et commo quier que aquello era buen fecho para en aquella cosa, porque non era tan grand fecho commo convinía de fazer a rey, las gentes, en manera de escarnio, començaron aquel fecho a loar et dizían quando loavan a alguno: "V.a. he de ziat Alhaquim", [704] que quiere dezir: "Este es el anadimiento del rey Alhaquem".

Et esta palabra fue sonada [705] tanto por la tierra fasta que la ovo de oyr el rey, et preguntó por qué dezían las gentes esta palabra. Et commo quier que gelo quisieran encobrir, tanto los afincó, que gelo ovieron a dezir.

Et desque él esto oyó, tomó ende grand pesar, pero commo era muy buen rey, non quiso fazer mal en los que dizían esta palabra, mas puso en su coraçón de fazer otro añadimiento de que por fuerça oviessen las gentes a loar el su fecho.

Entonçe, porque la mezquita de Córdova non era acabada, añadió en [e]lla aquel rey toda la labor que y menguava et acabóla. [706]

Esta es la mayor et más complida et más noble mezquita que los moros avían en España, et, loado a Dios, es agora eglesia et llámanla Sancta María de Córdova, et offreçióla el sancto rey don Ferrando a Sancta María, quando ganó a Córdova de los moros. [707]

Et desque aquel rey ovo acabada la mezquita et fecho aquel tan buen añadimiento, dixo que, pues fasta

[702] *forado*: agujero. Comp.: "pora verter su agua fincoli el forado". Berceo, *Milagros*, 213b. "El que a los forados de las narizes mucho anchos es sannudo". *Poridat de las poridades*, p. 64.

[703] *yuso*: abajo.

[704] Gayangos lee: "*A hede ziat Alhaquim*" y lo mismo hacen González Palencia y Juliá; Knust transcribe "*Va hede ziat Alhaquim*" y Nykl, art. cit., propone leer: "*Wa hadi ziyadat Al-Hakam*", mientras mi colega Vernet me sugiere: "*Ha-hadi ziyad al-Hakam*".

[705] *fue sonada*: se divulgó mucho. Cfr.: "Sonó por Conpostela esta gran maravilla". Berceo, *Milagros*, 215a. "Ouo el rey dubda que si la desdenyasse / que asmarien los hombres quando la cosa sonasse". *Libro de Apolonio*, 504ab. (La frase "hacer una cosa sonada" recuerda aún este uso.)

[706] Al-Hakán II amplió, en efecto, la mezquita de Córdoba (mandada construir por Abderramán I) entre 961 y 969.

[707] El suceso tuvo lugar en 1236.

entonçe lo loavan escarniçiéndolo del añadimiento que
fiziera en el albogón, que tenía que de allí adellante lo
avían a loar con razón del añadimiento que fiziera en
la mezquita de Córdova.

Et fue depués muy loado. Et el loamiento [708] que
fasta estonçe le fazían escarniçiéndolo, fincó depués por
loor; et oy en día dizen los moros quando quieren loar
algún buen fecho: "Este es el añadimiento de Alha-
quem".

Et vós, señor conde, si tomades pesar o cuydades
que vos loan por vos escarneçer del añadimiento que
fiziestes en los capiellos et en las pihuelas et en las
otras cosas de caça que vos fiziestes, guisad de fazer al-
gunos fechos grandes et buenos et nobles, quales per-
tenesçen de fazer a los grandes omnes. Et por fuerça
las gentes avrán de loar los vuestros buenos fechos, assí
commo loan agora por escarnio el añadimiento que fi-
ziestes en las cosas de la caça.

El conde tovo éste por buen conseio, et fízolo assí,
et fallóse ende muy bien.

Et porque don Iohan entendió que éste era buen
enxiemplo, fízolo escrivir en este libro, et fizo estos
viessos que dizen assý:

> Si algún bien fizieres
> que muy grande non fuere,
> faz grandes si pudieres,
> que el bien nunca muere.

Et la ystoria deste enxiemplo es ésta que se sigue:

EXEMPLO XLII°

DE LO QUE CONTESÇIÓ A UNA FALSA VEGUINA. *

OTRA vez fablava el conde Lucanor con Patronio, su
consegero, en esta guisa:

---

[708] *loamiento*: alabanza. María Goyri de M. Pidal hace notar la
predilección de don Juan Manuel por el sufijo *miento* en los post-
verbales: *alabamiento, añadimiento.*

* "La versión más antigua del cuento parece ser la de Rabano
Mauro († 858), si es correcta la atribución a este autor, pero ni en
ésta ni en las numerosas versiones latinas y vulgares que Knust ex-
tracta [387 y ss.], la vieja pertenece a una corporación religiosa. En

—Patronio, yo et otras muchas gentes estávamos fablando et preguntávamos que quál era la manera que un omne malo podría aver para fazer a todas las otras gentes cosa porque más mal les veniesse. Et los unos dizían que por ser omne reboltoso, et los otros dizían que por seer omne muy peleador, et los otros dizían que por seer muy mal fechor en la tierra, et los otros dizían que la cosa porque el omne malo podría fazer más mal a todas las otras gentes que era por seer de mala lengua et assacador. [709] Et por el buen entendimiento que vós avedes, ruégovos que me digades de quál mal destos podría venir más mal a todas las gentes.

—Señor conde Lucanor —dixo Patronio—, para que vós sepades esto, mucho querría que sopiésedes lo que contesçió al diablo con una muger destas que se fazen beguinas.

El conde le preguntó cómmo fuera aquello.

—Señor conde Lucanor —dixo Patronio—, en una villa avía un muy buen mancebo et era casado con

---

cambio, beguinos (o begardos) y beguinas comienzan a aparecer en las compilaciones y sermonarios dominicos [...] Así, pues, la transformación en beguina de la odiosa protagonista del viejo cuento, ya pertenezca a don Juan Manuel o a sus fuentes dominicas, es siempre un rasgo satírico". M.ª R.ª Lida de Malkiel, op. cit., págs. 101-102, que añade en nota: "El códice de Puñonrostro y el ms. sobre el que basó su texto Argote de Molina sustituyen inofensivamente *beguina* por "pelegrina". El *Libro de los exemplos*, p. 536, la designa sencillamente como una vieja lavandera. La atribución a Rabano Mauro se halla en un ms. citado por Welter, p. 19: "De vetula que fecit quod dyabolus non poterat facere. Vir quidam cum uxore sua tam laudabiliter, tam sociabiliter vixit ut nec unica quidem vice alter de alterius opere verbo vel signo turbaretur...hoc Rabanus in sermone de matrimonio qui sic incipit: *O domine quodam tempore*". La versión más antigua señalada por Knust, p. 387, es la que redactó en árabe el judío barcelonés Josef ibn Sebara a fines del siglo XII. A ésta sigue cronológicamente no la de las *Fabulae Adolphi* (ca. 1315) ni la del *Conde Lucanor* (entre 1330-1334), como afirma Knust, sino la del dominico Étienne de Bourbon, ed. Lecoy de la Marche, Paris, 1877, núm. 245, p. 207 ss."

veguina: beguina, perteneciente a cierta comunidad religiosa de Bélgica fundada en el siglo XII por Lambert le Bègue. Pero para don Juan Manuel *beguinería* era lo mismo que falsa devoción, hipocresía, y por eso recomienda a su hijo "fazed todo con buena entención e verdadera e sin epocresia e sin beg[u]ineria". *Libro infinido*, p. '19. Véase un poco más adelante.

[709] *assacador*: de 'achacar', hablar mal, difamador. Vid. la nota en la p. 117.

una muger et fazían buena vida en uno, assí que nunca entre ellos avía desabenençia.

Et porque el diablo se despagó sienpre de las buenas cosas, ovo desto muy grand pesar, et pero que andido muy grand tiempo por meter mal entre ellos, nunca lo pudo guisar.

Et un día, viniendo el diablo de aquel logar do fazían vida aquel omne et aquella muger, muy triste porque non podía poner ý ningún mal, topó con una veguina. Et desque se conoscieron, preguntol que por qué vinía triste. Et él díxole que vinía de aquella villa do fazían vida aquel omne et aquella muger et que avía muy grand tiempo que andava por poner mal entrellos et nunca pudiera; et desque lo sopiera aquel su mayoral, quel dixiera que, pues tan grand tiempo avía que andava en aquello et pues non lo fazía, que sopiesse que era perdido con él; et que por esta razón vinía triste.

Et ella díxol que se marabillava, pues tanto sabía, cómmo non lo podía fazer, mas que si fiziesse lo que ella queríe, que ella le pornía recabdo en esto.

Et el diablo le dixo que faría lo que ella quisiesse en tal que guisasse cómmo pusiesse mal entre aquel omne et aquella muger.

Et de que el diablo et aquella beguina fueron a esto avenidos, fuesse la beguina para aquel logar do vivían aquel omne et aquella muger, et tanto fizo de día en día, fasta que se fizo conosçer con aquella muger de aquel mançebo et fízol entender que era criada de su madre et por este debdo que avía con ella, que era muy tenuda [710] de la servir et que la serviría quanto pudiesse.

Et la buena muger, fiando en esto, tóvola en su casa et fiava della toda su fazienda, et esso mismo fazía su marido.

Et desque ella ovo morado muy grand tiempo en su casa et era privada de entramos, vino un día muy triste et dixo a la muger, que fiava en ella:

—Fija, mucho me pesa desto que agora oý: que vuestro marido que se paga más de otra muger que non de vós, et ruégovos quel fagades mucha onra et mucho plazer porque él non se pague más de otra muger que

---

[710] *era muy tenuda*: estaba muy obligada.

de vós, ca desto vos podría venir más mal que de otra cosa ninguna.

Quando la buena muger esto oyó, commoquier que non lo creýa, tovo desto muy grand pesar et entristeçió muy fieramente. Et desque la mala beguina la vio estar triste, fuesse para en el logar pora do [711] su marido avía de venir. Et de que se encontró con él, díxol quel pesava mucho de lo que fazíe en tener tan buena muger commo teníe et amar más a otra que non a ella, et que esto, que ella lo sabía ya, et que tomara grand pesar et quel dixiera que, pues él esto fazíe, fiziéndol ella tanto serviçio, que cataría otro que la amasse a ella tanto commo él o más, que por Dios, que guardasse que esto non lo sopiesse su muger, sinon que sería muerta.

Quando el marido esto oyó, commoquier que lo non creyó, tomó ende grand pesar et fincó muy triste.

Et desque la falsa beguina le dexó assí, fuesse adelante a su muger et díxol, amostrándol muy grand pesar:

—Fija, non sé qué desaventura es ésta, que vuestro marido es muy despagado de vós; et porque lo entendades que es verdat, esto que yo vos digo, agora veredes commo viene muy triste et muy sañudo, lo que él non solía fazer.

Et desque la dexó con este cuydado, fuesse para su marido et díxol esso mismo. Et desque el marido llegó a su casa et falló a su muger triste, et de los plazeres que solían en uno aver que non avían ninguno, estavan cada uno con muy grand cuydado.

Et de que el marido fue a otra parte, dixo la mala beguina a la buena muger que, si ella quisiesse, que buscaría algún omne muy sabidor quel fiziesse alguna cosa con que su marido perdiesse aquel mal talante que avía contra ella.

Et la muger, queriendo aver muy buena vida con su marido, díxol quel plazía et que gelo gradescería mucho.

Et a cabo de algunos días, tornó a ella et díxol que avía fallado un omne muy sabidor et quel dixiera que [si] oviesse unos pocos de cabellos de la varba de su marido de los que están en la garganta, que faría

---

[711] *pora do*: por donde, hacia. Comp.: "Fue pora la posada", *Libro de Apolonio*, 328c.

con ellos una maestría [712] que perdiesse el marido toda
la saña que avía della, et que vivrían en buena vida
como solían o por aventura mejor, et que a la ora que
viniesse, que guisasse que se echasse a dormir en su
regaço. Et diol una nabaia con que cortasse los cabellos.

Et la buena muger, por el grand amor que avía a
su marido, pesándo[l] mucho de la estrañeza que en-
trellos avía caýdo et cudiçiando [713] más que cosa del
mundo tornar a la buena vida que en uno solían aver,
díxol quel plazía et que lo faría assí. Et tomó la nava-
ia que la mala beguina traxo para lo fazer.

Et la beguina falsa tornó al marido, et díxo[l] que
avía muy grand duelo de la su muerte, et por ende
que gelo non podía encobrir: que sopiesse que su
muger le quería matar et yrse con su amigo, et porque
entendiesse quel dizía verdat, que su muger et aquel su
amigo avían acordado que lo matassen en esta mane-
ra: que luego que viniesse, que guisaría que él que se
adormiesse en su regaço della, et desque fuesse ador-
mido, quel degollasse con una navaja que tenía paral
degollar.

Et quando el marido esto oyó, fue mucho espantado,
et commo quier que ante estava con mal cuydado por
las falsas palabras que la mala beguina le avía dicho,
por esto que agora dixo fue muy cuytado et puso en
su coraçón de se guardar et de lo provar; et fuesse
para su casa.

Et luego que su muger lo vio, reçibiólo meior que
los otros días de ante, et díxol que sienpre andava tra-
vaiando et que non quería folgar nin descansar, mas
que se echasse allí cerca della et que pusiesse la cabeça
en su regaço, et ella quel espulgaría.

Quando el marido esto oyó, tovo por çierto lo quel
dixiera la falsa beguina, et por provar lo que su muger
faría, echósse a dormir en su regaço et començó de
dar a entender que durmía. Et de que su muger tovo
que era adormido bien, sacó la navaja para le cortar

---

[712] *maestría*: remedio, medicamento, mixtura. Comp.: "Buscaron
le maestros que le fiziesen metgia, / que sabien de la fisica toda la
maestria, / mas non hi fallaron ninguna maestria / nin arte por que
pudiesen purgar la maletia". *Libro de Apolonio*, 198.
[713] *cudiçiando*: deseando con vehemencia. Comp.: "por santo nin
por santa que seya, non sé quién / non cobdicie compaña, si solo
se mantién". *Libro de buen amor*, 110cd.

los cabellos, segund la falsa beguina le avía dicho. Quando el marido le vio la navaja en la mano cerca de la su garganta, teniendo que era verdat lo que la falsa beguina le dixiera, sacol la navaja de las manos et degollóla con ella.

Et al roýdo que se fizo quando la degollava, recudieron [714] el padre et los hermanos de la muger. Et quando vieron que la muger era degollada et que nunca fasta aquel día oyeron al su marido nin a otro omne ninguna cosa mala en ella, por el grand pesar que ovieron, endereçaron todos [al marido] et matáronlo.

Et a este roýdo recudieron los parientes del marido et mataron a aquellos que mataron a su pariente. Et en tal guisa se revolvió el pleito, que se mataron aquel día la mayor parte de quantos eran en aquella villa.

Et todo esto vino por las falsas palabras que sopo dezir aquella falsa beguina. Pero, porque Dios nunca quiere que el que mal fecho faze que finque sin pena, nin aún que el mal fecho sea encubierto, guisó que fuesse sabido que todo aquel mal viniera por aquella falsa beguina, [et] fizieron della muchas malas iusticias, et diéronle muy mala muerte et muy cruel.

Et vós, señor conde Lucanor, [si] queredes saber quál es el pior omne del mundo et de que más mal puede venir a las gentes, sabet que es el que se muestra por buen christiano et por omne bueno et leal, et la su entención es falsa, et anda asacando falsedades et mentiras por meter mal entre llas gentes. Et conséiovos yo que siempre vos guardedes de los que vierdes que se fazen gatos religiosos, [715] que los más dellos sienpre andan con mal et con engaño, et para que los podades conosçer, tomad el conseio del Evangelio [716] que dize: "A fructibus eorum coñosçetis eos" que quiere dezir "que por las sus obras los cognosçeredes". Ca, çierto, sabet que non a omne en l' mundo que muy luengamente pueda encubrir las obras que tiene en la

---

[714] *recudieron*: acudieron. Comp.: "Et ponen çeladas porque los christianos aguijaren sin recabdo, que los de las çeladas recudan en guisa que los puedan desbaratar". *Libro de los estados*, f. 83b.

[715] *gatos religiosos*: hipócritas. Véase el artículo de M.ª R.ª Lida de Malkiel "¿Libro de los gatos o Libro de los cuentos?" en *Romance Philology*, V (1951-1953), págs. 46-69.

[716] San Mateo, VII, 16.

voluntad, [ca] bien las puede encobrir algún tiempo, mas non luengamente.

Et el conde tovo que era verdad esto que Patronio le dixo et puso en su coraçón de lo fazer assí. Rogó a Dios quel guardasse a él et a todos sus amigos de tal omne.

Et entendiendo don Iohan que este enxiemplo era muy bueno, fízolo escrivir en este libro et fizo estos viessos que dizen assí:

Para mientes a las obras et non a la semejança,
si cobdiçiares ser guardado de aver mala andança.

Et la ystoria deste enxiemplo es ésta que se sigue:

EXEMPLO XLIII°

DE LO QUE CONTESÇIÓ AL BIEN ET AL MAL, ET AL CUERDO CON EL LOCO

EL conde Lucanor fablava con Patronio, su consegero, en esta manera:

—Patronio, a mí contesçe que he dos vezinos: el uno es omne a que yo amo mucho, et ha muchos buenos deubdos entre mí et él porquel devo amar; et non sé qué pecado o qué ocasión es que muchas vezes me faze algunos yerros et algunas escatimas [717] de que tomo muy grand enojo; et el otro non es omne con quien aya grandes debdos, nin grand amor, nin ay entre nos grand razón porquel deva mucho amar; et éste, otrossí, a las vezes, fázeme algunas cosas de que yo non me pago. Et por el buen entendimiento que vos avedes, ruégovos que me conseiedes en qué manera passe con aquellos dos omnes.

—Señor conde Lucanor —dixo Patronio—, esto que vós dezides non es una cosa, ante son dos, et muy revessadas [718] la una de la otra. Et para que vós podades en esto obrar commo vos cumple, plazerme ýa que sopiéssedes dos cosas que acaesçieron; la una, lo que contesçió al Bien et al Mal; et la otra, lo que contesçió a un omne bueno con un loco.

---

[717] *escatimas*: afrentas. Véase la nota 589 en la p. 171.
[718] *revessadas*: contrarias, distintas.

El conde le preguntó cómo fuera aquello:

—Señor conde —dixo Patronio—, porque éstas son dos cosas [que] non vos las podría dezir en uno, [719] dezirvos he primero de lo que contesçió al Bien et al Mal, et dezirvos he después lo que contesçió al omne bueno con el loco.

Señor conde, el Bien et el Mal acordaron de fazer su compañía en uno. Et el Mal, que es más acuçioso et sienpre anda con rebuelta e non puede folgar, sinon revolver algún engaño et algún mal, dixo al Bien que sería buen recabdo que oviessen algún ganado con que se pudiessen mantener. Al Bien plogo desto. Et acordaron de aver oveias.

Et luego que las oveias fueron paridas, dixo el Mal al Bien que escogiesse en el esquimo [720] daquellas oveias.

El Bien, commo es bueno et mesurado, non quiso escoger, et el Bien dixo al Mal que escogiesse él. Et el Mal, porque es malo et derranchado, [721] plógol ende, et dixo que tomasse el Bien los corderuelos assí commo nasçían, et él, que tomaría la leche et la lana de las oveias. Et el Bien dio a entender que se pagava desta partición.

Et el Mal dixo que era bien que oviessen puercos; et al Bien plogo desto. Et desque parieron, dixo el Mal que, pues el Bien tomara los fijos de las oveias et él la leche et la lana, que tomasse agora la leche et la lana de las puercas, et que tomaría él los fijos. Et el Bien tomó aquella parte.

Después dixo el Mal que pusiessen alguna ortaliza; et pusieron nabos. Et desque nasçieron, dixo el Mal al Bien que non sabía qué cosa era lo que non veýa, mas, porque el Bien viesse lo que tomava, que tomasse las foias de los nabos que paresçían et estavan sobre tierra, et que tomaría él lo que estava so tierra; et el Bien tomó aquella parte.

Después, pusieron colles; et desque nasçieron, dixo el Mal que, pues el Bien tomara la otra vez de los

---

[719] *dezir en uno*: decir juntas.
[720] *esquimo*: esquilmo, producto que se saca del ganado o de la tierra. Todavía hoy se usa en Bédar (Almería), según J. Corominas *DELC*, s. v. 'esquilmar'.
[721] *derranchado*: temerario. Vid. la nota 438 en la p. 130.

nabos lo que estava sobre tierra, que tomasse agora
de las colles lo que estava so tierra; et el Bien tomó
aquella parte.

Después dixo el Mal al Bien que sería buen recabdo
que oviessen una muger que los serviesse. Et al Bien
plogo desto. Et desque la ovieron, dixo el Mal que
tomasse el Bien de la çinta [722] contra la cabeça, et
que él que tomaría de la çinta contra los pies; et el
Bien tomó aquella parte. Et fue assí que la parte
del Bien fazía lo que cumplía en casa, et la parte del
Mal era casada con él et avía de dormir con su marido.

La muger fue en çinta et encaesçió [723] de un fijo. Et
desque nasçió, quiso la madre dar al fijo de mamar;
et quando el Bien esto vio, dixo que non lo fiziesse, ca
la leche de la su parte era, et que non lo consintría
en ninguna manera. Quando el Mal vino alegre por
veer el su fijo quel nasçiera, falló que estava llorando,
et preguntó a ssu madre que por qué llorava. La madre
le dixo que porque non mamava. Et díxol el Mal quel
diesse a mamar. Et la muger le dixo que el Bien gelo
defendiera [724] diziendo que la leche era de su parte.

Quando el Mal esto oyó, fue al Bien et díxol, riendo
et burlando, que fiziesse dar la leche a su fijo. Et el
Bien dixo que la leche era de su parte et que non lo
faría. Et quando el Mal esto oyó, començol de affincar
ende. Et desque el Bien vio la priessa en que estava el
Mal, díxol:

—Amigo, non cuydes que yo tampoco sabía que non
entendía quáles partes escogiestes vós sienpre et quáles
diestes a mí; pero nunca vos demandé ya nada de las
vuestras partes, et passé muy lazdradamiente [725] con
las partes que me vós dávades, vós nunca vos doliestes
nin oviestes mensura contra mí, [726] pues si agora Dios

[722] çinta: cintura. Comp.: "trobó so vientre llacio, la cinta muy delgada, / como muger que es de tal cosa librada". Berceo, Milagros, 537. "e mando a todas sus donzellas generosas poner sus ruecas en sus çintas". Castigos e documentos, p. 59.

[723] encaesçió: dio a luz. Comp.: "Et tienen los sabios que naturalmente sienpre las mujeres deuian encaesçer de un fijo et de una fija". Libro de los estados, f. 56b.

[724] defendiera: prohibiera. Comp.: "toda mujer nacida es fecha de tal massa, / lo que más le defienden aquello ante passa, / aquello la enciende, aquello la traspassa". Libro de buen amor, 523.

[725] lazdradamiente: miserablemente, penosamente, de 'lazdrado'.

[726] mensura contra mí: piedad, buena disposición.

vos traxo a lugar [727] que avedes mester algo de lo mío,
non vos marabilledes si vos lo non quiero dar, et acor-
datvos de lo que me feziestes, et soffrid esto por lo al.

Quando el Mal entendió que el Bien dizía verdat et'
que su fijo sería muerto por esta manera, fue muy mal
cuytado et començó a rogar et pedir merçet al Bien
que, por amor de Dios, oviesse piedat daquella criatu-
ra, et que non parasse mientes a las sus maldades, et
que dallí adelante sienpre faría quanto mandasse.

Desque el Bien esto vio, tovo quel fiziera Dios mucho
bien en traerlo a lugar que viesse el Mal que non podía
guaresçer sinon por la vondat del Bien, et tovo que
esto le era muy grand emienda, et dixo al Mal que si
quería que consintiesse que diesse la muger leche a su
fijo, que tomasse el moço a cuestas et que andudiesse
por la villa pregonando en guisa que lo oyessen todos,
et que dixiesse: "Amigos, sabet que con bien vençe el
Vien al Mal"; et faziendo esto, que consintría quel
diesse la leche. Desto plogo mucho al Mal, et tovo
que avía de muy buen mercado [728] la vida de su fijo,
et el Vien tovo que avía muy buena emienda. Et fízose
assí. Et sopieron todos que sienpre el Bien vençe con
bien.

Mas al omne bueno contesçió de otra guisa con el
loco, et fue assí:

Un omne vono avía un baño [729] et el loco vinía al
vaño quando las gentes se vañavan et dávales tantos
colpes con los cubos et con piedras et con palos et con
quanto fallava, que ya omne del mundo non osava yr
al vaño de aquel omne bueno. Et perdió su renta.

Quando el omne bueno vio [que] aquel loco le fazía
perder la renta del vaño, madrugó un día et metiósse
en el vaño ante que el loco viniesse. Et desnuyóse [730]
et tomó un cubo de agua bien caliente, et una grand
maça de madero. Et quando el loco que solía venir
al vaño para ferir los que se vañassen llegó, endereçó al
vaño commo solía. Et quando el omne bueno que

[727] *vos traxo a lugar*: os puso en situación de. Vid. una construc-
ción parecida en la p. 98.

[728] *buen mercado*: en buenas condiciones.

[729] *baño*: casa de baños. Comp.: "dile, luego de mano, doze
varas de paño, / e aun, ¡por mi corona!, anoche fue al baño". *Libro
de buen amor*, 1698cd.

[730] *desnuyóse*: desnudóse. Vid. la nota 384 en la p. 120.

estava atendiendo desnuyo le vio entrar, dexóse yr a él
muy bravo et muy sañudo, et diol con el cubo del agua
caliente por çima de la cabeça, et metió mano a la
maça et diol tantos et tales colpes con ella por la ca-
beça et por el cuerpo, que el loco cuydó ser muerto, et
cuydó que aquel omne bueno que era loco. Et salió
dando muy grandes vozes, et topó con un omne et
preguntol cómmo vinía assí dando vozes, quexándose
tanto; et el loco le dixo:

—Amigo, guardatvos, que sabet que otro loco a en
el vaño. [731]

Et vós, señor conde Lucanor, con estos vuestros
vezinos passat assí: con el que avedes tales debdos que
en toda guisa quered que sienpre seades amigos, et fa-
zedle sienpre bue[n]as obras, et aunque vos faga algu-
nos enoios, datles passada et acorredle sienpre al su
mester, pero siempre lo fazed dándol a entender que lo
fazedes por los debdos êt por el amor quel avedes, mas
non por vençimiento; mas al otro, con quien non ave-
des tales debdos, en ninguna guisa non le sufrades cosa
del mundo, mas datle bien a entender que por que-
quier que vos faga todo se aventurará sobrello. Ca bien
cred que los malos amigos que más guardan el amor
por varata [732] et por reçelo, que por otra buena volun-
tad.

El conde tovo éste por muy buen conseio et fízolo
assí, et fallóse ende muy bien.

Et porque don Iohan tovo éstos por buenos enxiem-
plos, fízolos escrivir en este libro et fizo estos viessos
que dizen assí:

> Sienpre el Bien vençe con bien al Mal;
> sofrir al omne malo poco val.

Et la ystoria deste enxiemplo es ésta que se sigue:

[731] M.ª R.ª Lida de Malkiel, op. cit., 107-108, dice: "No se conoce
en qué forma correría en tiempos de don Juan Manuel la historieta
del loco, popular hasta hoy". Y anota: "Traen el refrán Hernán
Núñez ("Otro loco hay en el baño") y Correas que lo registra en
esa forma y también en la de "otro loco hay en Chinchilla", justifi-
cando esta última con un breve relato semejante al del *Conde
Lucanor*".
[732] "La ochena manera, de amor de varata, es quando un omne
ama a otro e le ayuda porque el otro [amó] ante a él e le ayudo,
e falla que esto le es buen barato". *Libro infinido*, p. 82.

El infante don Manuel andava un día a caça cerca de Escalona (Exemplo XXXIII)

Consejol que enviasse por su marido et quel fiziesse mucho bien (Exemplo L)

EXEMPLO XLIIII°

De lo que contesçió a don Pero Núñez el Leal et
a don Roy Gonzáles Çavallos et a don Gutier Royz
de Blaguiello con el conde don Rodrigo
el Franco *

O T R A vez fablava el conde Lucanor con Patronio, su
consegero, et díxole:

—Patronio, a mí acaesçió de aver muy grandes gue-
rras, en tal guisa que estava la mi fazienda en muy
grand peligro. Et quando yo estava en mayor mester,
algunos de aquellos que yo crié [733] et a quien fiziera
mucho bien, dexáronme, et aun señaláronse mucho a
me fazer mucho desserviçio. Et tales cosas fizieron ante
mí aquéllos, que bien vos digo que me fizieron aver
muy peor esperança de las gentes de quanto avía, ante
que aquellos que assí errassen contra mí. Et por el
buen seso que Dios vos dio, ruégovos que me conseie-
des lo que vos paresçe que devo fazer en esto.

—Señor conde —dixo Patronio—, si los que assí
erraron contra vós fueran tales commo fueron don
Pero Núñez de Fuente Almexir et don Roy Gonzáles
de Çavallos et don Gutier Roýz de Blaguiello et so-
pieran lo que les contesçió, non fizieran lo que fizieron.

El conde le preguntó cómmo fuera aquello.

—Señor conde —dixo Patronio—, el conde don Ro-
drigo el Franco fue casado con una dueña, fija de don
Gil García de Çagra, et fue muy buena dueña, et el
conde, su marido, asacol [734] falso testimonio. Et ella,
quexándose desto, fizo su oración a Dios que si ella era
culpada, que Dios mostrasse su miraglo [735] en ella; et

* Pedro Núñez de Fuente Almejir mereció el sobrenombre de
"Leal" por haber salvado a Alfonso VIII, niño aún, huyendo con él
a Atienza desde Soria; Ruy González era señor de Cevallos, primo
de Rodrigo el Franco; Gutierre Royz de Blaguiello estaba también
emparentado con el anterior y Rodrigo González de Lara, el Franco,
fue conde de las Asturias de Santillana en tiempo de Alfonso VII.
Hacia 1141 estuvo en Jerusalén. Knust, págs. 399 y ss., ofrece abun-
dantes datos.
733 crié: eduqué, tuve en casa. Vid. otras referencias en las
págs. 58 y 127.
734 asacol: achacóle. Vid. la p. 117, nota 379.
735 miraglo: milagro, voz más cercana a su etimología 'mira-
culum'.

si el marido le assacara falso testimonio, que lo mostrasse en él.

Luego que la oración fue acabada, por el miraglo de Dios, engafezió [736] el conde su marido, et ella partióse dél. [737] Et luego que fueron partidos, envió el rey de Navarra sus mandaderos a la dueña, et casó con ella, et fue reyna de Navarra. [738]

El conde, seyendo gafo, et veyendo que non podía guaresçer, fuesse para la Tierra Sancta en romería para morir allá. Et commo quier que él era muy onrado et avía muchos buenos vasallos, non fueron con él sinon estos tres cavalleros dichos, et moraron allá tanto tiempo que les non cumplió [739] lo que levaron de su tierra et ovieron de vevir a tan grand pobreza, que non avían cosa que dar al conde, su señor, para comer; et por là grand mengua, alquilávanse cada día los dos en la plaça et el uno fincava con el conde, et de lo que ganavan de su alquilé [740] governavan [741] su señor et a ssí mismos. Et cada noche vañavan al conde et alinpiávanle las llagas de aquella gafedat. [742]

Et acaesçió que, en lavándole una noche los pies et las piernas, que, por aventura, ovieron mester de escopir, et escupieron. Quando el conde vio que todos escupieron, cuydando que todos lo fazían por asco que dél tomavan, començó a llorar et a quexarse del grand pesar et quebranto que daquello oviera.

Et porque el conde entendiesse que non avían asco de la su dolençia, tomaron con las manos daquella agua que estava llena de podre et de aquellas pustue-

---

[736] *engafezió*: de 'gafo', leproso, adquirió la lepra.

[737] *partióse dél*: se separó o divorció. Porque la lepra podía ser motivo de separación matrimonial.

[738] Doña María Goyri de Menéndez Pidal anota: "No hallamos comprobación histórica para esta afirmación. El Rey de Navarra, contemporáneo del conde don Rodrigo, es García Ramírez, y ninguna de sus dos mujeres fue hija del señor de Azagra". Edic. cit., p. 143.

[739] *cumplió*: bastó.

[740] *alquilé*: del árabe 'al-kira', el salario que percibían los que se alquilaban o servían a otros.

[741] *governavan*: sustentaban, sostenían. Véanse otras referencias en las págs. 136 y 155.

[742] *gafedat*: lepra. Cfr.: "e por que aquel mal que uiniera a Espanna dizien que fuera cuemo gafedat, la primera uilla que poblaron de nueuo... pusieron el nombre Lepra a la que oy dia llaman Niebla". *Crónica general*, 14a.

llas [743] que salían de las llagas de la gafedat que el conde avía, et bevieron della muy grand pieça. Et passando con el conde su señor tal vida, fincaron con él fasta que el conde murió.

Et porque ellos tovieron que les sería mengua de tornar a Castiella sin su señor, vivo o muerto, non quisieron venir sin él. [744] Et commo quier que les dizían quel fiziessen cozer et que levassen los sus huesos, dixieron ellos que tampoco consintrían que ninguno pusiesse la mano en su señor, seyendo muerto como si fuesse vivo. Et non consintieron quel coxiessen, [745] mas enterráronle et esperaron tanto tiempo fasta que fue toda la carne desfecha. Et metieron los huesos en una arqueta, et tráyenlo a veces [746] a cuestas.

Et assí vinían pidiendo las raçiones, [747] trayendo a su señor a cuestas, pero trayan testimonio de todo esto que les avía contesçido. Et viniendo ellos tan pobres, pero tan bien andantes, llegaron a tierra de Tolosa, [748] et entrando por una villa, toparon con muy grand gente que levavan a quemar una dueña muy onrada porque la acusava un hermano de su marido. Et dizía que si algún cavallero non la salvasse, que cumpliessen en ella aquella iustiçia, et non fallavan cavallero que la salvasse.

Quando don Pero Núñez el Leal et de buena ventura entendió que, por mengua de cavallero, fazían aquella iustiçia de aquella dueña, dixo a sus compañeros que si él sopiesse que la dueña era sin culpa, que él la salvaría.

Et fuesse luego para la dueña et preguntol la verdat de aquel fecho. Et ella díxol que ciertamente ella nunca fiziera aquel yerro de que la acusavan, mas que fuera su talante de lo fazer.

---

[743] *pustuellas*: postillas, pústulas. Véase la p. 159.

[744] Porque se consideraba como deshonra abandonar el cuerpo del señor en tierra ajena.

[745] *coxiessen*: cociesen. Cf.: "e mando les que ellos, con los otros ebreos que los ayudassen, que fiziessen ladriellos muchos sin cuenta, et que los coxiessen mucho, de que fiziessen fuertes muros". *General estoria*, 1.ª parte (Madrid, 1930), p. 291a.

[746] *a veces*: por turno. Comp.: "si demandar quisieres, yo te dare las vezes". *Libro de Apolonio*, 516d.

[747] *pidiendo las raçiones*: pidiendo la comida como pobres.

[748] Tolosa de Francia, en Provenza.

Et commo quier que don Pero Núñez entendió que,
pues ella de su talante quisiera fazer lo que non devía,
que non podía seer que algún mal non le contesçiesse
a él que la quería salvar, pero pues lo avía començado
et sabía que non [fiziera] todo el yerro de que la acu-
savan, dixo que él la salvaría.

Et commo quier que los acusadores lo cuydaron des-
echar diziendo que non era cavallero, desque mostró
el testimonio que traýa, non lo podieron desechar. Et
los parientes de la dueña diéronle cavallo et armas,
et ante que entrasse en el campo dixo a sus parientes
que, con la merçed de Dios, que él fincaría con onra
et salvaría la dueña, mas que non podía seer que a él
non le viniesse alguna ocasión[749] por lo que la dueña
quisiera fazer.

Desque entraron en l' campo,[750] ayudó Dios a don
Pero Núñez, et vençió la lid et salvó la dueña, pero
perdió ý don Pero Núñez el ojo, et assí se cumplió
todo lo que don Pero Núñez dixiera ante que entrasse
en el campo.

La dueña et los parientes dieron tanto aver a don
Pero Núñez con que pudieron traer los huesos del conde
su señor, ya quanto[751] más sin lazeria que ante.

Quando las nuebas llegaron al rey de Castiella de
cómmo aquellos vien andantes cavalleros viníen et
traýan los huesos del conde, su señor, et cómmo viníen
tan vien andantes, plógole mucho ende et gradesçió
mucho a Dios porque eran del su regno omnes que tal
cosa fizieran. Et envióles mandar[752] que viniessen de
pie, assí mal vestidos commo viníen. Et el día que
ovieron de entrar en el su regno de Castilla, saliólos
a reçebir el rey de pie bien çinco leguas ante que lle-
gassen al su regno, et fízoles tanto bien que oy en día
son heredados[753] los que vienen de los sus linages de
lo que el rey les dio.

---

[749] *ocasión*: desgracia, perjuicio. Véase la p. 117, nota 373.

[750] *campo*: lugar donde se lidiaba por un reto. Comp.: "Los
fideles y el rey enseñaron los mojones, / libravanse del campo todos
a derredor". *Poema del Cid*, 3604-5.

[751] *ya quanto*: algo. Véase la nota en la p. 139.

[752] *mandar*: orden. Comp.: "Enclino se la duenya, començo de
llorar: / Senyor, dixo, que tienes el sol ha tu mandar". *Libro
de Apolonio*, 381.

[753] *heredados*: los que reciben heredades. Comp.: "Entre los
inocentes so, madre, heredada". Berceo, *Santa Oria*, 200.

Et el rey, et todos quantos eran con él, por fazer onra al conde, et señaladamente por lo fazer a los cavalleros, fueron con los huesos del conde fasta Osma, do lo enterraron. Et desque fue enterrado, fuéronse los cavalleros para sus casas.

Et el día que don Roy Gonzáles llegó a su casa, quando se assentó a la mesa con su muger, desque la buena dueña vio la vianda ante sí, alçó las manos contra Dios, et dixo:

—¡Señor!, ¡vendito seas tú que me dexaste veer este día, ca tú sabes que depués que don Roy Gonzáles se partió desta tierra, que ésta es la primera carne que yo comí, et el primero vino que yo beví!

A don Roy Gonzáles pesó por esto, et preguntol por qué lo fiziera. Et ella díxol que bien sabía él que, quando se fuera con el conde, quel dixiera que él nunca tornaría sin el conde et ella que visquiesse commo buena dueña, que nunca le menguaría pan et agua en su casa, et pues él esto le dixiera, que non era razón quel saliese ella de mandado, et por esto nunca comiera nin biviera sinon pan et agua.

Otrosí, desque don Pero Núñez llegó a ssu casa, desque fincaron él et su muger et sus parientes sin otra conpaña, la buena dueña et sus parientes ovieron con él [tan] grand plazer, que allý començaron a reyr. Et cuydando don Pero Núñez que fazían escarnio dél porque perdiera el ojo, cubrió el manto por la cabeça et echóse muy triste en la cama. Et quando la buena dueña lo vio assí ser triste, ovo ende muy grand pesar, et tanto le afincó fasta quel ovo a dezir que se sintía mucho porquel fazían escarnio por el ojo que perdiera.

Quando la buena dueña esto oyó, diose con una aguja en l' su ojo, et quebrólo, et dixo a don Pero Núñez que aquello fiziera ella porque si alguna vez riesse, que nunca él cuydasse que reýa por le fazer escarnio.

Et assí [fizo] Dios vien en todo aquellos buenos cavalleros por el bien que fizieron.

Et tengo que si los que tan bien non lo acertaron en vuestro serviçio, fueron tales commo éstos, et sopieran quánto bien les vino por esto que fizieron et non lo erraran commo erraron; pero vós, señor conde, por vos fazer algún yerro algunos que lo non devían fazer, nunca vós por esso dexedes de fazer bien, ca los que vos yerran, más yerran a ssí mismos que a vós. Et parad mientes que si algunos vos erraron, que muchos otros vos servieron; et más vos cumplió el serviçio que aquéllos vos fizieron, que vos enpeçió nin vos tovo mengua los que vos erraron. Et non creades que de todos los que vós fazedes bien, que de todos tomaredes serviçio, mas un tal acaesçimiento vos podrá acaesçer: que uno vos fará tal serviçio, que ternedes por bien enpleado quanto bien fazedes a los otros.

El conde tovo éste por buen consejo et por verdadero.

Et entendiendo don Iohan que este enxiemplo era muy bueno, fízolo escrivir en este libro, et fizo estos viessos que dizen assí:

> Maguer que algunos te ayan errado,
> nunca dexes de fazer aguisado.

Et la ystoria deste enxiemplo es ésta que se sigue:

EXEMPLO XLV°

DE LO QUE CONTESÇIÓ A UN OMNE QUE SE FIZO AMIGO ET VASALLO DEL DIABLO *

FABLAVA una vez el conde Lucanor con Patronio, su conseiero, en este guisa:

—Patronio, un omne me dize que sabe muchas maneras, tanbién de agüeros commo de otras cosas, en commo podré saber las cosas que son por venir et cómmo podré fazer muchas arterías [754] con que podré aprovechar mucho mi fazienda, pero en aquellas cosas tengo que non se puede escusar, de aver y pecado. Et por la fiança que de vós he, ruégovos que me conseiedes lo que faga en esto.

—Señor conde —dixo Patronio—, para que vós fagades en esto lo que vos más cumple, plazerme ya que sepades lo que contesçió a un omne con el Diablo.

---

* Es uno de los muchos cuentos de pacto diabólico que han circulado por Europa desde la *Summa Praedicantium*, de Bromyard, el *Speculum laicorum* de John de Hoveden al ejemplo del Arcipreste "del ladrón que fizo carta al diablo de su ánima", 1454-1484.

[754] *arterías*: artimañas, engaños.

El conde le preguntó cómmo fuera aquello.

—Señor conde —dixo Patronio—, un omne fuera muy rico et llegó a tan grand pobreza, que non avía cosa de que se mantener. Et porque, non a en el mundo tan grand desventura commo seer muy mal andante el que suele seer bien andante, por ende, aquel omne, que fuera muy bien andante, era llegado a tan grand mengua, que se sintía dello mucho. Et un día, yva en su cabo, [755] solo, por un monte, muy triste et cuydando muy fieramente, [756] et yendo assí tan coytado encontrósse con el Diablo.

Et commo el Diablo sabe todas las cosas passadas, et sabía el coydado en que vinía aquel omne, et preguntol por qué vinía tan triste. Et el omne díxole que para que gelo diría, ca él non le podría dar conseio en la tristeza que él avía.

Et el Diablo díxole que si él quisiesse fazer lo que él le diría, que él le daría cobro [757] paral cuydado que avía et porque entendiesse que lo podía fazer, quel diría en lo que vinía cuydando et la razón porque estava tan triste. Estonçe le contó toda su fazienda et la razón de su tristeza commo aquel que la sabía muy bien. Et díxol que si quisiesse fazer lo que él le diría, que él le sacaría de toda lazeria et lo faría más rico que nunca fuera él nin omne de su linage, ca él era el Diablo, et avía poder de lo fazer.

Quando el omne oyó dezir que era el Diablo, tomó ende muy grand reçelo, pero por la grand cuyta et grand mengua [758] en que estava, dixo al Diablo que si él le diesse manera commo pudiesse seer rico, que faría quanto él quisiesse.

Et bien cred que el Diablo sienpre cata [759] tiempo [760] para engañar a los omnes; quando vee que están en alguna quexa, o de mengua, o de miedo, o de querer complir su talante, estonçe libra él con ellos todo lo

---

[755] *en su cabo*: a solas. Comp.: "apretando sus dedos, en su cabo fablando". *Libro de buen amor*, 833c.
[756] *cuydando muy fieramente*: pensando muy desesperadamente.
[757] *cobro*: recurso, remedio. Vid. la nota 551 en la p. 158.
[758] *mengua*: pobreza, necesidad.
[759] *cata*: busca, encuentra.
[760] *tiempo*: ocasión, oportunidad. Cf.: "mas non fueron del tiempo nin de la hora çerteros". Berceo, *Loores*, 4d.

que quiere, et assí cató manera para engañar a aquel
omne en l' tiempo que estava en aquella coyta.

Estonçe fizieron sus posturas en uno [761] et el omne
fue su vasallo. Et desque las avenençias fueron fechas,
dixo el Diablo al omne que, dallí adellante, que fuesse
a furtar, ca nunca fallaría puerta nin casa, por bien
çerrada que fuesse, que él non gela abriesse luego, et
si por aventura en alguna priesa [762] se viesse o fuesse
preso, que luego que lo llamasse et le dixiesse: "Aco-
rredme, don Martín", que luego fuesse con él et lo
libraría de aquel periglo en que estudiesse.

Las posturas fechas entre ellos, partiéronse.

Et el omne endereçó a casa de un mercadero, de
noche oscura: ca los que mal quieren fazer siempre
aborrecen la lumbre. [763] Et luego que legó a la puerta,
el diablo avriógela, et esso mismo fizo a las arcas, en
guisa que luego ovo ende muy grant aver.

Otro día fizo otro furto muy grande, et después otro,
fasta que fue tan rico que se non acordava de la
pobreza que avía passado. Et el mal andante, non se
teniendo por pagado de cómmo era fuera de lazeria,
començó a furtar aun más; et tanto lo usó, fasta que
fue preso.

Et luego que lo prendieron llamó a don Martín que
lo acorriesse; et don Martín llegó muy apriessa et li-
brólo de la prisión. Et desque el omne vio que don
Martín le fuera tan verdadero, começó a furtar com-
mo de cabo, [764] et fizo muchos furtos, en guisa que
fue más rico et fuera de lazeria.

Et usando a furtar, fue otra vez preso, et llamó a
don Martín, mas don Martín non vino tan aýna com-
mo él quisiera, et los alcaldes del lugar do fuera el
furto començaron a fazer pesquisa sobre aquel furto.
Et estando assí el pleyto, llegó don Martín; et el omne
díxol:

—¡A, don Martín! ¡Qué grand miedo me pusiestes!
¿Por qué tanto tardávades?

---

[761]   *posturas en uno*: convinieron. Vid. la nota 371 en la p. 116.
[762]   *priesa*: apuro, aprieto. Comp.: "Los que mala nazieron fal-
sos e traidores, / agora me renuevan los antiguos dolores, / en
grand priesa me tienen e en malos sudores". Berceo, *Milagros*, 419.
[763]   *lumbre*: luz. Comp.: "En el dia primero esti fizo la lumbre".
Berceo, *Loores*, 80.
[764]   *de cabo*: al comienzo.

Et don Martín le dixo que estava en otras grandes priessas et que por esso tardara; et sacólo luego de la prisión.

El omne se tornó a furtar, et sobre muchos furtos fue preso, et fecha la pesquisa dieron sentençia contra él. Et la sentençia dada, llegó don Martín et sacólo.

Et él tornó a furtar porque veýa que siempre le acorría don Martín. Et otra vez fue preso, et llamó a don Martín, et non vino, et tardó tanto fasta que fue jubgado a muerte, et seyendo jubgado, llegó don Martín et tomó alçada [765] para casa del rey et librólo de la prisión, et fue quito. [766]

Después tornó a furtar et fue preso, et llamó a don Martín, et non vino fasta que jubgaron quel enforcassen. Et seyendo al pie de la forca, llegó don Martín, et el omne le dixo:

—¡A, don Martín, sabet que esto non era juego, que vien vos digo que grand miedo he passado!

Et don Martín le dixo que él le traýa quinientos maravedís [767] en una limosnera [768] et que los diesse al alcalde et que luego sería libre. El alcalde avía mandado ya que lo enforcassen, et non fallaban soga para lo enforcar. Et en quanto buscavan la soga, llamó el omne al alcalde et diole la limosnera con los dineros. Quando el alcalde cuydó quel dava los quinientos maravedís, dixo a las gentes que ý estavan:

—Amigos, ¡quién vio nunca que menguasse soga para enforcar omne! Çiertamente este omne non es culpado, et Dios non quiere que muera et por esso nos mengua la soga; mas tengámoslo fasta cras, [769] et veremos más en este fecho; ca si culpado es, ý se finca para complir cras la iustiçia.

Et esto fazía el alcalde por lo librar por los quinientos maravedís que cuydava que le avía dado. Et

---

[765] *alçada*: apelación. "Con los adelantados et merynos an a fazer iustiçia et defender la tierra et pararse a las guerras et oyr las alçadas et librar todos los pleytos". *Libro de los estados*, 98b.

[766] *quito*: libre. Comp.: "Non se faz penitencia por carta nin escrito / sinon por la su boca del pecador contrito; / non puede por escrito ser assuelto nin quito" *Libro de buen amor*, 1130.

[767] *maravedís*: moneda que fue al principio de oro hasta parar en una de cobre de escaso valor.

[768] *limosnera*: bolsa para llevar el dinero destinado a las limosnas.

[769] *cras*: mañana. Véase la nota en la p. 191.

oviendo esto assí acordado, apartósse el alcalde et avrió
la limosnera, et cuydando fallar los quinientos marave-
dís, non falló los dineros, mas falló una soga en la
limosnera. Et luego que esto vio, mandol enforcar.

Et puniéndolo en la forca, vino don Martín et el
omne le dixo quel acorriesse. Et don Martín le dixo
que siempre él acorría a todos sus amigos fasta que los
llegava a tal lugar.

Et assí perdió aquel omne el cuerpo et el alma, cre-
yendo al Diablo et fiando dél. Et cierto sed que nunca
omne dél creyó nin fió que non llegasse a aver mala
postremería; [770] sinon, parad mientes a todos los ago-
reros o sorteros [771] o adevinos, o que fazen cercos [772]
o encantamientos et destas cosas qualesquier, et vere-
des que siempre ovieron malos acabamientos. Et si
non me credes, acordat vos de Alvar Núñez et de
Garcylasso, [773] que fueron los omnes del mundo que
más fiaron en agüeros et en estas tales [cosas et] vere-
des quál acabamiento ovieron.

Et vós, señor conde Lucanor, si bien queredes fazer
vuestra fazienda paral cuerpo et paral alma, fiat dere-
chamente en Dios et ponet en l'' toda vuestra esperan-
ça et vós ayudatvos quanto pudierdes, et Dios ayudarvos
ha. [774] Et non creades nin fiedes en agüeros, nin en
otro devaneo, ca cierto sed que de los pecados del
mundo, [el] que a Dios más pesa et en que omne mayor

---

[770] postremería: fin. Vid. la p. 101, nota 312.
[771] sortero: el que adivinaba el porvenir echando suertes, inter-
pretando las primeras palabras de una página abierta al azar de cual-
quier libro.
[772] cercos: círculos mágicos, trazados en el suelo, desde los cua-
les se invocaba a los demonios. Comp.: "Era el trufan falsso, lleno
de mallos vicios, / savie encantamientos e otros artificios, / fazie el
malo cercos e otros artificios (sic)". Berceo, Milagros, 722.
[773] Se trata de Alvar Núñez, el caballero a quien Alfonso XI dio
gran poder y que más tarde, unido al propio don Juan Manuel, se
alzó contra el rey y fue muerto en Soria. En la Crónica de Alfon-
so XI (Valladolid, 1551), cap. LXV, se lee: "Y este Garcilasso era
ome que catava mucho en agüeros y traya omes que sabian mucho
desto, y antes que fuesse arredrado de Cordova, dixo que avia visto
agüeros que avia de morir en aquel camino y moririan con él otros
muchos cavalleros. Y él penso que, desque oviesse ayuntado consigo
algunas compañas, que yria a la comarca do era D. Juan, fijo del
infante D. Manuel, y que en pelea moriria él y otros muchos con él".
[774] Knust, p. 408, ya señala que la frase es un refrán: "Ayúdate
y ayudarte ha Dios". (Caro y Cejudo, Refranes, p. 34.)

tuerto et mayor desconosçimiento faze a Dios, es en catar agüero et estas tales cosas.

El conde tovo éste por buen consejo, et fízolo assý et fallósse muy bien dello.

Et porque don Iohan tovo este por buen exiemplo, fízolo escrivir en este libro, et fizo estos viessos que dizen assý:

> El que en Dios non pone su esperança,
> morrá mala muerte, abrá mala andança.

Et la estoria deste exiemplo es ésta que se sigue:

EXEMPLO XLVI°

DE LO QUE CONTESÇIÓ A UN PHILÓSOPHO QUE POR OCASIÓN ENTRÓ EN UNA CALLE DO MORAVAN MALAS MUGERES

OTRA vez fablava el conde Lucanor con Patronio, su consegero, en esta manera:

—Patronio, vós sabedes que una de las cosas del mundo por que omne más deve trabajar es por aver buena fama et por se guardar que ninguno non le pueda travar[775] en ella. Et porque yo sé que en esto, nin en [al], ninguno non me podría mejor consejar que vos, ruégovos que me conseiedes en quál manera podré mejor encresçentar et levar adelante et guardar la mi fama.

—Señor conde Lucanor —dixo Patronio—, mucho me plaze desto que dezides, et para que vós mejor lo podades fazer, plazerme ýa que sopiésedes lo que contesçió a un muy grand philósopho et mucho ançiano.

El conde le preguntó cómmo fuera aquello.

—Señor conde —dixo Patronio—, un muy grand philósopho morava en una villa del reyno de Marruecos; et aquel philósopho avía una enfermedat: que quandol era mester de se desenbargar de las cosas sobeianas[776] que fincavan de la vianda que avía reçebido,

---

[775] *travar*: censurar, hablar mal. Véase la nota 102 en la p. 62.
[776] *sobeianas*: excesivas, superfluas. Comp.: "Non diga palabra sobejana nin vana nin loca nin soberbiosa". *Castigos e documentos*, p. 141.

non lo podía fazer sinon con muy grant dolor et con muy grand pena, [et] tardava muy grand tiempo ante que pudiesse seer desenbargado.

Et por esta enfermedat que avía, mandávanle los físicos que cada quel tomasse talante de se desenbargar de aquellas cosas sobeianas, que lo provasse luego, et non lo tardasse; porque quanto aquella manera más se quemasse, más se desecaríe et más endurescríe, [777] en guisa quel seríe grand pena et grand daño para la salud del cuerpo. Et por[que] esto le mandaron los físicos, fazíelo et fallávasse ende bien.

Et acaesçió que un día, yendo por una calle de aquella villa do morava et do teníe muchos discípulos que aprendían dél, quel tomó talante de se desenbargar commmo es dicho. Et por fazer lo que los físicos le conseiavan, et era su pro, entró en una calleja para fazer aquello que non pudíe escusar.

Et atal fue su ventura, que en aquella calleja do él entró, que moravan ý las mugeres que públicamente biven en las villas fiziendo daño de sus almas et desonra de sus cuerpos. Et desto non sabía nada el philósopho que tales mugeres moravan en aquel lugar. Et por la manera de la enfermedat que él avía, et por el grant tiempo que se detovo en aquel lugar et por las semejanças que en él paresçieron quando salió de aquel lugar do aquellas mugeres moravan, commoquier que él non sabía que tal compaña [778] allí morava, con todo esso, quando ende salió, todas las gentes cuydaron que entrara en aquel logar por otro fecho que era muy desbariado [779] de la vida que él solía et devía fazer. Et porque paresçe muy peor et fablan muy más et muy peor las gentes dello quando algún omne de grand guisa faze alguna cosa quel non pertenesçe et le está peor, por pequeña que sea, que a otro que saben las gentes que es acostumbrado de non se guardar de fazer muchas cosas peores, por ende, fue muy fablado [780] et muy tenido a mal, porque aquel philósopho tan onrado et tan ançiano entrava en aquel lugar quel era tan dañoso paral alma et paral cuerpo et para la fama.

---

[777]   *endurescríe*: endurecería.
[778]   *compaña*: conjunto de personas. Comp.: "Vino una companna de desnudos romeros". Berceo, *Vida de santo Domingo*, 479c.
[779]   *desbariado*: distinto, diferente.
[780]   *muy fablado*: muy criticado, muy censurado.

Et quando fue en su casa, vinieron a él sus discípulos et con muy grand dolor de sus coraçones et con grand pesar, començaron a dezir qué desaventura o qué pecado fuera aquél porque en tal manera confondiera a ssí mismo et a ellos, et perdiera toda su fama que fata [781] entonçe guardara meior que omne del mundo.

Quando el philósopho esto oyó, fue tanto espantado et preguntóles que por qué dizían esto o qué mal era éste que él fiziera o quándo o en qué lugar. Ellos le dixieron que por qué fablava assí en ello, que ya por su desabentura dél et dellos, que non avía omne en la villa que non fablasse de lo que él fiziera quando entrara en aquel lugar do aquellas talles mugeres moravan.

Quando el philósopho esto oyó, ovo muy grand pesar, pero díxoles que les rogava que se non quexassen mucho desto, et que dende a ocho días les daría ende repuesta.

Et metiósse luego en su estudio, et conpuso un librete pequeño et muy bueno et muy aprovechoso. Et entre muchas cosas buenas que en él se contienen, fabla ý de la buena bentura et de la desabentura, et commo en manera [de] departimiento [782] que departe con sus discípulos, dize assí:

—Fijos, en la buena ventura et en la desaventura contesçe assí: a las vegadas es fallada et buscada, et algunas vegadas es fallada et non buscada. La fallada et buscada es quando algund omne faze bien, et por aquel buen fecho que faze, le biene alguna buena ventura; et esso mismo quando por algún fecho malo que faze le viene alguna mala ventura; esto tal es ventura, buena o mala, fallada et buscada, que él busca et faz porquel venga aquel bien o aquel mal.

Otrosí, la fallada et non buscada es quando un omne, non faziendo nada por ello le viene alguna pro o algún bien: así commo si omne fuesse por algún lugar et fallasse muy grand aver o otra cosa muy aprovechosa por que él non oviesse nada fecho: et esso mismo, quando un omne, non faziendo nada por ello, le viene

---

[781] *fata*: hasta. Cf.: "Fata cabo del albergada escurriólos el castellano". *Poema del Cid*, 1067.
[782] *departimiento*: conversación.

algún mal o algún daño, assí commo si omne fuesse
por una calle et lançasse otro una piedra a un pá-
xaro et descalabrasse a él en la cabeça: ésta es des-
abentura fallada et non buscada, ca él nunca fizo nin
buscó cosa porquel deviesse venir aquella desaventura.
Et, fijos, devedes saber que en la buena ventura o des-
abentura fallada et buscada ay meester dos cosas: la
una, que se ayude el omne faziendo bien para aver
bien o faziendo mal para aver mal; et la otra, que le
galardone Dios segund las obras buenas et malas que
el omne oviere fecho. Otrosí, en la ventura buena o
mala, fallada et non buscada, ay meester otras dos
cosas: la una, que se guarde omne quanto pudiere de
non fazer [mal] nin meterse en sospecha nin en seme-
jança porquel deva venir alguna desaventura o mala
fama; la otra, es pedir merçed et rogar a Dios que,
pues él se guarda quanto puede porquel nol venga des-
aventura nin mala fama, quel guarde Dios que non le
venga ninguna desaventura commo vino a mí el otro
día que entré en una calleja por fazer lo que non podía
escusar para la salud del mi cuerpo et que era sin
pecado et sin ninguna mala fama, et por mi desaven-
tura moravan ý tales compañas, porque maguer yo era
sin culpa, finqué mal enfamado.

Et vós, señor conde Lucanor, si queredes acrescentar
et levar adelante vuestra buena fama, conviene que
fagades tres cosas: la primera, que fagades muy bue-
nas obras a plazer de Dios, et esto guardado, después,
en lo que pudierdes, a plazer de las gentes, et guar-
dando vuestra onra et vuestro estado, et que non cuy-
dedes que por buena fama que ayades, que la non
perderedes si devedes de fazer buenas obras et fiziéredes
las contrarias, ca muchos omnes fizieron bien un tiem-
po et porque depués non lo levaron adelante, perdie-
ron el bien que avían fecho et fincaron con la mala
fama postrimera; la otra es que roguedes a Dios que
vos endereçe [783] que fagades tales cosas porque la vues-
tra buena fama se acresçiente et vaya sienpre adelante
et que vos guarde de fazer nin de dezir cosa porque
la perdades: la terçera cosa es que por fecho, nin por
dicho, nin por semejança, nunca fagades cosa porque
las gentes puedan tomar sospecha, porque la vuestra

[783] endereçe: guíe.

fama vos sea guardada commo deve, ca muchas vezes
faze omne buenas obras et por algunas malas semejan-
ças que faze, las gentes toman tal sospecha, que en-
peeçe poco menos paral mundo et paral dicho de las
gentes commo si fiziesse la mala obra. Et devedes saber
que en las cosas que tañen a la fama, que tanto apro-
vecha o enpeçe lo que las gentes tienen et dizen com-
mo lo que es verdat en sí; mas quanto para Dios et
paral alma non aprovecha nin enpeçe sinon las obras
que el omne faze et a quál entención son fechas.

Et el conde tovo éste por buen exiemplo et rogó a
Dios quel dexasse fazer tales obras quales entendía que
cumplen para salvamiento de su alma et para guarda
de su fama et de su onra et de su estado.

Et porque don Iohan tovo éste por muy buen en-
xiemplo, fízolo escrivir en este libro, et fizo estos viessos
que dizen assí:

> Faz sienpre bien et guárdate de sospecha,
> et siempre será la tu fama derecha.

Et la estoria deste exiemplo es ésta que se sigue:

EXEMPLO XLVIIº

DE LO QUE CONTESÇIÓ A UN MORO CON UNA SU HERMANA QUE DAVA A ENTENDER QUE ERA MUY MEDROSA *

U n día fablava el conde Lucanor con Patronio en
esta guisa:

—Patronio, sabet que yo he un hermano que es ma-
yor que yo, et somos fijos de un padre et de una madre

---

* Knust, p. 408, se limita a indicar que P. Gayangos (BAE, t. 51,
p. XXI) asegura que el cuento "está conocidamente tomado de un
libro arábigo o cuando menos don Juan lo oyó de boca de algún
moro granadino". A su vez 'anota que Puibusque, *Le comte Lucanor*,
p. 445, encontraba relaciones con algún fabliaux. Doña María Goyri
de Menéndez Pidal en "Sobre el ejemplo 47 del *Conde Lucanor*"
(*Correo erudito*, I, 1940, págs. 103-4) sostiene que la anécdota "es
reconocidamente de origen oriental, como lo muestra, aparte de la
cita árabe del proverbio, la simplicidad de la narración y el detalle
de la violación de la sepultura, tan común en Oriente". Transcribe
además una conversación que fray Diego de Haedo (*Topografía e
historia general de Argel*, Bibls. esps., t. III, p. 231) sostuvo con el

et porque es mayor que yo, tengo que lo he de tener
en logar de padre et seerle a mandado. Et él ha fama
que es muy buen christiano et muy cuerdo, pero gui-
sólo Dios assí: que só yo más rico et más poderoso
que él; et commo quier que él non lo da a entender,
só çierto que a ende envidia, et cada que yo he mester
su ayuda et que faga por mí alguna cosa, dame a en-
tender que lo dexa de fazer porque sería peccado, et
estráñamelo [784] tanto fasta que lo parte [785] por esta
manera. [786] Et algunas vezes que ha mester mi ayuda,
dame a entender que aunque todo el mundo se per-
diesse, que non devo dexar de aventurar el cuerpo et
quanto he porque se faga lo que a él cumple. Et
porque yo passo con él en esta guisa, ruégovos que
me consegedes lo que viéredes que devo en esto fazer
et lo que me más cumple.

—Señor conde —dixo Patronio—, a mí paresçe que
la manera que este vuestro hermano trae conbusco,
semeja mucho a lo que dixo un moro a una su hermana.

El conde le preguntó cómmo fuera aquello.

—Señor conde —dixo Patronio—, un moro avía una
hermana que era tan regalada, que de quequier [787] que
veýe o la fazíen, que de todo dava a entender que to-
mava reçelo et se espantava. Et tanto avía esta manera,
que quando bevía del agua en unas tarrazuelas [788] que
la suelen bever los moros, que suena el agua quando
beven, quando aquella mora ‘oyó aquel sueno [789] que

---

doctor Sosa, que explica muy bien el cuento de don Juan Manuel:
"Estos tan alumbrados letrados y santos afirman que beber por vaso
de cuello largo y que haga *glo, glo,* como una garrafa o frasco, es
gran pecado; y si bebieren, que no lo hinchan más que hasta el
cuello porque no haga aquel rumor; y dan neciamente por causa
que de aquella manera fuerzan el vaso con violencia que dé la agua".
Y añade la ilustre investigadora: "Don Juan Manuel tenía en mente
la antítesis de un pecado nimio temido y uno enorme admitido y
aplicaba con justicia el proverbio".

[784] *estráñamelo:* rehúyelo, lo evita. Véase la nota 256 en la
p. 90.

[785] *parte:* elude, evita. Comp.: "Pues la lid non se puede par-
tir, que deue fazer que los suyos vayan en punta". *Libro de los esta-
dos,* f. 82b.

[786] *manera:* razón, causa. Véase otro ejemplo en la p. 57.

[787] *quequier:* cualquier cosa. Véase p. 144, nota 497.

[788] *terrazuelas:* de 'terrazo', jarro de barro para beber agua.

[789] *sueno:* son, con diptongación de *o.* Comp.: "Con los pies e
las manos e con el noble freno / el cavallo sobervio fazía tan grand
sueno". *Libro de buen amor,* 238ab.

fazía el agua en aquella tarraçuella, dava a entender
que tan grant miedo avía daquel sueno que se quería
amorteçer. [790]

Et aquel su hermano era muy buen mançebo, mas
era muy pobre, et porque la grant pobreza faz a omne
fazer lo que non querría, non podía escusar aquel man-
çebo de buscar la vida muy vergonçosamente. Et fazíalo
assí: que cada que moría algún omne yva de noche
et tomávale la mortaja et lo que enterravan con él, et
desto mantenía a ssí et a su hermana et a ssu compaña.
Su hermana sabía esto.

Et acaesçió que murió un omne muy rico, et ente-
rraron con él muy ricos paños et otras cosas que va-
lían mucho. Quando la hermana esto sopo, dixo a su
hermano que ella quería yr con él aquella noche para
traer aquello con que aquel omne avían enterrado.

Desque la noche vino, fueron el mançebo et su her-
mana a la fuessa [791] del muerto, et avriéronla, et quan-
do le cuydaron tirar [792] aquellos paños muy preçiados
que tenía vestidos, non pudieron sinon rompiendo los
paños o crebando [793] las cervizes del muerto.

Quando la hermana vio que si non quebrantassen el
pescueço del muerto, que avrían de ronper los paños
et que perderían mucho de lo que valían, fue tomar
con las manos, muy sin duelo et sin piedat, de la ca-
beça del muerto et descoiuntólo todo, et sacó los paños
que tenía vestidos, et tomaron quanto ý estava, et fué-
ronse con ello.

Et luego, otro día, quando se asentaron a comer,
desque començaron a bever, quando la tarrazuela co-
mençó a sonar, dio a entender que se quería amorteçer
de miedo de aquel sueno que fazía la tarrazuela. Quan-
do el hermano aquello vio, et se acordó quánto sin
miedo et sin duelo desconjuntara la cabeça del muerto,
díxol en algaravía:

---

[790] *amorteçer*: desmayar. Comp.: "Por el rastro tornós Félez
Muñoz, / falló sus primas amorteçidas amas a dos". *Poema del Cid*,
2776-2777.

[791] *fuessa*: fosa, 'huesa' aún hoy en muchos pueblos.

[792] *tirar*: quitar. Comp.: "Otrosi maldixo a la muger et aun
maldixo Adam et tiroles quanto bien avian". *Libro de los estados*,
f. 60a. "Tiras toda vergüenza, desfeas fermosura". *Libro de buen
amor*, 1548.

[793] *crebando*: quebrando, por metátesis.

—Aha ya ohti, tafza min bocu, bocu, va liz tafza min fotuh encu. [794]

Et esto quiere decir: "Ahá, hermana, despantádesvos del sueno de la tarrazuela que faze boc,- boc, et non vos espantávades del desconjuntamiento del pescueço."

Et este proberbio es agora muy retraýdo [795] entre los moros.

Et vós, señor conde Lucanor, si aquel vuestro hermano mayor veedes que en lo que a vos cumple se escusa por la manera que avedes dicha, dando a entender que tiene por grand pecado lo que vós quer[r]íades que fiziesse por vós, non seyendo tanto commo él dize, et tiene que es guisado, [796] et dize que fagades vós lo que a [é]l cumple, aunque sea mayor peccado et muy grand vuestro daño, entendet que es de la manera de la mora que se espantava del sueno de la tarrazuela et non se espantava de desconiuntar la cabeça del muerto. Et pues él quiere que fagades vós por él lo que sería vuestro daño si lo fiziésedes, fazet vós a él lo [que] él faze a vós: dezilde buenas palabras, et mostradle muy buen talante; et en lo que vos non enpeezçiere, facet por él todo lo que cumpliere, mas en lo que fuer vuestro daño, partitlo siempre con la más apuesta manera que pudiéredes, et en cabo, [797] por una

---

[794] Gayangos leyó "A haya ohti, taszą min botu, botu, va liz tasza fotuh encu". Knust transcribe: "Aha ya uchti, tafza min bakki, vala tafza min fatr onki"; Juliá copia la transcripción de Gayangos, mientras González Palencia lee lo mismo que Knust, añadiendo: "La transcripción del ms. utilizado por Juliá refleja un dialectalismo granadino y algo posterior al siglo xiv". Doña María Goyri de Menéndez Pidal, en el artículo citado dice que el sabio Codera le copió la frase así: "Ah ya ojti tafza min boc boc uala tafza min fotuh encoh", al paso que Nykl propone leer "Aha ya ukhti, tafza' min baqbaqu wa la (or les) tafza' min fatq (possibly fatr, farq) 'unqu".

[795] retraýdo: dicho, citado, de 'retraer', contar. Comp.: "Por quanto vos amades non sea retraydo"; "Que por toda la tierra ayna retrahido / que era el sant omne desti sieglo transsido". Berceo, Vida de san Millán, 236 y 322. Nykl en su artículo citado aduce proverbios parecidos, procedentes de distintos libros.)

[796] guisado: justo, conveniente. Comp.: "non puedo traer el aver, ca mucho es pesado, / empeñar gelo he por lo que fore guisado". Poema del Cid, 92-93.

[797] en cabo: al final, por último. Comp.: "Muchos ay que trabajan siempre por clerezía, / deprenden grandes tiempos, espienden grand quantía; / en cabo saben poco, que su fado les guía". Libro de buen amor, 125.

guisa o por otra, guardatvos de fazer vuestro daño.

El conde tovo éste por buen conseio et fízolo así et fallósse ende muy bien.

Et teniendo don Johan este enxiemplo por bueno, fízolo escrivir en este libro, et fizo estos viessos que dizen assí:

> Por qui non quiere lo que te cumple fazer,
> et tú non quieras lo tuyo por él perder.

Et la estoria deste enxiemplo es ésta que se sigue:

EXEMPLO XLVIIIº

DE LO QUE CONTESÇIÓ A UNO QUE PROVAVA SUS AMIGOS *

OTRA vez fablava el conde Lucanor con Patronio, su consejero, en esta manera:

—Patronio, segunt el mio cuydar, yo he muchos amigos que me dan a entender que por miedo de perder los cuerpos nin lo que an, que non dexarían de fazer lo que me cumpliesse, que por cosa del mundo que pudiesse acaesçer non se partirían de mí. Et por el buen entendimiento que vós avedes, ruégovos que me digades en qué manera podré saber si estos mis amigos farían por mí tanto commo dizen.

—Señor conde Lucanor —dixo Patronio—, los buenos amigos son la mejor cosa del mundo, et bien cred que quando biene grand mester et la grand quexa, que falla omne muy menos de quantos cuyda; et otrosí, quando el mester non es grande, es grave de provar quál sería amigo verdadero quando la priessa [798] veniesse; pero para que vós podades saber quál es el amigo verdadero, plazerme ya que sopiéssedes lo que

---

* Es uno de los cuentos folklóricos más universales. De origen oriental (figura en el *Syntipas*), aparece tempranamente en el *Speculum laicorum* de J. de Hoveden, en la *Disciplina clericalis* de P. Alfonso, en la historia del *Caballero Zifar* (cap. V de la primera parte) y en la *Vida del Ysopete con sus fabulas historiadas* (Zaragoza, 1489), págs. 111-112, "del sabio Lucanio de Arabia". Para más detalles, véase Knust, p. 409 y ss. Pero don Juan Manuel parte de la versión del ms. B de *Castigos e documentos*, edic. cit., p. 166-169 nota.

[798] *priessa*: necesidad. Vid. p. 224, nota 762.

contesçió a un omne bueno con un su fijo que dizía
que avía muchos amigos.

El conde le preguntó cómmo fuera aquello.

—Señor conde Lucanor —dixo Patronio—, un omne
bueno avía un fijo, et entre las otras cosas quel man-
dava et le consejava, dizíal sienpre que puñasse [799] en
aver muchos amigos et buenos. El fijo fízolo assí, et
començó [a] acompañarse et a partir de lo que avía
con muchos omnes por tal de los aver por amigos. Et
todos aquellos dizían que eran sus amigos et que farían
por él todo quantol cumpliesse, et que aventurarían por
él los cuerpos et quanto en l' mundo oviessen quandol
fuesse mester.

Un día, estando aquel mançebo con su padre, pre-
guntol si avía fecho lo quel mandara, et si avía ganado
muchos amigos. [Et el fijo díjole que sí, que había mu-
chos amigos], mas que señaladamente entre todos los
otros avía fasta diez de que era çierto que por miedo
de muerte, nin de ningún reçelo, que nunca le erra-
ríe[n] [800] por quexa, nin por mengua, nin por ocasión
quel acaesçiesse.

Quando el padre esto oyó, díxol que se marabilla[ba]
ende mucho porque en tan poco tiempo pudiera aver
tantos amigos et tales, ca él, que era mucho ançiano,
nunca en toda su vida pudiera aver más de un amigo
et medio. [801]

El fijo començó a porfiar diziendo que era verdat lo
que él dizía de sus amigos. Desque el padre vio que
tanto porfiava el fijo, dixo que los provasse en esta
guisa : que matasse un puerco et que lo metiesse en un
saco, et que se fuesse a casa de cada uno daquellos
sus amigos, et que les dixiesse que aquél era un omne
que él avía muerto, et que era çierto; et si aquello
fuesse sabido, que non avía en l' mundo cosa quel pu-

799 *puñasse*: se esforzase.
800 *erraríe[n]*: faltarían, defraudarían. Comp.: "Et la otra, por-
que pues Adam, que era omne, erro a Dios, que oviese y omne que
muriese por el pecado que fizo Adam". *Libro de los estados*, f. 110c.
801 Comp.: "Quando tal amigo commo este fallaredes, consejovos
quel amedes mucho e fiedes en él, e fagades por él, si acaesçiere
en que, mas que él fizo por vos. Et gradesçed mucho a Dios si uos
diere tal amigo; ca digovos que fasta aqui, maguer he passado
çinquenta annos, abes vos podria dezir que falle de tales amigos mas
de uno, e non lo quiero nonbrar por non me perder con los otros".
Libro infinido, págs. 79-80.

diesse escapar de la muerte a él et a quantos sopiessen
que sabían daquel fecho; et que les rogasse, que pues
sus amigos eran, quel encubriessen aquel omne et, si
mester le fuesse, que se parassen [802] con él a lo defender.

El mançebo fízolo et fue provar sus amigos según
su padre le mandara. Et desque llegó a casa de sus
amigos et les dixo aquel fecho perigloso quel acaes-
çiera, todos le dixieron que en otras cosas le ayudaríen;
mas que en esto, porque podrían perder los cuerpos et
lo que avían, que non se atreverían a le ayudar et que,
por amor de Dios, que guardasse que non sopiessen
ningunos que avía ydo a sus casas. Pero destos amigos,
algunos le dixieron que non se atreverían a fazerle otra
ayuda, mas que yrían rogar por él; et otros le dixie-
ron que quando le levassen a la muerte, que non lo
desanpararían fasta que oviessen conplido en l' la jus-
ticia, et quel farían onrra al su enterramiento.

Desque el mançebo ovo provado assí todos sus ami-
gos et non falló cobro en ninguno, tornóse para su
padre et díxol todo lo quel acaesçiera. Quando el padre
así lo vio venir, díxol que bien podía ver ya que más
saben los que mucho an visto et provado, que los que
nunca passaron por las cosas. Estonçe le dixo que él
non avía más de un amigo et medio, et que los fuesse
provar.

El mancebo fue provar al que su padre tenía por
medio amigo; et llegó a ssu casa de noche et levava
el puerco muerto a cuestas, et llamó a la puerta da-
quel medio amigo de su padre et contol aquella des-
aventura quel avía contesçido et lo que fallara en todos
sus amigos, et rogol que por el amor que avía con su
padre [quel acorriese] en aquella cuyta.

Quando el medio amigo de su padre aquello vio,
díxol que con él non avía amor nin affazimiento [803]
porque se deviesse tanto aventurar, mas que por el
amor que avía con su padre, que gelo encubriría.

Entonçe tomó el saco con el puerco a cuestas, cuy-
dando que era omne, et levólo a una su huerta et en-
terrólo en un sulco de coles; et puso las coles en el

---

[802] *parassen*: preparasen, estuviesen dispuestos. Véase la nota
320 en la p. 103.
[803] *affazimiento*: confianza, intimidad. Vid. la nota 251 en la
p. 89.

surco assí como ante estavan et envió el mançebo a
buena bentura.

Et desque fue con su padre, contol todo lo quel con-
tesçiera con aquel su medio amigo. El padre le mandó
que otro día, quando estudiessen en conçejo, [804] que
sobre qualquier razón que despartiessen, que comen-
çasse a porfiar con aquel su medio amigo, et, sobre la
porfía, quel diesse una puñada [805] en l' rostro, la mayor
que pudiesse.

El mançebo fizo lo quel mandó su padre et quando
gela dio, catol el omne bueno et díxol:

—A buena fe, fijo, mal feziste; mas dígote que por
éste nin por otro mayor tuerto, non descubriré las coles
del huerto. [806]

Et desque el mançebo esto contó a su padre, mandol
que fuesse provar aquel que era su amigo complido.
Et el fijo fízolo.

Et desque llegó a casa del amigo de su padre et le
contó todo lo que le avía contesçido, dixo el omne
bueno, amigo de su padre, que él le guardaría de
muerte et de daño.

Acaesçió, por aventura, que en aquel tiempo avían
muerto un omne en aquella villa, et non podían saber
quién lo matara. Et porque algunos vieron que aquel
mançebo avía ydo con aquel saco a cuestas muchas ve-
zes de noche, tovieron que él lo avía muerto.

¿Qué vos yré alongando? El mançebo fue jubgado
que lo matassen. Et el amigo de su padre avía fecho
quanto pudiera por lo escapar. [807] Desque vio que en
ninguna manera non lo pudiera librar de muerte, dixo
a los alcaldes que non quería levar pecado de aquel
mançebo, que sopiessen que aquel mançebo non ma-
tara el omne, mas que lo matara un su fijo solo que él

---

[804] conçejo: ¿concejo?, junta, reunión. Comp.: "o ferirle o mal
traerle de palabra en conçejo o en poridad o mostrarle mal talante".
Libro de los estados, f. 98c.

[805] puñada: puñetazo. Comp.: "yo l'respondí que l'daría a él
una tal puñada / que en tiempo de su vida nunca la viesse vengada".
Libro de buen amor, 63ab.

[806] En la versión de Castigos e documentos, p. 177, nota, se lee
así: "Aunque me des otra a tuerto e sin derecho nunca se desco-
briran las berças del huerto."

[807] escapar: librar. Véase la nota 156 en la p. 72. Otra refe-
rencia en la p. 295, nota 955.

avía. Et fizo al fijo que lo cognosçiesse; [808] et el fijo otorgólo; et matáronlo. Et escapó de la muerte el fijo del omne bueno que era amigo de su padre.

Agora, señor conde Lucanor, vos he contado cómmo se pruevan los amigos, et tengo que este enxiemplo es bueno para saber en este mundo quáles son los amigos, et que los deve provar ante que se meta en grant periglo por su fuza, et que sepa a quánto se pararan por él sil fuere mester. Ca çierto seet que algunos son buenos amigos, mas muchos, et por aventura los más, son amigos de la ventura, [809] que, assí commo la ventura corre, assí son ellos amigos.

Otrosí, este enxiemplo se puede entender spiritualmente en esta manera: todos los omnes en este mundo tienen que an amigos, et quando viene la muerte, anlos de provar en aquella quexa, et van a los seglares, et dízenlos que assaz an que fazer en sí; van a los religiosos et dízenles que rogarán a Dios por ellos; van a la muger et a los fijos et dízenles que yrán con ellos fasta la fuessa et que les farán onrra a ssu enterramiento; et assí pruevan a todos aquellos que ellos cuydavan que eran sus amigos. Et desque non fallan en ellos ningún cobro para escapar de la muerte, assí commo tornó el fijo, depués que non falló cobro en ninguno daquellos que cuydava que eran sus amigos, tórnanse a Dios, que es su padre, et Dios dízeles que prueven a los sanctos que son medios amigos. Et ellos fázenlo. Et tan grand es la vondat de los sanctos et sobre todos de sancta María, que non dexan de rogar a Dios por los pecadores; et sancta María muéstrale cómmo fue su madre et quánto trabajo tomó en lo tener et en lo criar, et los sanctos muéstranle las lazerias et las penas et los tormentos et las passiones que reçebieron por él; et todo esto fazen por encobrir los yerros de los pecadores. Et aunque ayan reçebido muchos enojos

808 *cognosçiesse*: reconociese. Véase la nota 260 en la p. 91.

809 Don Juan Manuel dice del amor de ventura que "es quando un omne ama a otro porquel va muy bien et la ventura es en su ayuda. Mas pues non le ama si non por la buena ventura, que asi la bentura se buelue, luego el amor es partido. Et de tal amor commo este dixo un sabio: "Cum fueris felix, e cetera". Que quiere dezir: "Quando fueres bien andante, muchos fallaras que se faran tus amigos, et si se te rebuelue la ventura, fincarás en tu cabo". *Libro infinido*, p. 83.

dellos, non le descubren, assí commo non descubrió
el medio amigo la puñada quel dio el fijo del su amigo.
Et desque el pecador vee spiritualmente que por todas
estas cosas non puede escapar de la muerte del alma,
tórnasse a Dios, assí commo tornó el fijo al padre des-
pués que non falló quien lo pudiesse escapar de la
muerte. Et nuestro señor Dios, assí commo padre et
amigo verdadero, acordándose del amor que ha al
omne, que es su criatura, fizo commo el buen amigo,
ca envió al su fijo Ihesu Christo que moriesse, non
oviendo ninguna culpa et seyendo sin pecado, por des-
fazer las culpas et los pecados que los omnes meres-
çían. Et Ihesu Christo, commo buen fijo, fue obediente
a su padre et seyendo verdadero Dios et verdadero
omne quiso reçebir, et reçebió, muerte, et redimió a
los pecadores por la su sangre.

Et agora, señor conde, parat mientes quáles destos
amigos son mejores et más verdaderos, o por quáles
devía omne [810] fazer más por los ganar por amigos.

Al conde plogo mu[cho] con todas estas razones, et
tovo que eran muy buenas.

Et entendiendo don Iohan que este enxiemplo era
muy bueno, fízolo escrivir en este libro, et fizo estos
viessos que dizen assý:

Nunca omne podría tan buen amigo fallar
commo Dios, que lo quiso por su sangre comprar.

Et la estoria deste enxiemplo es ésta que se sigue:

[EXEMPLO XLIX

De lo que contesçió al que echaron en la ysla
desnuyo quandol tomaron el señorío que
teníe] *

O t r a vez fablava el conde Lucanor con Patronio, et
díxole:

---

[810]   *omne*: con valor del indefinido 'uno', 'alguno'. Comp.: "Si
omne a de çercar algun lugar de los suyos, conviene...". *Libro de los
estados*, f. 48b.

*   Knust, p. 412-413, halla numerosas fuentes a este cuento, desde
el *Barlaam y Josaphat*, cap. XIV, a la *Leyenda áurea*, cap. 180,
pasando por la *Gesta romanorum*, cap. 224.

—Patronio, muchos me dizen que, pues yo só tan
onrado et tan poderoso, que faga quanto pudiere por
aver grand riqueza et grand poder et grand onra, et
[que] esto es lo que me más cumple et más me perte-
nesçe. Et porque yo sé que siempre me conseiades lo
meior et que lo faredes assí daquí adelante, ruégovos
que me conseiedes lo que vierdes que me más cumple
en esto.

—Señor conde —dixo Patronio—, este conseio que
me vós demandades es grave de dar por dos razones:
lo primero, que en este consejo que me vós demanda-
des, avré a dezir contra vuestro talante; et lo otro, por-
que es muy grave de dezir contra el consejo que es dado
a pro del señor. Et porque en este conseio ha estas dos
cosas, esme muy grave de dezir contra él, pero, porque
todo consej[er]o, si leal es, non deve catar sinon por
dar el mejor consejo et non catar su pro, nin su daño,
nin si le plaze al señor, nin si le pesa, sinon dezirle lo
mejor que omne viere, por ende, yo non dexaré de vos
dezir en este consejo lo que entiendo que es más vues-
tra pro et vos cumple más. Et por ende, vos digo que
los que esto vos dizen que, en parte, vos conseian bien,
pero non es el consejo complido nin bueno para vós;
mas para seer del todo complido et bueno, seríe muy
bien et plazerme ya mucho que sopiésedes lo que acaes-
çió a un omne quel fizieron señor de una grand tierra.

El conde le preguntó cómmo fuera aquello.

—Señor conde Lucanor —dixo Patronio—, en una
tierra avían por costumbre que cada año fazían un
señor. Et en quanto durava aquel año, fazían todas
las cosas que él mandava; et luego que el año era
acabado, tomávanle quanto avía et desnuyávanle et
echávanle en una ysla solo, que non fincava con él
omne del mundo.

Et acaesçió que ovo una vez aquel señorío un omne
que fue de meior entendimiento et más aperçebido que
los que lo fueron ante. Et porque sabía que desque el
año passase, quel avían de fazer lo que a los otros, ante
que se acabasse el año del su señorío, mandó, en grand
poridat, fazer en aquella ysla, do sabía que lo avían
de echar, una morada muy buena et muy conplida
en que puso todas las cosas que eran mester para toda
su vida. Et fizo la morada en lugar tan encubierto,

que nunca gelo pudieron entender los de aquella tierra
quel dieron aquel señorío.

Et dexó algunos amigos en aquella tierra assí adeb-
dados et castigados [811] que si, por aventura, alguna
cosa oviessen mester de las que él non se acordara de
enviar adelante, que gelas enviassen ellos en guisa quel
non menguasse ninguna cosa.

Quando el año fue complido et los de la tierra le
tomaron el señorío et le echaron desnuyo en la ysla,
assí commo a los otros fizieron que fueron ante que
él; porque él fuera apercebido et abía fecho tal mora-
da en que podía vevir muy biçioso [812] et muy a plazer
de sí, fuesse para ella, et viscó [813] en ella muy bien
andante.

Et vós, señor conde Lucanor, si queredes seer vien
conseiado, parad mientes que este tiempo que avedes
de bevir en este mundo, pues sodes çierto quel avedes a
dexar et que vós avedes a parar desnuyo dél et non
avedes a levar del mundo sinon las obras que fizierdes,
guisat que las fagades tales, porque, quando deste
mundo salierdes, que tengades fecha tal morada en l'
otro, porque quando vos echaren deste mundo desnu-
yo, que fagades buena morada para toda vuestra vida.
Et sabet que la vida del alma non se cuenta por años,
mas dura para siempre sin fin; ca el alma es cosa
spiritual et non se puede corromper, ante dura et finca
para siempre. Et sabet que las obras buenas o malas
que el omne en este mundo faze, todas las tiene Dios
guardadas para dar dellas galardón en l' otro mundo,
segund sus mereçimientos. Et por todas estas razones,
conséiovos yo que fagades tales obras en este mundo
porque quando dél ovierdes de salir, falledes buena
posada en aquél do avedes a durar para siempre, et
que por los estados et honras deste mundo, que son
vanas et falleçederas, que non querades perder aquello
que es çierto que a de durar para siempre sin fin. Et
estas buenas obras fazetlas sin ufana et sin vana gloria,
que aunque las vuestras buenas obras sean sabidas,
sienpre serían encubiertas, pues non las fazedes por
ufana, nin por vana gloria. Otrosí, dexat acá tales

---

[811] *castigados*: aconsejados.
[812] *biçioso*: regalado.
[813] *viscó*: vivió. Véase la nota 140 en la p. 68.

amigos que lo que vós non pudierdes complir en vuestra vida, que lo cumplan ellos a pro de la vuestra alma. Pero seyendo estas cosas guardadas, todo lo que pudierdes fazer por levar vuestra onra et vuestro estado adelante, tengo que lo devedes fazer et es bien que lo fagades.

El conde tovo este por buen enxienplo et por buen consejo et rogó a Dios quel guisase que lo pudiesse assí fazer commo Patronio dizía.

Et entendiendo don Iohan que este enxienplo era bueno, fízolo escrivir en este libro, et fizo estos viessos que dizen assí:

> Por este mundo falleçedero,
> non pierdas el que es duradero.

Et la estoria deste enxienplo es ésta que se sigue:

EXEMPLO Lº

DE LO QUE CONTESÇIÓ A SALADÍN CON UNA DUEÑA, MUGER DE UN SU VASALLO *

FABLAVA el conde Lucanor un día con Patronio, su consegero, en esta guisa:

—Patronio, bien sé yo çiertamente que vós avedes tal entendimiento que omne de los que son agora en esta tierra non podría dar tan buen recabdo a ninguna cosa quel preguntassen commo vós. Et por ende, vos ruego que me digades quál es la mejor cosa que omne puede aver en sí. Et esto vos pregunto porque bien entiendo que muchas cosas a mester el omne para saber acertar en lo mejor et fazerlo, ca por entender omne la cosa et non obrar della bien, non tengo que meiora

* El cuento se relaciona con otro del *Syntipas* (*El anillo del rey*) conocido en la literatura folklórica europea con el título de *La huella del león*. Véase el trabajo de A. González Palencia, "La huella del león" en la *Revista de Filología Española*, XIII (1926), págs. 39-59. Sobre Saladino y la novela, vid. P. Rajna, "La Novella boccaccesca e di Meses Torello" en *Romania*, VI (1877), p. 364 y ss.

Saladino es el conocido Yusuf Salah al-din, que dominó Egipto y sucedió a los fatimíes en el califato. Intervino en las luchas con los cruzados de Palestina y gobernó entre 1160 y 1194.

muncho en su fazienda. Et porque las cosas son tantas, querría saber a lo menos una, porque siempre me acordasse della para la guardar.

—Señor conde Lucanor —dixo Patronio—, vós, por vuestra merçed, me loades mucho señaladamente et dizides que yo he muy grant entendimiento. Et, señor conde, yo reçelo que vos engañades en esto. Et bien cred que non a cosa en l' mundo en que omne tanto nin tan de ligero se engañe commo en cognoscer los omnes quáles son en sí et quál entendimiento an. Et estas son dos cosas: la una, quál es el omne en sí; la otra, qué entendimiento ha. Et para saber quál es en sí, asse de mostrar en las obras que faze a Dios et al mundo; ca muchos parescen que fazen buenas obras, et [non] son buenas: que todo el [su] bien es para este mundo. Et creet que esta vondat quel costará muy cara, ca por este vien que dura un día, sufrirá mucho mal sin fin. Et otros fazen buenas obras para serviçio de Dios et non cuydan en lo del mundo; et commo quier que éstos escogen la mejor parte et la que nunca les será tirada [814] nin la perderán; pero los unos nin los otros non guardan entreamas las carreras, que son lo de Dios et del mundo.

Et para las guardar amas, ha mester muy buenas obras et muy grant entendimiento, que tan grand cosa es de fazer esto commo meter la mano en l' fuego et non sentir la su calentura; pero, ayudándole Dios, et ayudándosse el omne, todo se puede fazer; ca ya fueron muchos buenos reys et otros homnes sanctos; pues éstos buenos fueron a Dios et al mundo. Otrosí, para saber quál ha buen entendimiento, ha mester muchas cosas; ca muchos dizen muy buenas palabras et grandes sesos [815] et non fazen sus faziendas tan bien commo les complía; mas [otros] traen muy bien sus faziendas et non saben o non quieren o non pueden dezir tres palabras a derechas. Otros fablan muy bien et fazen muy bien sus faziendas, mas son de malas entençiones, et commo quier que obran bien para sí, obran malas obras para las gentes. Et destos tales dize la Scriptura [816] que son tales como el loco que tiene

---

[814] *tirada*: quitada. Vid. la nota 792 en la p. 233.
[815] *sesos*: sentencias. Véase la nota 668 en la p. 193.
[816] Ex. XXV.

la espada en la mano, o commo el mal príncipe que
ha grant poder.

Mas, para que vós et todos los omnes podades cog-
nosçer quál es bueno a Dios et al mundo, et quál es
de buen entendimiento et quál es de buena palabra
et quál es de buena entençión, para lo escoger verda-
deramente, conviene que non judguedes a ninguno
sinon por las obras que fiziere luengamente, et non
poco tiempo, et por commo viéredes que mejora o que
peora [817] su fazienda, ca en estas dos cosas se paresçe
todo lo que desuso es dicho.

Et todas estas razones vos dixe agora porque vós
loades mucho a mí et al mio entendimiento, et so
çierto que, desque a todas estas cosas catáredes, que
me non loaredes tanto. Et a lo que me preguntastes
que vos dixiesse quál era la mejor cosa que omne podía
aver en sí, para saber desto la verdat, querría mucho
que sopiésedes lo que contesçió a Saladín con una muy
buena dueña, muger de un cavallero, su vasallo.

Et l' conde le preguntó cómmo fuera aquello.

—Señor conde Lucanor —dixo Patronio—, Saladín
era soldán de Babillonia et traýa consigo sienpre muy
grand gente; et un día, porque todos non podían posar
con él, fue posar a casa de un cavallero.

Et quando el cavallero vio a su señor, que era tan
onrado, en su casa, fízole quanto serviçio et quanto
plazer pùdo, et él et su muger et sus fijos et sus fijas
servíanle quanto podían. Et el Diablo, que sienpre se
trabaja en que faga el omne lo más desaguisado, puso
en el talante de Saladín que olbidasse todo lo que
devía guardar et que amasse aquella dueña non com-
mo devía.

Et l' amor fue tan grande, quel ovo de traer a con-
seiarse con un su mal conseiero en qué manera podría
complir lo que él quería. Et devedes saber que todos
devían rogar a Dios que guardasse a su señor de que-
rer fazer mal fecho, ca si el señor lo quiere, çierto seed
que nunca menguará quien gelo conseje et quien lo
ayude a lo complir.

Et assí contesçió a Saladín, que luego falló quien
lo consejó cómmo pudiesse complir aquello que quería.

<hr />

[817] *peora*: hace peor, empeora. Comp.: "Los sanctos ni las sanc-
tas no lis querrien valer, / peoravan cutiano a mui grand poder".
Berceo, *Milagros*, 388.

Et aquel mal conseiero, consejol que enviasse por su marido et quel fiziesse mucho vien et quel diesse muy grant gente de que fuesse mayoral; et a cabo de algunos días, quel enviasse [a] alguna tierra lueñe en su serviçio, et en quanto el cavallero estudiesse allá, que podría él complir toda su voluntad.

Esto plogo a Saladín, et fízolo assí. Et desque el cavallero fue ydo en su serviçio, cuydando que yba muy bien andante et muy amigo de su señor, fuesse Saladín para su casa. Desque la buena dueña sopo que Saladín vinía, porque tanta merçed avía fecho a ssu marido, reçibiólo muy bien et fízole mucho serviçio et quanto plazer pudo ella et toda su compaña. Desque la mesa fue alçada et Saladín entró en su cámara, envió por la dueña. Et ella, teniendo que enviaba por al, fue a él. Et Saladín le dixo que la amava mucho. Et luego que ella esto oyó, entendiólo muy bien, pero dio a entender que non entendía aquella razón et díxol quel diesse Dios buena vida et [que] gelo gradesçíe, ca bien sabíe Dios que ella mucho deseava la su vida, et que siempre rogaría a Dios por él, commo lo devía fazer, porque era su señor et, señaladamente, por quanta merçed fazía a su marido et a ella.

Saladín le dixo que, sin todas aquellas razones, la amava más que a muger del mundo. Et ella teníagelo en merçed, non dando a entender que entendía otra razón. ¿Qué vos yré más alongando? Saladín le ovo a dezir cómmo la amava. Quando la buena dueña aquello oyó, commo era muy buena et de muy buen entendimiento, respondió assí a Saladín:

—Señor, commo quier que yo só assaz muger de pequeña guisa, pero vien sé que el amor non es en poder del omne, ante es el omne en poder del amor. Et bien sé yo que si vós tan grand amor me avedes commo dezides, que podría ser verdat esto que me vós dezides, pero assí commo esto sé bien, assí sé otra cosa: que quando los omnes, et señaladamente los señores, vos pagades de alguna muger, dades a entender que faredes quanto ella quisiere, et desque ella finca mal andante et escarnida, [818] preçiádesla poco [et], commo

---

[818] *escarnida*: injuriada, escarnecida, deshonrada. Vid. p. 109, nota 343.

es derecho, finca del todo mal. Et yo, señor, reçelo
que conteçerá assí a mí.

Saladín gelo començó a desfazer prometiéndole quel
faría quanto ella quisiesse porque fincasse muy bien
andante. Desque Saladín esto le dixo, respondiol la
buena dueña que si él le prometiesse de conplir lo que
ella le pidría, ante quel fiziesse fuerça nin escarnio,
que ella le prometía que, luego [que] gelo oviesse com-
plido, faría ella todo lo que él mandasse.

Saladín le dixo que reçelava quel pidría que non le
fablasse más en aquel fecho. Et ella díxol que non
le demandaría esso nin cosa que él muy bien non pu-
diesse fazer. Saladín gelo prometió. La buena dueña le
vesó la mano et el pie et díxole que lo que dél quería
era quel dixiesse quál era la mejor cosa que omne
podía aver en sí, et que era madre et cabeça de todas
las vondades.

Quando Saladín esto oyó, començó muy fieramente [819]
a cuydar, et non pudo fallar qué respondiesse a la
buena dueña. Et porquel avía prometido que non le
faría fuerça nin escarnio fasta quel cumpliesse lo quel
avía prometido, díxole que quería acordar [820] sobresto.
Et ella díxole que prometía que [en] qualquier tiempo
que desto le diesse recado, que ella complería todo
lo que él mandasse.

Assí fincó pleito puesto entrellos. Et Saladín fuesse
para sus gentes; et, commo por otra razón, preguntó
a todos sus sabios por esto. Et unos dizían que la mejor
cosa que omne podía aver era seer omne de buena
alma. Et otros dizían que era verdat para el otro mun-
do, mas que por seer solamente de buena alma, que
non sería muy bueno para este mundo. Otros dizían
que lo mejor era seer omne muy leal. Otros dizían que,
commo quier que seer leal es muy buena cosa, que
podría seer leal et seer muy cobarde, o muy escasso, [821]
o muy torpe, o mal acostumbrado, et assí que al avía
mester, aunque fuesse muy leal. Et [d]esta guisa fabla-
van en todas las cosas, et non podían acertar en lo que
Saladín preguntava.

---

[819] *fieramente*: fuertemente.

[820] *acordar*: meditar.

[821] *escaso*: avaro. Comp.: "Las peores dos cosas que omne puede
auer son que omne sea cobarde e escaso". *Libro de los çient capí-
tulos*, p. 21.

Desque Saladín non falló qui le dixiesse et diesse recabdo a ssu pregunta en toda su tierra, traxo consigo dos jubglares, et esto fizo porque mejor pudiesse con éstos andar por el mundo. Et desconoçidamente passó la mar, et fue a la corte del Papa, do se ayuntan todos los christianos. Et preguntando por aquella razón, nunca falló quien le diesse recabdo. Dende, [822] fue a casa del rey de Françia et a todos los reyes et nunca falló recabdo. Et en esto moró [823] tanto tiempo que era ya repentido de lo que avía començado.

Et ya por la dueña non fiziera tanto; mas, porque él era tan buen omne, tenía quel era mengua si dexasse de saber aquello que avía començado; ca, sin dubda, el grant omne grant mengua faze si dexa lo que una vez comiença, solamente que el fecho non sea malo o pecado; mas, si por miedo o trabajo lo dexa, non se podría de mengua escusar. Et por ende, Saladín non quería dexar de saber aquello porque salliera de su tierra.

Et acaesçió que un día, andando por su camino con sus jubglares, que toparon con un escudero que vinía de correr monte [824] et avía muerto un çiervo. Et el escudero casara poco tiempo avía, et abía un padre muy viejo que fuera el mejor cavallero que oviera en toda aquella tierra. Et por la grant vejez, non veýa et non podía salir de su casa, pero avía el entendimiento tan bueno et tan complido, que non le menguava ninguna cosa por la vejez. El escudero, que venía de su caça muy alegre, preguntó aquellos omnes que d'onde vinían et qué omnes eran. Ellos le dixieron que eran joglares.

Quando él esto oyó, plógol ende mucho, et díxoles quél vinía muy alegre de su caça et para complir el alegría, que pues eran ellos muy buenos joglares, que fuessen con él essa noche. Et ellos le dixieron que yvan a muy grant priessa, que muy grant tiempo avía que se partieran de su tierra por saber una cosa et que non pudieron fallar della recabdo et que se querían tornar, et que por esso non podían yr con él essa noche.

[822] *Dende*: Desde allí. Vid. la nota 71 en la p. 57.
[823] *moró*: pasó. Véase la nota 672 en la p. 194.
[824] *correr monte*: cazar. Comp.: "Otrosi, del alcaçar mismo veran correr montes de jaualis e de çieruos". *Libro de la caza*, p. 69.

El escudero les preguntó tanto, fasta quel ovieron a dezir qué cosa era aquello que querían saber. Quando el escudero esto oyó, díxoles que si su padre non les diesse consejo a esto, que non gelo daría omne del mundo, et contóles qué omne era su padre.

Quando Saladín, a que el escudero tenía por ioglar, oyó esto, plógol ende muncho. Et fuéronse con él.

Et desque llegaron a casa de su padre, et el escudero le contó cómmo vinía mucho alegre porque caçara muy bien et aún, que avía mayor alegría porque traýa consigo aquellos juglares; et dixo a su padre lo que andavan preguntando, et pidiol por merçed que les dixiesse lo que desto entendía él, ca él les avía dicho que, pues non fallavan quien les diesse desto recabdo, que si su padre non gelo diesse, que non fallarían omne que les diesse recabdo.

Quando el cavallero ançiano esto oyó, entendió que aquél que esta pregunta fazía que non era juglar; et dixo a su fijo que, después que oviessen comido, que él les daría recabdo a esto que preguntavan.

Et l' escudero dixo esto a Saladín, que él tenía por joglar, de que fue Saladín mucho alegre, et alongávasele ya mucho porque avía de atender [825] fasta que oviesse comido.

Desque los manteles fueron levantados et los juglares ovieron fecho su mester, díxoles el cavallero ançiano quel dixera su fijo que ellos andavan faziendo una pregunta et que non fallavan omne que les diesse recabdo, et quel dixiessen qué pregunta era aquélla, et él que les diría lo que entendía.

Entonçe, Saladín, que andava por juglar, díxol que la pregunta era ésta: que quál era la mejor cosa que omne podía aver en sí, et que era madre et cabeça de todas las vondades.

Quando el cavallero ançiano oyó esta razón, entendióla muy bien; et otrosí, conosçió en la palabra que aquél era Saladín; ca él visquiera muy grand tiempo con él en su casa et reçibiera dél mucho vien et mucha merçed, et díxole:

—Amigo, la primera cosa que vos respondo, dígovos que çierto só que fasta el día de oy, que nunca tales

---

[825] *atender*: esperar. Comp.: "que sepa el cabildo de vos como seedes, / en qual estado sodes, o qual lo atendedes". Berceo, *Milagros*, 294cd.

juglares entraron en mi casa. Et sabet que, si yo dere-
cho fiziere, que vos debo cognosçer quánto bien de
vós tomé, pero desto non vos diré agora nada, fasta
que fable conbusco en poridat, porque non sepa nin-
guno nada de vuestra fazienda. Pero, quanto a la pre-
gunta que fazedes, vos digo que la mejor cosa que
omne puede aver en sí, et que es madre et cabeça de
todas las vondades, dígovos que ésta es la vergüença;
et por vergüença suffre omne la muerte, que es la
más grave cosa que puede seer, et por vergüença dexa
omne de fazer todas las cosas que non le paresçen
bien, por grand voluntat que aya de las fazer. Et assí,
en la vergüença an comienço et cabo todas las vonda-
des, et la vergüença es partimiento de todos los malos
fechos. [826]

Quando Saladín esta razón oyó, entendió verdadera-
mente que era assí commo el cavallero le dizía. Et pues
entendió que avía fallado recabdo de la pregunta que
fazía, ovo ende muy grant plazer et espidióse del cava-
llero et del escudero cuyos huéspedes avían seýdo. Mas
ante que se partiessen de su casa, fabló con él el cava-
llero ançiano, et le dixo cómmo lo conosçía que era
Saladín, et contol quánto [bien] dél avía reçebido. Et
él et su fijo fiziéron[le] quanto serviçio pudieron, pero
en guisa que non fuesse descubierto.

Et desque estas cosas fueron passadas, endereçó Sa-
ladín para yrse para su tierra quanto más aýna pudo.
Et desque llegó a ssu tierra, ovieron las gentes con l'
muy grand plazer et fizieron muy grant alegría por la
su venida.

Et después que aquellas allegrías fueron passadas,
fuesse Saladín para casa de aquella buena dueña quel

---

[826] Comp.: "La vergüença, otrosi, cunple mucho al cavallero más
que otra ninguna, et tanto le cunple que yo diría que valdrá más al
cavallero aver en sí vergüença et non aver otra manera ninguna
buena, que aver todas las buenas maneras et non aver vergüença;
ca por buenas maneras que ayan, sy vergüença non oviere, tal cosa.
podrá fazer algún día, que en los días que biva sienpre sera enga-
nnado; et sy vergüença oviere, nunca fará cosa porque la aya. Et
otrosi abrá vergüença de fazer lo que deve, commo de fazer lo que
non deve; et así la vergüença le fará guardar todo lo que se deve
a Dios et al mundo [...] Et así podedes saber que la vergüença es
la cosa por que omne dexa de fazer todas las cosas que non deve,
et le faze fazer todo lo que deve. Et, por ende, la madre et la
cabeça de todas las vondades es la vergüença". *Libro del cavallero
et del escudero*, p. 17-18.

fiziera aquella pregunta. Et desque ella sopo que Saladín vinía a su casa, reçibiol muy bien, et fízol quanto serviçio pudo.

Et depués que Saladín ovo comido et entró en su cámara, envió por la buena dueña. Et ella vino a él. Et Saladín le dixo quánto avía trabajado por fallar repuesta çierta de la pregunta quel fiziera et que la avía fallado, et pues le podía dar repuesta complida, assí comol avía prometido, que ella otrosí cumpliesse lo quel prometiera. Et ella le dixo quel pidía por merçed quel guardasse lo quel avía prometido et quel dixiesse la repuesta a la pregunta quel avía fecho, et que si fuesse tal que él mismo entendiesse que la repuesta era complida, que ella muy de grado compliría todo lo quel avía prometido.

Estonçe le dixo Saladín quel plazía desto que ella le dizía, et díxol que la repuesta de la pregunta que ella fiziera, que era ésta: que ella le preguntara quál era la meior cosa que omne podía aver en sí et que era madre et cabeça de todas las vondades, quel respondía que la meior cosa que omne [podía] aver en sí et que es madre et cabeça de todas las vondades, que ésta es la vergüença.

Quando la buena dueña esta repuesta oyó, fue muy alegre, et díxol:

—Señor, agora conosco que dezides verdat, et que me avedes complido quanto me prometiestes. Et pídovos por merçed que me digades, assí commo rey deve dezir verdat, si cuydades que ha en l' mundo mejor omne que vós.

Et Saladín le dixo que, commo quier que se le fazía vergüença de dezir, pero pues la avía a dezir verdat commo rey, quel dizía que más cuydava que era él meior que los otros, que non que avía otro mejor que él.

Quando la buena dueña esto oyó, dexósse caer en tierra ante los sus pies, et díxol assí, llorando muy fieramente:

—Señor, vós avedes aquí dicho muy grandes dos verdades: la una, que sodes vós el mejor omne del mundo; la otra, que la vergüença es la mejor cosa que el omne puede aver en sí. Et señor, pues vós esto conosçedes, et sodes el mejor omne del mundo, pídovos por merçed que. querades en vós la mejor cosa del

mundo, que es la vergüença, et que ayades vergüença
de lo que me dezides.

Quando Saladín todas estas buenas razones oyó et
entendió cómmo aquella buena dueña, con la su von-
dat et con el su buen entendimiento, sopiera aguisar
que fuesse él guardado de tan grand yerro, gradesçiólo
mucho a Dios. Et commoquier que la él amava ante
de otro amor, amóla muy más dallí adellante de amor
leal et verdadero, qual deve aver el buen señor et leal
a todas sus gentes. Et señaladamente por la su vondat
della, envió por su marido et fízoles tanta onra et tanta
merçet porque ellos, et todos los que dellos vinieron,
fueron muy bien andantes entre todos sus vezinos.

Et todo este bien acaesçió por la vondat daquella
buena dueña, et porque ella guisó que fuesse sabido
que la vergüença es la meior cosa que omne puede
aver en sí, et que es madre et cabeça de todas las von-
dades.

Et pues vós, señor conde Lucanor, me preguntades
quál es la mejor cosa que omne puede aver en sí, dígo-
vos que es la vergüença: ca la vergüença faze a omne
ser esforçado et franco [827] et leal et de buenas costum-
bres et de buenas maneras, et fazer todos los vienes
que faze. Ca bien cred que todas estas cosas faze omne
más con vergüença que con talante que aya de lo
fazer. Et otrosí, por vergüença dexa omne de fazer to-
das las cosas desaguisadas que da la voluntad al omne
de fazer. Et por ende, quán buena cosa es aver el
omne vergüença de fazer lo que non deve et dexar de
fazer lo que deve, tan mala et tan dañosa et tan fea
cosa es el que pierde la vergüença. Et devedes saber
que yerra muy fieramente el que faze algún fecho
vergonçoso et cuyda que, pues que lo faze encubierta-
mente, que non deve aver ende vergüença. Et cierto
sed que non ha cosa, por encubierta que sea, que tarde
o aýna non sea sabida. Et aunque luego que la cosa
vergonçosa se faga, non aya ende vergüença, devríe
omne cuydar qué vergüença sería quando fuere sabido.
Et aunque desto non tomasse vergüença, dévela tomar
de ssí mismo, que entiende el pleito vergonçoso que

---

[827] *franco*: generoso, dadivoso. Comp.: "Muchas noblesas ha en
el que a dueñas sirve: / loçano, fablador, en ser franco se abive".
Libro de buen amor, 155ab.

faze. Et quando en todo esto non cuydasse, deve enten-
der quánto sin ventura es (pues sabe que si un moço
viesse lo que él faze, que lo dexaría por su vergüença)
en non lo dexar nin aver vergüença nin miedo de Dios,
que lo vee et lo sabe todo, et es çierto quel dará por
ello la pena que meresciere.

Agora, señor conde Lucanor, vos he respondido a
esta pregunta que me feziestes et con esta repuesta vos
he respondido a çinquenta preguntas que me avedes
fecho. Et avedes estado en ello tanto tiempo, que só
çierto que son ende enojados muchos de vuestras com-
pañas, et señaladamente se enojan ende los que non
an muy grand talante de oyr nin de aprender las cosas
de que se pueden mucho aprovechar. Et contésceles
commo a las vestias que van cargadas de oro, que sien-
ten el peso que lievan a cuestas et non se aprovechan
de la pro que ha en ello. Et ellos sienten el enojo de
lo que oyen et non se aprovechan de las cosas buenas
et aprovechosas que oyen. [828] Et por ende, vos digo
que lo uno por esto, et lo al por el trabajo que he
tomado en las otras respuestas que vos di, que vos non
quiero más responder a otras preguntas que vós faga-
des, que en este enxiemplo et en otro que se sigue
adelante deste vos quiero fazer fin a este libro.

El conde tovo éste por muy buen enxiemplo. Et
quanto de lo que Patronio dixo que non quería quel
feziessen más preguntas, dixo que esto fincasse en cómo
se pudiesse fazer.

Et porque don Johan tovo este enxiemplo por muy
bueno, fízolo escrivir en este libro et fizo estos viessos
que dizen assí:

> La vergüença todos los males parte;
> por vergüença faze omne bien sin arte.

Et la estoria deste enxiemplo es ésta que se sigue:

---

[828] Comp.: "Non cuentes las cosas de la sapiencia ante omne
nescio que es commo la bestia que lleva oro e plata, e non sabe
de la su nobleza, mas siente la su pesadumbre solamente, e otro tal
es el nescio que non siente de las cosas de la sapiencia, sinon el
laserio que lleva por ellas, e non entiende su noblesa". *Bocados de
oro*, p. 362. Cit. por Knust, p. 416.

[EXEMPLO LI

Lo que contesçió a un rey christiano que era
muy poderoso et muy soberbioso.] *

Otra vez fablava el conde Lucanor con Patronio, su
consegero, et díxole assí:

—Patronio, muchos omnes me dizen que una de las
cosas porque el omne se puede ganar con Dios es por
seer omildoso; otros me dizen que los omildosos son
menospreçiados de las otras gentes et que son tenidos
por omnes de poco esfuerço et de pequeño coraçón, et
que el grand señor, quel cumple et le aprovecha ser
sobervio. Et porque yo sé que ningún omne non en-
tiende mejor que vós lo que deve fazer el grand señor,
ruégovos que me conseiedes quál destas dos cosas me
es mejor, o que yo devo más fazer.

—Señor conde Lucanor —dixo Patronio—, para que
vós entendades qué es en esto lo meior et vos más
cumple de fazer, mucho me plazería que sopiéssedes lo
que conteçió a un rey christiano que era muy poderoso
et muy sobervioso.

El conde le rogó quel dixiesse cómmo fuera aquello.

—Señor conde —dixo Patronio—, en una tierra de
que me non acuerdo el nombre, avía un rey muy man-
çebo et muy rico et muy poderoso, et era muy sober-
bio a grand maravilla; et a tanto llegó la su sobervia,
que una vez, oyendo aquel cántico de sancta María que
dize: "Magníficat anima mea dominum", oyó en él un
viesso que dize: "Deposuit potentes de sede et exaltavit
humiles" [829] que quier dezir: "Nuestro señor Dios
tiró et abaxó los poderosos sobervios [d]el su poderío
et ensalçó los omildosos". Quando esto oyó, pesol mu-
cho et mandó por todo su regno que rayessen este
viesso de los libros, et que pusiessen en aquel lugar:
"Et exaltavit potentes in sede et humiles posuit in na-

---

* Procede de *Gesta romanorum*, n.º 59. De este cuento deriva el
Auto del emperador Juvencio, de nuestro teatro primitivo, y la co-
media de don Rodrigo de Herrera *Del cielo viene el buen rey*. Para
M. Menéndez Pelayo, *Orígenes de la novela*, I (Madrid, 1925),
p. LXXXVIII, (nota) el apólogo "no es seguro que pertenezca a
D. Juan Manuel". Lo cierto es, en cambio, que ofrece todas las
garantías. Fue profusamente anotado por Knust, p. 417 y ss.
[829] San Lucas, I, vv. 46 y 52.

tus", [830] que quiere dezir: "Dios ensalçó las siellas de los sobervios poderosos et der[r]ibó los omildosos."

Esto pesó mucho a Dios, et fue muy contrario de lo que dixo sancta María en este cántico mismo; ca desque vio que era madre del fijo de Dios que ella conçibió et parió, seyendo et fincando si[e]mpre virgen et sin ningún corrompimiento, et veyendo que era señora de los çielos et de la tierra, dixo de sí misma, alabando la humildat sobre todas las virtudes: "Quia respexit humilitatem ancill[a]e su[a]e, ecce enim ex hoc benedictam me dicent omnes generationes", [831] que quiere dezir: "Porque cató el mi señor Dios la omildat de mí, que só su sierva, por esta razón me llamarán todas las gentes bien aventurada." Et assí fue, que nunca ante nin después, pudo seer ninguna muger bien aventurada; ca por las vondades, et señaladamente por la su grand omildat, meresçió seer madre de Dios et reyna de los çielos et de la tierra et seer Señora puesta sobre todos los choros de los ángeles.

Mas al rey sobervioso conteçió muy contrario desto: ca un día ovo talante de yr al vaño et fué allá muy argullosamente con su compaña. Et porque entró en l' vaño, óvose a desnuyar et dexó todos sus paños fuera del vaño. Et estando el vañándose, envió nuestro señor Dios un ángel al vaño, el qual, por la virtud et por la voluntad de Dios, tomó la semejança [832] del rey et salió del vaño et vistióse los paños del rey et fuéronse todos con él paral a[l]cáçar. Et dexó a la puerta del vaño unos pañizuelos [833] muy biles et muy rotos, commo destos pobrezuelos que piden a las puertas.

El rey, que fincava en el vaño non sabiendo desto ninguna cosa, quando entendió que era tiempo para salir del vaño, llamó a aquellos camareros et aquellos que estavan con l'. Et por mucho que llos llamó, non respondió ninguno dellos, que eran ydos todos, cuydando que yvan con el rey. Desque vio que non le respondió ninguno, tomol tan grand saña, que fue muy grand marabilla, et començó a jurar que los faría matar

---

[830] Así en el códice. Knust edita [in terra] lección del manuscrito de Gayangos. Quizá haya que preferir esa lectura.

[831] San Lucas, I, 48.

[832] *semejança*: figura, apariencia.

[833] *pañizuelos*: diminutivo y despectivo de 'paño', como lo explica el propio autor.

a todos de muy crueles muertes. Et teniéndose por muy
escarnido, salió del vaño desnuyo, cuydando que falla-
ría algunos de sus omnes quel diessen de vestir. Et des-
que llegó do él cuydó fallar algunos de los suyos, et
non falló ninguno, començó a catar del un cabo et del
otro del vaño, et non falló a omne del mundo a qui
dezir una palabra.

Et andando assí muy coytado, et non sabiendo qué
se fazer, vio aquellos pañiziellos viles et rotos que es-
tavan a un roncón [834] et pensó de los vestir et que
yría encubiertamente a su casa et que se vengaría muy
cruelmente de todos los que [tan] grand escarnio le
avían fecho. Et vistiósse los paños et fuesse muy encu-
biertamente al alcáçar, et quando ý llegó, vio estar a
la puerta uno de los sus porteros que conosçía muy
bien que era su portero, et uno de los que fueran con él
al vaño, et llamol muy passo [835] et díxol quel avriesse
la puerta et le metiesse en su casa muy encubiertamente,
porque non entendiesse ninguno que tan envergonçada-
mente vinía.

El portero tenía muy buena espada al cuello et muy
buena maça en la mano et preguntol qué omne era
que tales palabras dizía. Et el rey le dixo:

—¡A, traydor! ¿Non te cumple el escarnio que me
feziste tú et los otros en me dexar solo en l' vaño et
venir tan envergonçado commo vengo? ¿Non eres tú
fulano, et non me conosçes cómmo só yo el rey, vuestro
señor, que dexastes en l' vaño? Ábreme la puerta, ante
que venga alguno que me pueda conosçer, et sinon,
seguro sey[836] que yo te faré morir mala muerte et muy
cruel.

Et el portero le dixo:

—¡Omne loco, mesquino!, ¿qué estás diziendo? Ve
a buena ventura et non digas más estas locuras, sinon,
yo te castigaré bien commo a loco, ca el rey, pieça
ha [837] que vino del vaño, et viniemos todos con él, et ha
comido et es echado a dormir, et guárdate que non
fagas aquí roýdo por quel despiertes.

---

[834]   *roncón*: rincón. (Así en el manuscrito. Quizá la lectura fuese
rancón', que se halla en el *Libro de Apolonio*, 289a, y en Berceo,
Sacrificio, 21.)
[835]   *muy passo*: muy quedo, en voz muy baja.
[836]   *sey*: sed. Vid. otro ejemplo en la p. 66.
[837]   *pieça ha*: hace ya rato. Vid. la nota 125 en la p. 64.

Quando el rey esto oyó, cuydando que gelo dizía faziéndol escarnio, començó a rabiar de saña et de malenconia, [838] et ar[r]emetiósse a él, cuydándol tomar por los cabellos. Et de que el portero esto vio, non le quiso ferir con la maça, mas diol muy grand colpe con el mango, en guisa quel fizo salir sangre por muchos lugares. De que el rey se sintió ferido et vio que el portero tenié buena espada et buena maça et que él non tenié ninguna cosa con quel pudiesse fazer mal, nin aun para se defender, cuydando que el portero era e[n]loqueçido, et que si más le dixiesse quel mataría por aventura, pensó de yr a casa del su mayordomo et de encobrirse ý fasta que fuesse guarido, [839] et después que tomaría vengança de todos aquellos traydores que tan grant escarnio le avían traýdo.

Et desque llegó a casa de su mayordomo, si mal le contesçiera en su casa con l' portero, muy peor le acaesçió en casa de su mayordomo.

Et dende, fuesse lo más encubiertamente que pudo para casa de la reyna, su muger, teniendo çiertamente que todo este mal quel vinía porque aquellas gentes non le conosçían; et tenié sin duda que quando todo el mundo le desconosçiese, que non lo desconosçería la reyna, su muger. Et desque llegó ante ella et le dixo quánto mal le avían fecho et cómmo él era el rey, la reyna, reçellando que si el rey, que ella cuydava que estava en casa, sopiesse que ella oýe tal cosa, quel pesaría ende, mandol dar muchas palancadas, [840] diziéndol quel echassen de casa aquel loco quel dizía aquellas locuras.

El rey, desaventurado, de que se vio tan mal andante, non sopo qué fazer et fuesse echar en un ospital muy mal ferido et muy quebrantado, et estudo allý muchos días. Et quando le aquexaba la fanbre, yba demandando por las puertas, et diziéndol las gentes, et fiziéndol escarnio, que cómmo andava tan lazdrado seyendo rey de aquella tierra. Et tantos omnes le dixieron

---

[838] *malenconia*: melancolía, tristeza. Fue de uso muy frecuente y se encuentra hasta en el *Quijote*, I, II: "Y así podéis, señora, desde hoy más desechar la malenconia que os fatiga".

[839] *guarido*: sano, curado. Véase la nota 681 en la p. 196.

[840] *palancadas*: golpes de palo. Comp.: "Enpezoli a dar de grandes palancadas". "Davanli grandes palos e grandes carrelladas, / cozes muchas sobeio e muchas ·palancadas". Berceo, *Milagros*, 478 y 890.

esto et tantas vezes et en tantos logares, que ya él
mismo cuydava que era loco et que con locura pensava
que era rey de aquella tierra. Et desta guisa andudo
muy grant tiempo, teniendo todos los quel conosçían que
era loco de una locura que contesçió a muchos:
que cuydan por sí mismos que son otra cosa o que son
en otro estado.

Et estando aquel rey en tan grand mal estado, la
vondat et la piadat de Dios, que siempre quiere pro
de los pecadores et los acarrea [841] a la manera commo
se pueden salvar, si por grand su culpa non fuere, obra-
ron en tal guisa, que el cativo [842] del rey, que por su
sobervia era caýdo en tan grant perdimiento et a tan
grand abaxamiento, començó a cuydar que este mal
quel viniera, que fuera por su pecado et por la grant
sobervia que en él avía, et, señaladamente, tovo que
era por el viesso que mandara [raer] del cántico de
sancta María que desuso es dicho, que mudara con
grant sobervia et por tan grant locura. Et desque esto
fue entendiendo, començó a aver atan grant dolor et
tan grant repentimiento en su coraçón, que omne del
mundo non lo podría dezir por la voca; et era en tal
guisa, que mayor dolor et mayor pesar avía de los
yerros que fiziera contra nuestro Señor, que del regno
que avía perdido, et vio quanto mal andante el su
cuerpo estava, et por ende, nunca al fazía sinon llorar
et matarse et pedir merçed a nuestro señor Dios quel
perdonasse sus pecados et quel oviesse merçed al alma.
Et tan grant dolor avía de sus pecados, que solamente
nunca se acordó nin puso en su talante de pedir merçed
a nuestro señor Dios quel tornasse en su regno nin
en su onra; ca todo esto preçiava él nada, et non cob-
diçiava otra cosa sinon aver perdón de sus pecados et
poder salvar el alma.

Et bien cred, señor conde, que quantos fazen rome-
rýas et ayunos et limosnas et oraciones o otros bienes
qualesquier porque Dios les dé o los guarde o los
acresçiente en la salud de los cuerpos o en la onra o
en los vienes temporales, yo non digo que fazen mal,
mas digo que si todas estas cosas fiziessen por aver
perdón de todos sus pecados o por aver la gracia de

---

[841] *acarrea*: guía, encamina.
[842] *cativo*: desgraciado. Vid. la nota 307 en la p. 101.

Dios, la qual se gana por buenas obras et buenas entençiones sin ypocrisia et sin infinta, [843] que seríe muy mejor, et sin dubda avríe[n] perdón de sus pecados et abría[n] la gracia de Dios: ca la cosa que Dios más quiere del pecador es el coraçón quebra[n]tado et omillado et la entençión buena et derecha.

Et por ende, luego que por la merçed de Dios el rey se arrepentió de su pecado et Dios vio el su grand repentimiento et la su buena entención, perdonol luego. Et porque la voluntad de Dios es tamaña [844] que non se puede medir, non tan solamente perdonó todos sus pecados al rey tan pecador, mas ante le tornó su regno et su onra más complidamente que nunca la oviera, et fízolo por esta manera:

El ángel que estava en logar de aquel rey et teníe la su figura llamó un su portero et díxol:

—Dízenme que anda aquí un omne loco que dize que fue rey de aquesta tierra, et dize otras muchas buenas locuras; que te vala Dios, ¿qué omne es o qué cosas dize?

Et acaesçió assí por aventura, que el portero era aquél que firiera al rey el día que se demudó [845] quando sallió del vaño. Et pues el ángel, quél cuydava [ser] el rey, gelo preguntava todo lo quel contesçiera con aquel loco, et contol cómmo andavan las gentes riendo et trebejando con él, oyendo las locuras que dizíe. Et desque esto dixo el portero al rey, mandol quel fuesse llamar et gelo troxiesse. Et desque el rey que andava por loco vino ante el ángel que estava en lugar de rey, apartósse con él et díxol:

—Amigo, a mí dizen que vós que dezides que sodes rey desta tierra, et que lo perdiestes, non sé por quál mala ventura et por qué ocasión. Ruégovos, por la fe que devedes a Dios, que me digades todo commo cuydades que es, et que non me encubrades ninguna cosa, et yo vos prometo a buena ffe que nunca desto vos venga daño.

[843] *infinta*: engaño, fingimiento. Comp.: "La trezena manera, de amor de infinta, es quando un omne non ama a otro de talante, et por alguna pro que cuyda sacar dél, muestral quel ama mucho". *Libro infinido*, p. 77.

[844] *tamaña*: tan grande. Vid. la nota 211 en la p. 79.

[845] *demudó*: alteró, transformó. Cfr.: "De toda su fazienda te veyemos camiado; / abes te connosçemos, tanto eres demudado". *Libro de Apolonio*, 333ab.

Quando el cuytado del rey que andava por loco et
tan mal andante oyó dezir aquellas cosas aquél que él
cuydava que era rey, non sopo qué responder: ca de
una parte ovo miedo que gelo preguntava por lo sosa-
car, [846] et si dixiesse que era rey quel mataría et le
faría más mal andante de quanto éra, et por ende co-
mençó a llorar muy fieramente et díxole, commo omne
que estava muy coytado:

—Señor, yo non sé lo que vos responder a esto que
me dezides, pero porque entiendo que me sería ya tan
buena la muerte commo la vida (et sabe Dios que non
tengo mientes por cosa de bien nin de onra en este
mundo), non vos quiero encobrir ninguna cosa de com-
mo lo cuydo en mi coraçón. Dígovos, señor, que yo
veo que só loco, et todas las gentes me tienen por tal
et tales obras me fazen que yo por tal manera ando
grand tiempo a en esta tierra. Et commo quier que
alguno errasse, non podría seer, si yo loco non fuesse,
que todas las gentes, buenos et malos, et grandes et
pequeños, et de grand entendimiento et de pequeño,
todos me toviessen por loco; pero, commo quier que
yo esto veo et entiendo que es assí, çiertamente la mi
entençión et la mi crençia es que yo fuy rey desta
tierra et que perdí el regno et la gracia de Dios con
grand derecho por mios pecados, et, señaladamente, por
la grant sobervia et grant orgullo que en mí avía.

Et entonce contó con muy grand cuyta et con mu-
chas lágrimas, todo lo quel contesçiera, tanbién del
viesso que fiziera mudar, commo los otros pecados. Et
pues el ángel, que Dios enviara tomar la su figura et
estava por rey, entendió que se dolía más de los yerros
en que cayera que del regno et de la onra que avía
perdido, díxol por mandado de Dios:

—Amigo, dígovos que dezides en todo muy grand
verdat, que vós fuestes rey desta tierra, et nuestro señor
Dios tiróvoslo [847] por estas razones mismas que vós
dezides, et envió a mí, que só su ángel, que tomasse
vuestra figura et estudiesse en vuestro lugar. Et porque
la piadat de Dios es tan complida, et non quiere del
pecador sinon que se ar[r]epienta verdaderamente, este
prodigio verdaderamente amostró dos cosas para seer

---

[846] *sosacar*: sonsacar.
[847] *tiróvoslo*: os lo quitó. Vid. la nota en la p. 233.

el repentimiento verdadero: la una es que se ar[r]epienta para nunca tornar aquel pecado; et la otra, que sea el repe[n]timiento sin infinta. Et porque el nuestro señor Dios entendió que el vuestro repentimiento es tal, avos perdonado, et mandó a mí que vos tornasse en vuestra figura et vos dexasse vuestro regno. Et ruégovos et conséiovos yo que entre todos los pecados vos guardedes del pecado de la sobervia; ca sabet que de los pecados en que, segund natura, los omnes caen, que es el que Dios más aborreçe, ca es verdaderamente contra Dios et contra el su poder, et si[e]mpre que es muy aparejado para fazer perder el alma. Seed çierto que nunca fue tierra, nin linage, nin estado, nin persona en que este pecado regnasse, que non fuesse desfecho o muy mal der[r]ibado.

Quando el rey que andava por loco oyó dezir estas palabras del ángel, dexósse caer ante él llorando muy fieramente, et creyó todo lo quel dizía et adorol por reverençia de Dios, cuyo ángel mensagero era, et pidiol merçed que se non partiesse ende fasta que todas las gentes se ayuntassen porque publicasse este tan grant miraglo que nuestro señor Dios fiziera. Et el ángel fízolo assý. Et desque todos fueron ayuntados, el rey predicó et contó todo el pleito commo passara. Et el ángel, por voluntat de Dios, paresçió a todos manifiestamente et contóles esso mismo.

Entonçe el rey fizo quantas emiendas pudo a nuestro señor Dios; et entre las otras cosas, mandó que, por remembrança[848] desto, que en todo su regno para siempre fuesse escripto aquel viesso que él revesara[849] con letras de oro. Et oý dezir que oy en día assí se guarda en aquel regno. Et esto acabado, fuesse el ángel para nuestro señor Dios quel enviara, et fincó el rey con sus gentes muy alegres et muy bien andantes. Et dallí adelantte fue el rey muy bueno para serviçio de Dios et pro del pueblo et fizo muchos buenos fechos porque ovo buena fama en este mundo et meresçió aver la gloria del Paraýso, la qual Él nos quiera dar por la su merçed.

Et vós, señor conde Lucanor, si queredes aver la gracia de Dios et buena fama del mundo, fazet buenas

[848] _remembrança_: recuerdo.
[849] _revesara_: alterara, volviera del revés.

obras, et sean bien fechas, sin infinta et sin ypocrisia, et entre todas las cosas del mundo vos guardat de sobervia et set omildoso sin beg[u]enería et sin ypocrisia; [850] pero la humildat, sea siempre guardando vuestro estado en guisa que seades omildoso, mas non omillado. Et los poderosos sobervios nunca fallen en vós humildat con mengua, nin con vençimiento, mas todos los que se vos omillaren fallen en vós siempre omildat de vida et de buenas obras complida.

Al conde plogo mucho con este consejo, et rogó a Dios quel endereçasse por quel pudiesse todo esto complir et guardar.

Et porque don Iohan se pagó mucho además deste enxiemplo, fízolo poner en este libro, et fizo estos viessos que dizen assí:

Los derechos [851] omildosos Dios mucho los ensalça,
a los que son sobervios fiérelos peor que maça.

Et la estoria deste enxiemplo es ésta que se sigue.

---

[850] Véase la p. 207.
[851] derechos: rectos, justos. Comp.: "Avie una costumne que li obo provecho: / dizie todas sus oras como monge derecho". Berceo, Milagros, 284ab.

[SEGUNDA PARTE DEL LIBRO DEL CONDE LUCANOR ET DE PATRONIO

Razonamiento que face don Juan por amor de don Jaime, señor de Xérica]

Después que yo, don Iohan, fijo del muy noble infante don Manuel, adelantado mayor de la frontera et del regno de Murcia, ove acabado este libro del conde Lucanor et de Patronio que fabla de enxiemplos, et de la manera que avedes oýdo, segund paresce por el libro et por el prólogo, fizlo en la manera que entendí que sería más ligero de entender. Et esto fiz porque yo non so muy letrado [852] et queriendo que non dexassen de sse aprovechar dél los que non fuessen muy letrados, assí commo yo, por mengua de lo seer, fiz las razones et enxiemplos que en el libro se contienen assaz llanas et declaradas.

Et porque don Jayme, señor de Xérica, [853] que es uno de los omnes del mundo que yo más amo et por ventura non [amo] a otro tanto commo a él, me dixo que querría que los mis libros fablassen más oscuro, et me rogó que si algund libro feziesse, que non fuesse tan declarado. Et so çierto que esto me dixo porque él es tan sotil et tan de buen entendimiento, et tiene por mengua de sabiduría fablar en las cosas muy llana et declaradamente.

Et lo que yo fiz fasta agora, fizlo por las razones que desuso he dicho, et agora que yo só tenudo de complir en esto et en al quanto yo pudiesse su voluntad, fablaré en este libro en las cosas que yo entiendo que los omnes se pueden aprovechar para salvamiento

---

[852] Sobre *letrado;* 'culto', 'literato', véase la nota 16 en la p. 49.
[853] Don Jaime de Jérica ayudó en más de una ocasión a don Juan Manuel con toda eficacia. Murió en 1335.

de las almas et aprovechamiento de sus cuerpos et mantenimiento de sus onras et. de sus estados. Et commo quier que estas cosas non son muy sotiles en sí, assí commo si yo fablasse de la sciençia de theología, o metafísica, o filosofía natural, o aun moral, o otras sçiençias muy sotiles, tengo que me cae [854] más, et es más aprovechoso segund el mío estado, fablar desta materia que de otra arte o sciençia. Et porque estas cosas de que yo cuydo fablar non son en sí muy sotiles, diré yo, con la merçed de Dios, lo que dixiere por palabras que los que fueran de tan buen entendimiento commo don Jayme, que las entiendan muy bien, et los que non las entendieren non pongan la culpa a mí, ca yo non lo quería fazer sinon commo fiz los otros libros, mas pónganla a don Jayme, que me lo fizo assí fazer, et a ellos, porque lo non pueden o non quieren entender.

Et pues el prólogo es acabado en que se entiende la razón porque este libro cuydo componer en esta guisa, daquí adelante començaré la manera [855] del libro; et Dios por la su merçed et piadat quiera que sea a ssu serviçio et a pro de los que lo leyeren et lo oyeren, et guarde a mí de dezir cosa de que sea reprehendido. Et bien cuydo que el que leyere este libro et los otros que yo fiz, que pocas cosas puedan acaesçer para las vidas et las faziendas de los omnes, que non fallen algo en ellos, ca yo non quis poner en este libro nada de lo que es puesto en los otros, mas qui de todos fiziere un libro, fallarlo ha ý más complido.

Et la manera del libro es que Patronio fabla con el Conde Lucanor segund adelante veredes.

—Señor conde Lucanor —dixo Patronio—, yo vos fablé fasta agora lo más declaradamente que yo pude, et porque sé que lo queredes, fablarvos he daquí adelante essa misma manera, mas non por essa manera que en l' otro libro ante déste.

Et pues el otro es acabado, este libro comiença assí: [856]

. [854] *cae*: conviene. Vid. en la p. 107 la nota 331.
  [855] *manera*: materia. Véase unas líneas más abajo y la nota 45 en la p. 53.
  [856] Para muchas de estas sentencias, tópicos, refranes y frases hechas, véase Knust, p. 418 y ss.

—En las cosas que ha muchas sentençias, non se puede dar regla general.

—El más complido de los omnes es el que cognosce la verdat et la guarda.

—De mal seso es el que dexa et pierde lo que dura et non ha preçio, por lo que non puede aver término a la su poca durada. [857]

—Non es de buen seso el que cuyda entender por su entendimiento lo que es sobre todo entendimiento.

—De mal seso es el que cuyda que contesçerá a él lo que non contesçió a otri; de peor seso es si esto cuyda porque non se guarda.

—¡O Dios, señor criador et complido!, ¡cómmo me marabillo porque pusiestes vuestra semeiança en omne nesçio, ca quando fabla, yerra; quando calla, muestra su mengua; quando es rico, es orgulloso; quando pobre, non lo preçia nada; si obra, non fará obra de recabdo; si está de vagar, [858] pierde lo que ha; es sobervio sobre el que ha poder, et vénçesse por el que más puede; es ligero de forçar et malo de rogar; conbídase de grado, [859] conbida mal et tarde; demanda quequier et con porfía; da tarde et amidos [860] et con façerio; [861] non se vergüença por sus yerros, et aborreçe quil castiga; el su fallago es enojoso; la su saña, con denuesto; es sospechoso et de mala poridat; espántasse sin razón; toma esfuerço ó [862] non deve; do cuyda fazer plazer, faze pesar; es flaco en los vienes et reçio en los males; non se castiga por cosa quel digan contra su voluntad. En grave día nasçió quien oyó el su castigo; si lo aconpañan non lo gradesçe et fázelos lazdrar; nunca conçierta en dicho nin en fecho, nin yerra en lo quel non cumple; lo quél dize non se entiende, nin entiende lo quel dizen; siempre anda desabenido de su compaña; non se mesura en sus plazeres, nin

[857] *durada*: duración.
[858] *está de vagar*: está ocioso.
[859] *de grado*: de buena gana. Véase la nota siguiente.
[860] *amidos*: de mala gana. Cfr.: "pero en todo se deue guardar, lo mas que pudiere ser, que sean los mandaderos e de buen entendimiento e de buena razon, e que vayan alla de grado e non amidos". *Libro infinido*, p. 54.
[861] *façerio*: pena, compuesto de 'faz' y 'ferir', "echar en cara". Comp.: "a nada es tornado todo el mi lazerio: / veo el daño grande e despues el hazerio". *Libro de buen amor*, 795cd.
[862] *ó*: donde.

cata su mantenençia; non quiere perdonar et quiere
quel perdonen; es escarnidor [et él es el escarnido];
querría engañar si lo sopiesse fazer; de todo lo que se
pagaría [tiene] que es lo mejor, aunque lo non sea;
querría folgar et que lazdrassen los otros. ¿Qué diré
más? En los fechos et en los dichos, en todo yerra; en
lo demás, en su vista [863] paresçe que es nesçio, et
muchos son nesçios que non lo paresçen, mas el que
lo paresçe nunca yerra de lo seer.

—Todas las cosas an fin et duran poco et se mantie-
nen con grand trabajo et se dexan con grand dolor et
non finca otra cosa para sienpre, sinon lo que se faze
solamente por amor de Dios.

—Non es cuerdo el que solamente sabe ganar el aver,
mas eslo el que se sabe servir et onrar él dél commo
deve.

—Non es de buen seso el que se tiene por pagado
de dar o dezir buenos sesos, mas eslo el que los dize
et los faze.

—En las cosas de poca fuerça, cumplen las apuestas
palabras; en las cosas de grand fuerça, cumplen los
apuestos et provechosos fechos.

—Más val al omne andar desnuyo, que cubierto de
malas obras.

—Quien ha fijo de malas maneras [864] et desvergon-
çado et non reçebidor de buen castigo, mucho le sería
mejor nunca aver fijo.

—Mejor sería andar solo que mal acompañado.

—Más valdría seer omne soltero, que casar con mujer
porfiosa.

—Non se ayunta el aver de tortiçería, [865] et si se
ayunta, non dura.

—Non es de crer en fazienda agena el que en la suya
pone mal recabdo.

—Unas cosas pueden seer acerca et otras alueñe: [866]
pues dévese omne atener a lo çierto.

---

[863] *vista*: aspecto, apariencia. Cf.: "et sy non fuesse por mi que
lo entendi en su vista... pudiera uos matar". *Poridat de las porida-
des*, p. 41.
[864] *maneras*: costumbres.
[865] *tortiçería*: injusticia, de 'tortiçiero', injusto, cruel, que apa-
rece unas líneas más abajo. Cfr.: "E si el rrey cuyda ayuntar haver
de torticiria cuyda lo que non es verdad". *Bocados de oro*, p. 83.
[866] *alueñe*: lejos.

—Por rebato [867] et por pereza yerra omne muchas cosas, pues de grand seso es el que se sabe guardar de amas.

—Sabio es el que sabe soffrir et guardar su estado en el tiempo que es turbio.

—En grant cuyta et periglo bive qui reçela que sus consejeros querrían más su pro que la suya.

—Quien sembra sin tiempo non se marabille de non seer buena la cogida.

—Todas las cosas paresçen bien et son buenas, et paresçen mal et son malas, et paresçen bien et son malas, et paresçen malas et son buenas.

—En meior esperança está el que va por la carrera derecha et non falla lo que demanda, que el que va por la tuerta [868] et se le faze lo que quiere.

—Más val alongarse omne del señor tortiçiero, que seer mucho su privado.

—Quien desengaña con verdadero amor, ama; quien lesonia, [869] aborreçe.

—El que más sigue la voluntat que la razón, trae el alma et el cuerpo en grand periglo.

—Usar más de razón el deleyte de la carne, mata el alma et destruye la fama et enflaqueçe el cuerpo et mengua el seso et las buenas maneras.

—Todas las cosas yazen so la mesura; et la manera es el peso.

—Quien non ha amigos sinon por lo que les da, poco le durarán.

—Aborreçida cosa es qui quiere estar con malas compañas.

—El que quiere señorear los suyos por premia [870] et non por buenas obras, los coraçones de los suyos demandan quien los señoree.

—Commo quier que contesçe, grave cosa es seer dessemeiante a su linage.

—Qual omne es, con tales se aconpaña.

---

[867] *rebato*: precipitación, arrebato. Cfr.: "et que de grado viniesedes a tomar nuestra ley, mucho me plaze porque beo que lo queredes fazer con razon et con madureza et sin rebato". *Libro de los estados*, f. 58b.

[868] *tuerta*: torcida. Cfr.: "Et la señal que los guermezes son en las orejas es que el falcon tiene la cabeça tuerta e los ojos çerrados". *Libro de la caza*, p. 57.

[869] *lesonia*: halaga. Vid. p. 79.

[870] *premia*: opresión. Véase la nota 445 en la p. 132.

—Más vale seso que ventura, que riqueza, nin linage.

—Cuydan que el seso et el esfuerço que son dessemejantes, et ellos son una cosa.

—Meior es perder faziendo derecho, que ganar por fazer tuerto: ca el derecho ayuda al derecho.

—Non deve omne fiar en la ventura, ca múdanse los tiempos et contiénense [871] las venturas.

—Por riqueza, nin pobreza, nin buena andança, nin contraria, non deve omne pararse del amor de Dios.

—Más daño recibe omne del estorvador, que provecho del quel ayuda.

—Non es sabio quien se puede desenbargar de su enemigo et lo aluenga.

—Qui a ssí mismo non endereça, non podría endereçar a otri.

—El señor muy falaguero es despreciado; el bravo, aborrecido; el cuerdo, guárdalo con la regla. [872]

—Quien por poco aprovechamiento aventura grand cosa, non es de muy buen seso.

—¡Cómmo es aventurado qui sabe soffrir los espantos [873] et non se quexa para fazer su daño!

—Si puede omne dezir o fazer su pro, [fágalo, et] sinon, guárdese de dezir o fazer su daño.

—Omildat con razón es alabada.

—Quanto es mayor el subimiento, tanto es peor la caýda. [874]

—Paresçe la vondat del señor en quáles obras faze, quáles leyes pone.

—Por dexar el señor al pueblo lo que deve aver dellos, les tomará lo que non deve.

—Qui non faz buenas obras a los que las an mester, non le ayudarán quando los ovier mester. [875]

—Más val sofrir fanbre que tragar bocado dañoso.

—De los viles se sirve omne por premia; de los buenos et onrados, con amor et buenas obras.

—Ay verdat buena, et ay verdat mala.

---

[871] *contiénense*: detiénense.

[872] *...regla*: guardar o seguir la regla.

[873] *espantos*: miedos, temores.

[874] Comp.: "Quanto fue mas alta la su sobida, tanta fue mas baxa la su cayda". *Bocados de oro*, p. 302. Más referencias en Knust, p. 423.

[875] Comp.: "E dixo [Platón]: Quien non fiziere bien a sus amigos mientra oviere poder, non los avra quando los oviere mester". *Buenos proverbios*, p. 27. Cit. por Knust, p. 424.

—Tanto enpeeçe a vegadas la mala palabra commo la mala obra.

—Non se escusa de ser menguado qui por otri faze su mengua.

—Qui ama más de quanto deve, por amor será desamado.

—La mayor desconosçençia es quien non conosçe a ssí; pues ¿cómo conozcrá a otri? [876]

—El que es sabio sabe ganar perdiendo, et sabe perder ganando.

—El que sabe, sabe que non sabe; el que non sabe, cuyda que sabe.

—La escalera del galardón es el pensamiento, et los escalones son las obras.

—Quien non cata las fines fará los comienços errados.

—Qui quiere acabar lo que desea, desee lo que puede acabar.

—Quando se non puede fazer lo que omne quiere, quiera lo [que] se pueda fazer. [877]

—El cuerdo sufre al loco, et non sufre el loco [al cuerdo], ante le faz premia.

—El rey rey, reyna; el rey non rey, non reyna, mas es reynado.

—Muchos nombran a Dios et fablan en l', et pocos andan por las sus carreras.

—Espantosa cosa es enseñar el mudo, guiar el çiego, saltar el contrecho; [878] más lo es dezir buenas palabras et fazer malas obras.

—El que usa parar [879] lazos en que cayan los omnes, páralos a otri et él caerá en ellos. [880]

—Despreçiado deve seer el castigamiento [881] del que non bive vida alabada.

[876] Comp.: "El que non conosce a si mismo non conosce a otro". *Bocados de oro*, p. 100.

[877] Comp.: "El que quiere aver'lo que cobdicia, cobdicie lo que puede aver". *Bocados de oro*, p. 335. Cit. por Knust, ibíd., donde se verán referencias hasta de Terencio.

[878] *contrecho*: contrahecho, lisiado. Comp.: "mas nunca de los miembros non fueron bien sennores, / siempre fueron contrechos, siempre mendigadores". Berceo, *Milagros*, 397bc.

[879] *parar*: preparar, colocar.

[880] Comp.: "El que cava poso para echar en el a su amigo, cae en el". *Bocados de oro*, p. 407. Apud Knust, p. 425.

[881] *castigamiento*: consejo, enseñanza. Cf.: "Daba a los errados buenos castigamientos". Berceo, *Milagros*, 708c.

—¡Quántos nombran la verdat [et] non andan por sus carreras!

—Venturado et de buen seso es el que fizo caer a su contrario en el foyo que fiziera para en que él cayesse.

—Quien quiere que su casa esté firme, guarde los çimientos, los pilares et el techo.

—Usar la verdat, seer fiel, et non fablar en lo que non aprovecha, faz llegar a omne a grand estado. [882]

—El mejor pedaço que ha en l' omne es el coraçón; esse mismo es el peor.

—Qui non esseña et castiga sus fijos ante del tiempo de la desobediençia, para siempre ha dellos pecado.

—La mejor cosa que omne puede escoger para este mundo es la paz sin mengua et sin vergüença.

—Del fablar biene mucho bien; del fablar biene mucho mal.

—Del callar biene mucho bien; del callar biene mucho mal.

—El seso et la mesura et la razón departen et judgan las cosas.

—¡Cómmo sería cuerdo qui sabe que ha de andar grand camino et passar fuerte puerto si aliviasse la carga et amuchiguasse [883] la vianda! [884]

—Quando el rey es de buen seso et de buen consejo et sabio sin maliçia, es bien del pueblo; et el contrario. [885]

—Qui por cobdiçia de aver dexa los non fieles en

---

[882] Comp.: "E vido un omne estar a Leogenin con buenos omnes, e que les contara muy buenas rrasones, e dixole: "¿Non eres tu el que solias guardar comigo el ganado en tal lugar?" E dixole: "Si so". E dixole: "¿Pues quien te hiso llegar a este estado?" E dixole Leogenin: "Desir verdad e ser fiel e non fablar de lo que non aprovecha". *Bocados de oro*, p. 326. Cit. por Knust, p. 425.

[883] *amuchiguasse*: aumentase. Comp.: "et mandoles que engendrasen e cresçiesen e amucheguasen et finchiesen la tierra". *Libro de los estados*, f. 56b.

[884] Comp.: "Non lloro yo por ninguna desas cosas, mas lloro porque he de andar gran camino e de pasar fuerte puerto e llevo poco conducho e grand carga, e non se si me aliviaran de aquella carga ante que llegue al cabo del camino". *Bocados de oro*, p. 341. Cit. por Knust, como los siguientes.

[885] Comp.: "Commo es bien del pueblo quando el rrey es de buen seso e de buen consejo e sabio, e commo es mal dellos quando le menguare una destas cosas". *Bocados de oro*, p. 82.

desobediençia de Dios, non es tuerto [886] de seer su despagado. [887]

—Al que Dios da vençimiento de su enemigo, guárdesse de lo porque fue vençido.

—Si el fecho faz grand fecho et buen fecho et bien fecho, non es grand fecho. El fecho es fecho quando el fecho faze el fecho; es grand fecho et bien fecho si el non fecho faz grand fecho et bien fecho.

—Por naturales et vatalla campal se destruyen et se conquieren los grandes regnos.

—Guiamiento de la nave, vençimiento de lid, melezinamiento de enfermo, senbramiento de qualquier semiente, [888] ayuntamiento de novios, non se pueden fazer sin seso de omne et voluntat et gracia speçial de Dios.

—Non será omne alabado de complida fialdat, [889] fata que todos sus enemigos fien dél sus cuerpos et sus fechos. Pues cate omne por quál es tenido si sus amigos non osan fiar dél.

—Qui escoge morada en tierra do non es el señor derechudero [890] et fiel et apremiador et físico sabidor et complimiento [891] de agua, mete a ssí et a ssu compaña en grant aventura. [892]

—Todo omne es bueno, mas non para todas las cosas.

—Dios guarde a omne de fazer fecho malo, ca por lo encobrir abrá de fazer otro o muchos malos fechos.

—Qui faze jurar al que bee que quiere mentir, ha parte en l' pecado.

---

[886]   *tuerto*: injusticia. Vid. la nota 288 en la p. 97.

[887]   *su despagado*: descontento de él. Comp.: "Pusieron por escusa que lo façien sin grado, / porque vedian que era el su rey despagado". Berceo, *Vida de santo Domingo*, 169.

[888]   *semiente*: simiente. Cf.: "Fazie buena semeiança, buena semient senbrava". Berceo, *Vida de san Millán*, 37a.

[889]   *fialdat*: fidelidad, honradez. Comp.: "ellos buscan la guerra, ca vos non la buscades, / ellos se vos alzaron con vuestras fialdades". Berceo, *Vida de san Millán*, 406bc.

[890]   *derechudero*: justiciero, recto. Véase la nota 638 en la p. 185.

[891]   *complimiento*: abundancia. Comp.: "Et gradesco mucho a Dios porque se me açerca de tomar esta ley oy sabado, que es en dia que sancta Eglesia escogio para fazer remenbrança de Sancta María, que es complimiento del bien". *Libro de los estados*, f. 62ab.

[892]   Comp.: "El que mora en lugar do non ha sennor apremiador e jues justiciador e fisico sabidor e mercado fuerte e rrio corriente, aventura a si e a su compannia e a su aver". *Bocados de oro*, p. 105.

—El que faze buenas obras a los buenos et a los
malos, recibe bien de los buenos et es guardado de
los malos.

—Por omillarse al rey et obedeçer a los príncipes, et
honrar a los mayores et fazer bien a los menores,
et consejarse con los sus leales, será omne seguro et
non se ar[r]epintrá.

—Qui escarneçe [893] de la lisión o mal que viene por
obra de Dios, non es seguro de [non] acaesçer a él.

—Non deve omne alongar el bien, pues lo piensa,
porque non le estorve la voluntat.

—Feo es ayunar con la voca sola et pecar con todo
el cuerpo.

—Ante se deven escoger los amigos que omne mucho
fíe nin se aventure por ellos. [894]

—Del que te alaba más de quanto es verdat, non te
assegures de te denostar más de quanto es verdat. [895]

---

[893] *escarneçe*: se burla, hace escarnio.
[894] Comp.: "Et por esto dixo Aristotiles que ha mester ante
que home tome amistad con otro, que puñe primera miente en
conoscerlo si es bueno". *Las siete partidas*, Part. IV, tit. XXVII,
ley III.
[895] Comp.: "El que te alaba en lo que non es en ti, non te
asegures del que non te denueste con lo que es en ti". *Bocados de
oro*, p. 103.

ESCUSACIÓN DE PATRONIO AL CONDE LUCANOR]

—Señor conde Lucanor —dixo Patronio—, después
que el otro libro fue acabado, porque entendí que lo
queríades vós, comencé a fablar en este libro más avre-
viado et más oscuro que en l' otro. Et commo quier
que en esto que vos he dicho en este libro ay menos
palabras que en el otro, sabet que non es menos el
aprovechamiento et el entendimiento deste que del otro,
ante es muy mayor para quien lo estudiare et lo en-
tendiere; ca en l' otro ay cinquenta enxiemplos et en
éste ay ciento. Et pues en el uno et en l' otro ay
tantos enxiemplos, que tengo que devedes tener por
assaz, paresçe que faríedes mesura si me dexásedes fol-
gar daquí adelante.

—Patronio —dixo el conde Lucanor—, vós sabedes
que naturalmente de tres cosas nunca los omnes se pue-
den tener por pagados et siempre querrían más dellas:
la una es saber, la otra es onra et preçiamiento, la otra
es abastamiento [896] para en su vida. Et porque el sa-
ber es tan buena cosa, tengo que non me devedes culpar
por querer ende aver yo la mayor parte que pudiere,
et porque sé que de ninguno non lo puedo mejor saber
que de vós, creed que, en quanto viva, nunca dexaré
de vos affincar que me amostredes lo más que yo
pudiere aprender de lo que vós sabedes.

—Señor Conde Lucanor —dixo Patronio—, pues veo
que tan buena razón et tan buena entençión vos muebe
a esto, dígovos que tengo por razón de trabajar aún

---

[896] *abastamiento*: provisión. Comp.: "Otrosi deue tener con ella
en la su casa abastamiento de duennas et de donzellas tales quales
les pertenesçen". *Libro de los estados*, 76b.

más, et dezirvos he lo que entendiere de lo que aún fata
aquí non vos dixe nada. Ca dezir una razón muchas
vegadas, si non es por algún provecho señalado, o pa-
resçe que cuyda el que lo dize que aquel que lo ha
de oyr es tan boto [897] que lo non puede entender sin
lo oyr muchas vezes, o paresçe que ha sabor de fenchir
el libro non sabiendo qué poner en él. Et lo que daquí
adelante vos he a dezir comiença assí:

—Lo caro es caro, cuesta caro, guárdasse caro, acá-
balo caro; lo rehez [898] es rehez, cuesta rehez, gánase
rehez, acábalo rehez; lo caro es rehez, lo rehez es caro.

—Grant marabilla será, si bien se falla, el que fía
su fecho et faze mucho bien al que erró et se partió
sin grand razón del con qui avía mayor debdo.

—Non deve omne crer que non se atreverá a él por
esfuerço de otri, el que se atreve a otri por esfuerço
dél. [899]

—El que quiere enpeeçer [900] a otri, non deve cuydar
que el otro non enpeçerá a él. [901]

—Por seso se mantiene el seso.

—El seso da seso al que non ha seso.

—Sin seso non se guarda el seso.

—Tal es Dios et los sus fechos, que señal es que
poco lo conoscerá[n] los [que] mucho fablan en Él. [902]

—De buen seso es el que non puede fazer al otro su
amigo, de non lo fazer su enemigo. [903]

—Qui cuyda aprender de los omnes todo lo que
saben, yerra; qui aprende lo aprovechoso, açierta.

—El consejo, si es grand consejo, es buen consejo;
faz buen consejo, da buen consejo; párasse al conse-

---

[897] *boto*: tonto, torpe. Comp.: "porque semeiava en unas cosas
botu". Berceo, *Milagros*, 285. (De ahí "embotar el juicio", de uso
ya viejo: "El algo faz enbotar el entendimiento del omne". *Castigos
e documentos*, p. 68.)

[898] *rehez*, como *rafez*: barato. Cf.: "Las cosas mucho caras,
algún'ora son rrafezes". *Libro de buen amor*, 102c.

[899] Comp.: "Quien se atreve a otri por ti, atreverse ha a ti
por otri". *Bocados de oro*, p. 103. Cit. por Knust, como los siguien-
tes.

[900] *enpeeçer*: dañar. Vid. p. 101, nota 308.

[901] Comp.: "Quando quisieres nosir [dañar] a otro, creas que
non podras tu estorvar que non te nusga". *Bocados de oro*, p. 136.

[902] Comp.: ""El que fabla mucho en Dios, es sennal que poco
lo conosce". *Bocados de oro*, p. 134.

[903] Comp.: "Si probares algunt omne e si fallares que non es
bueno para ser amigo, guardate de lo faser tu enemigo". *Bocados
de oro*, p. 137.

jo [qui] de mal consejo faz buen consejo; el mal consejo de buen consejo faz mal consejo.

—A grand consejo a mester grand consejo.

—Grand bien es del qui ha et quiere et cree buen consejo.

—El mayor dolor faz olvidar al que non es tan grande.

—Qui ha de fablar de muchas cosas ayuntadas, es commo el que desbuelve [904] grand oviello que ha muchos cabos.

—Todas las cosas naçen pequeñas et creçen; el pesar nasçe grande et cada día mengua. [905]

—Por onra reçibe onra qui faz onra.

—La onra dévese fazer onra, guardándola.

—El cuerdo, de la bívora faz triaca; [906] et [el] de mal seso, de gallinas faz vegambre. [907]

—Qui se desapodera [908] non es seguro de tornar a ssu poder quando quisiere.

—Non es de buen seso qui mengua su onra por cresçer la agena.

—Qui faz bien por reçebir bien non faz bien; porque el bien es carrera del complido bien, se deve fazer el bien.

—Aquello es bien que se faz bien.

—Por fazer bien se ha el complido bien.

—Usar malas viandas et malas maneras es carrera de traer el cuerpo et la fazienda et la fama en peligro.

—Qui se duele mucho de la cosa perdida que se non puede cobrar, et desmaya por la ocasión de que non puede foýr, non faze buen seso.

—Muy caro cuesta reçebir don del escasso; quanto más pedir al avariento.

[904] *desbuelve*: desenreda, desenvuelve.

[905] Comp.: "E sepas que todas las cosas que Dios fiso son pequennas luego, e van creciendo cada dia, sinon el pesar". *Bocados de oro*, p. 301.

[906] *triaca*: droga para las mordeduras de especies venenosas. Comp.: "La lealtad e la verdat es tal commo la buena triaca fina, e la trayçion e la falsedat es tal commo el tosico mortal". *Castigos e documentos*, p. 187.

[907] *vegambre*: vedegambre, eléboro, veneno. Comp.: "et embio uos en el una muy fremosa manceba que fue criada a ueganbre fasta ques' torno de la natura de las biuoras". *Poridat de las poridades*, p. 41.

[908] *desapodera*: despoja del poder, pierde su autoridad.

—La razón es razón de razón.

—Por razón es el omne cosa de razón.

—La razón da razón.

—La razón faz al omne seer omne: assí por razón es el omne; quanto el omne a más de razón, es más omne; quanto menos, menos; pues el omne sin razón non es omne, mas es de las cosas en que non ha razón.

—El soffrido sufre quanto deve et después cóbrasse con bien et con plazer.

—Razón es de bevir mal a los que son dobles de coraçón et sueltos para complir los desaguisados deseos.

—Los que non creen verdaderamente en Dios, razón es que non sean por él defendidos.

—Si el omne es omne, quanto es más omne es mejor omne.

—Si el grand omne es bien omne, es buen omne et grand omne; quanto el grand omne es menos omne, es peor omne; non es grand omne sinon el buen omne; si el grand omne non es buen omne, nin es grand omne nin buen omne, mejor le sería nunca seer omne.

—Largueza en mengua, astinençia en abondamiento, castidat en mançebía, omildat en grand onra, fazen al omne mártir sin escarnimiento [909] de sangre.

—Qui demanda las cosas [más] altas que sí, [910] et escodriña [911] las más fuertes, non faze buen recabdo.

—Razón es que reciba [omne] de sus fijos lo que su padre reçibió dél.

—Lo mucho es para mucho; mucho sabe [qui] en lo mucho faz mucho por lo mucho; lo poco dexa por lo mucho. Por mengua non pierde.

—Lo poco endereça lo mucho.

—Siempre ten el coraçón en lo mucho.

—Quanto es el omne mayor, si es verdadero omildoso, tanto fallará más gracia ante Dios.

—Lo que Dios quiso asconder non es aprovechoso de lo veer omne con sus ojos.

---

[909]   escarnimiento: derramamiento.

[910]   que sí: que sí mismo.

[911]   escodriña: escudriña, inquiere. Comp.: "Conviene que catemos este sancto misterio, / en bien escodrinnarlo non es poco laçerio". Berceo, Del sacrifiçio de la missa, 241ab.

—Por la bendiçión del padre se mantienen las casas de los fijos; por la maldiçión de la madre se derriban los çimientos de raýz. [912]

—Si el poder es grand poder, el grand poder ha grand saber.

—Con grand saber es grand querer; teniendo que de Dios es todo el poder, et de su gracia aver poder, deve creçer su grand poder.

—Qui quiere onrar a ssí et a ssu estado, guise que sean seguros dél los buenos [et que] se reçelen dél los malos. [913]

—La dubda et la pregunta fazen llegar al omne a la verdat.

—Non deve omne aborreçer todos los omnes por alguna tacha, ca non puede seer ninguno guardado de todas las tachas. [914]

—El yerro es yerro; del yerro nasçe yerro; del pequeño yerro nasçe grand yerro; por un yerro viene otro yerro; si bien biene del yerro, siempre torna en yerro; nunca del yerro puede venir non yerro.

—Qui contiende con el que se paga del derecho et de la verdat, et lo usa, non es de buen seso.

—Los cavalleros et el aver son ligeros de nombrar et de perder, et graves de ayuntar et más de mantener.

—El cuerdo tiene los contrarios et el su poder por más de quanto es, et los ayudadores et el su poder por menos de quanto es.

—Fuerça non fuerça a fuerça; fuerça desfaz con fuerça, a vezes mejor sin fuerça; non se [dize] bien: fuerça a vezes presta la fuerça; do se puede escusar, non es de provar fuerça.

—Cuerdo es quien se guía por lo que contesçió a los que passaron.

—Commo cresçe el estado, assí cresçe el pensamiento; si mengua el estado, cresçe el cuydado.

—Con dolor non guaresçe la gran dolençia, [mas] con melezina sabrosa.

---

[912] *Eclesia·t.* III, 11: "Benedictio patris firmat domos filiorum, maledictio autem matris eradicat fundamenta".
[913] Comp.: "Si quieres ser muy grand governador, segurense los buenos de la tu pena, e crean los malos que te vengaras dellos". *Bocados de oro,* p. 256.
[914] Comp.: "Sepas (castigó Aristóteles a Alexandre) que non puede seer ninguno sin tacha". *Bocados de oro,* p. 250.

—Amor creçe amor; si amor es buen amor, es amor; amor más de amor non es amor; amor, de grand amor faz desamor.

—A [915] cuydados que ensanchan et cuydados que encogen.

—Mientre se puede fazer, mejor es manera que la fuerça.

—Los leales dizen lo que es; los arteros [916] lo que quieren.

—Vida buena, vida es; vida buena, vida da.

—Qui non a vida non da vida; qui es vida da vida.

—Non es vida la mala vida.

—Vida sin vida, non es vida.

—Qui non puede aver vida, cate que aya complida vida.

[915] A: Ha, hay.
[916] *arteros*: astutos. Comp.: "Dixo ell huno de ellos e cuydo seyer artero". *Libro de Apolonio*, 225.

[CUARTA PARTE
DEL LIBRO DEL CONDE LUCANOR
ET DE PATRONIO

Razonamiento de Patronio al conde Lucanor.]

—Señor conde Lucanor —dixo Patronio—, porque entendí que era vuestra voluntat, et por el afincamiento que me fiziestes, porque entendí que vos movíades por buena entençión, trabajé [917] de vos dezir algunas cosas más de las que vos avía dicho en los enxiemplos que vos dixe en la primera parte deste libro en que ha çinquenta enxiemplos que son muy llanos et muy declarados; et pues en la segunda parte ha çient proverbios et algunos fueron ya quanto [918] oscuros et los más, assaz declarados; et en esta terçera parte puse çinquenta proverbios, et son más oscuros que los primeros çinquenta enxiemplos, nin los çient proverbios. Et assí, con los enxiemplos et con los proverbios, hevos [919] puesto en este libro dozientos entre proverbios et enxiemplos, et más: ca en los çinquenta enxiemplos primeros, en contando el enxiemplo, fallaredes en muchos lugares algunos proverbios tan buenos et tan provechosos commo en las otras partes deste libro en que son todos proverbios. Et bien vos digo que qualquier omne que todos estos proverbios et enxiemplos sopiesse, et los guardasse et se aprovechasse dellos, quel cumplían assaz para salvar el alma et guardar su fazienda et su fama et su onra et su estado. Et pues tengo que en lo que vos he puesto en este libro ha tanto que cumple para estas cosas, tengo, que si aguisado [920] quisiéredes catar, que me devíedes ya dexar folgar.

917 *trabajé*: me esforcé.
918 *ya quanto*: bastante. Vid. la nota 302 en la p. 99.
919 *hevos*: os he.
920 *aguisado*: advertido.

—Patronio —dixo el conde—, ya vos he dicho que por tan buena cosa tengo el saber, et tanto querría dél aver lo más que pudiesse, que por ninguna guisa nunca he de partir manera de fazer todo mio poder por saber ende lo más que yo pudiere. Et porque sé que non podría fallar otro de quien más pueda saber que de vós, dígovos que en toda la mi vida nunca dexaré de vos preguntar et affincar por saber de vós lo más que yo pudiere.

—Señor conde Lucanor —dixo Patronio—, pues assí es, et assí lo queredes, yo dezirvos he algo segund lo entendiere de lo que fasta aquí non vos dixe, mas pues veo que lo que vos he dicho se vos faze muy ligero de entender, daquí adelante dezirvos he algunas cosas más oscuras que fasta aquí et algunas assaz llanas. Et si más me affincáredes, avervos he [921] a fablar en tal manera que vos converná de aguzar el entendimiento para las entender.

—Patronio —dixo el conde—, bien entiendo que esto me dezides con saña et con enojo por el affincamiento que vos fago; pero commo quier que segund el mio flaco saber quer[r]ía más que me fablássedes claro que oscuro, pero tanto tengo que me cumple lo que vós dezides, que querría ante que me fablássedes quanto oscuro vós quisierdes, que non dexar de ·me mostrar algo de quanto vós sabedes.

—Señor conde Lucanor —dixo Patronio—, pues assí lo queredes, daquí adellante parad bien mientes a lo que vos diré.

—En el presente muchas cosas grandes son tiempo grandes et non parescen, et omne nada en l' passado las tiene.

—Todos los omnes se engañan en sus fijos et en su apostura et en sus vondades et en su canto.

—De mengua seso es muy grande por los agenos grandes tener los yerros pequeños por los suyos. [922]

—Del grand afazimiento nasçe menospreçio.

---

[921] *avervos he*: os habré.
[922] "Interprétese: "Muy •grande manera de mengua de seso es tener los ajenos yerros por grandes [et los] suyos por pequeños". Nota de Sánchez Catón en su edic., como las siguientes.

—En el medrosas deve señor ydas primero et las apressuradas ser sin el que saliere lugar, enpero fata grand periglo que sea. [923]

—Non deve omne fablar ante otro muy sueltamente fasta que entienda qué conparación ha entre el su saber et el del otro. [924]

—El mal porque toviere lo otro en que vee guardar en el que se non deve querer caya. [925]

—Non se deve omne tener por sabio nin encobrir su saber más de razón.

—Non la salut siente nin el bien, el siente se contrario. [926]

—Non faze buen seso el señor que se quiere servir o se paga del omne que es maliçioso, nin mintroso. [927]

—Con más mansedumbre sabios sobervia, con que cosas fallago con braveza los acaba[n]. [928]

—De buen seso es qui se guarda de se desavenir con aquél sobre que ha poder, quanto más con el que lo ha mayor que él. [929]

—Aponen [930] que todo omne deve alongar de sí el sabio, ca los faze con él mal los malos omnes. [931]

---

[923] "El señor debe ser [el] primero que saliere en las medrosas e apresuradas idas, empero, fasta que sea el lugar sin gran peligro".

[924] Comp.: "Non fables ante ningunt omne, fasta que oyas su palabra e sepas que comparacion ha entre lo que en ti ha de saber e lo que ha en el". *Bocados de oro*, p. 149. Cit. por Knust, p. 432.

[925] "El que ve el mal que otro toviere, lo debe querer guardar porque en [él] non se caya".

[926] "Non siente la salud nin el bien; él siente [los de] su contrario".

[927] *mintroso*: mentiroso. Vid. la nota 452 en la p. 135.

[928] "Los sabios acaba[n] las cosas con más mansedumbre [et] falago, que con braveza [et] soberbia".

[929] Comp.: "Conviene al rrey acucioso que se non desavenenga con aquel sobre quien ha poder". *Bocados de oro*, p. 112.

[930] *Aponen*: Atribuyen, achacan. Comp.: "Io quiero esta cosa por mis oios veer; / si non, qui lo apuso lo deve padecer". Berceo, *Milagros*, 559cd. "en que a la Marfusa furto le aponía". *Libro de buen amor*, 348d.

[931] "Los malos omnes aponen que el sabio deve alongar de si todo omne, ca con él los faze mal". Interpretación de E. Juliá. En cambio, Sánchez Cantón dice: "No doy con el verdadero sentido; quizá sea: "El sabio debe alongar de si los homnes, ca los malos aponen que todo homne face mal con él". Yo creo que don Juan Manuel pretende decir algo así: "Los malos omnes aponen que todo omne deve alongar de sí el sabio, ca con él los faze mal".

—Qui toma contienda con el que más puede, métese en grand periglo; qui la toma con su egual, métese en aventura; qui la toma con el que menos puede, métese en menospreçio; pues lo mejor es qui puede aver paz a su pro et su onra.

—El seso por que guía, non es su alabado et el que non fía mucho de su seso descubre poridat al de qui es flaco. [932]

—Más aprovechoso es a muchos omnes aver algún reçelo que muy grand paz sin ninguna contienda.

—Grand bien es al señor que non aya el coraçón esforçado et si oviere de seer de todo coraçón fuerte, cúmpel cuerpo assaz lo esforçado.

—El más complido et alabado para consegero es el que guarda bien la poridat et es de muertas cobdiçias et de bivo entendimiento. [933]

—Más tiempos aprovecha paral continuado deleyte, que a la fazienda pensamiento [et] alegría.

—Por fuertes ánimos, por mengua de aver, por usar mucho mugeres, et bino et malos plazeres, por ser tortiçero et cruel, por aver muchos [contrarios] et pocos amigos se pierden los señoríos o la vida.

—Errar para perdonar a de ligero da atrevimiento los omnes.

—El plazer faze sin sabor las viandas que lo non son, el pesar faze sabrosas las viandas.

—Grand vengança para menester luengo tiempo encobrir la madureza seso es. [934]

—Assí es locura si el de muy grand seso se quier mostrar por non lo seer, commo es poco seso si el cuerdo se muestra cuerdo algunas vezes.

—Por fuerte voluntat que sea contender con su enemigo luengo tiempo más fuerte cosa es con su omne. [935]

---

[932] "El que se guía por su seso non es alabado, et el que non fia mucho de su seso descubre su poridat al que es flaco". (Pero Sánchez Cantón lo incluye como texto, no como explicación. Quizá hubo un cambio de notas en su edic.)

[933] Comp.: "El que mas aman los rreyes es el que tienen que es de muertas cobdicias e de vivo seso". *Bocados de oro*, p. 225.

[934] "Gran madureza de seso es mester para encobrir luengo tiempo la vengança".

[935] "Por fuerte que sea contender luengo tiempo con su enemigo, mas fuerte cosa es [contender] homne con su voluntad".

—Dizen por mal uso complir mester por su talante verdat de quanto menos por fablar lo de los omnes es o por más saber. [936]

De buen seso es qui non quiere fazer para grand obra, lo que la ha, non teniendo acabar mester apareiado. [937]

—Omne non deve acomendar más fechos a un omne de a quantos puede poner recabdo.

— Luengos tiempos ha omne obrado dallí adelante que creer en quál manera obrar deven assí.

[936] Sánchez Cantón dice: "No encuentro explicación a este párrafo, como no quiera decir: 'Es mal uso de verdat cuanto los homnes dìcen por complir su talante, por lo mester, por fablar de más o por menos saber'".

[937] Doña María Goyri de Menéndez Pidal interpreta: "De buen seso es qui non quiere fazer grand obra, non teniendo aparejado lo que ha menester para la acabar". En *Romania*, XXIX (1900), p. 601.

[QUINTA PARTE
DEL LIBRO DEL CONDE LUCANOR
ET DE PATRONIO]

—Señor conde Lucanor —dixo Patronio—, ya desuso vos dixe muchas vezes que tantos enxiemplos et proverbios, dellos [938] muy declarados, et dellos ya quanto más oscuros, vos avía puesto en este libro, que tenía que vos cumplía assaz, et por affincamiento que me fezięstes ove de poner en estos postremeros treynta proverbios algunos tan oscuramente que será marabilla si bien lo[s] pudierdes entender, si yo o alguno de aquellos a qui lo[s] yo mostré non vos lo[s] declarare; pero seet bien çierto que aquellos que parescen más oscuros o más sin razón que, desque los entendiéredes, que fallaredes que non son menos aprovechosos que qualesquier de los otros que son ligeros de entender. Et pues tantas cosas son escriptas en este libro sotiles et oscuras et abreviadas, por talante que don Johan ovo de complir talante de don Jayme, dígovos que non quiero fablar ya en este libro de enxiemplos, nin de proverbios, mas fablar he un poco en otra cosa que es muy más aprovechosa.

Vós, conde señor, sabedes que quanto las cosas spirituales son mejores et más nobles que las corporales, señaladamente porque las spirituales son duraderas et las corporales se an de corromper, tanto es mejor cosa et más noble el alma que el cuerpo, ca el cuerpo es cosa corrutible et el alma cosa duradera; pues si el alma es más noble et mejor cosa que el cuerpo, et la cosa mejor deve seer más preçiada et más guardada, por esta manera, non puede ninguno negar que el alma

---

938 *dellos... dellos*: unos... otros.

non deve seer más preçiada et más guardada que el cuerpo. [939]

Et para seer las almas guardadas ha mester muchas cosas, et entendet que en dezir guardar las almas, non quiere al dezir sinon fazer tales obras porque se salven las almas; ca por dezir guardar las almas, non se entiende que las metan en un castillo, nin en un arca en que estén guardadas, mas quiere dezir que por fazer omne malas obras van las almas al Infierno. Pues para las guardar que non cayan al Infierno, conviene que se guarde de las malas obras que son carrera para yr al Infierno, et guardándose destas malas obras se guarde del Infierno.

Pero devedes saber que para ganar la gloria del Paraýso, que ha guardarse omne de malas obras, que mester es de fazer buenas obras, et estas buenas obras para guardar las almas et guisar que vayan a Paraýso ha mester ý estas quatro cosas: la primera, que aya omne [fee] et biva en ley de salvaçión; la segunda, que desque es en tiempo para lo entender, que crea toda su ley et todos sus artículos et que non dubde en ninguna cosa dello; la terçera, que faga buenas obras et a buena entençión porque gane el Paraýso: la quarta, que se guarde de fazer malas obras porque sea guardada la su alma de yr al Infierno.

A la primera, que aya omne [fee] et biva en ley de salvaçión: a ésta vos digo que, segund verdad, la ley de salvaçión es la sancta fe cathólica segund la tiene et la cree la sancta madre Ecclesia de Roma. Et bien creed que en aquella manera que lo tiene la begizuela [940] que esta filando [941] a ssu puerta al sol, que assí es verdaderamente; ca ella cree que Dios es Padre et Fijo et Spíritu Sancto, que son tres personas [et] un Dios; et

---

[939] Comp.: "E destas dos cosas de que el omne es compuesto, que son el alma e el cuerpo, es el alma cosa spiritual, et es el cuerpo cosa corporal. Et porque el alma es cosa sinple e duradera e que nunca ha de morir nin de fallesçer, e a otras muchas auantajas del cuerpo, es muy mas noble e muy mejor cosa que el cuerpo; et sennaladamente porque la razon porque el omne fue fecho es para saluar el alma". *Libro infinido*, págs. 10-11.

[940] *begizuela*: vejezuela. Comp.: "Como la mi vejizuela me avia aperçebido". *Libro de buen amor*, 872.

[941] *filando*: hilando. Cf.: "Recuenta Tullio que vna muger auia en Roma que era mucho oçiosa, que jamas non queria filar, antes se trabajaua de lo aconsejar a otras que non filasen". *Castigos e documentos*, p. 59.

cree que Ihesu-Christo es verdadero Dios et verdadero
omne; et que fue fijo de Dios et que fue engendrado
por el Spíritu Sancto en [el] vientre de la bien aventu-
rada Virgo Sancta María; et que nasçió della Dios
et omne verdadero, et que fincó ella virgen quando
conçibió, et virgen seyendo preñada, et virgen después
que parió; et que Ihesu-Christo se crió et cresçió com-
mo otro moço; et después, que predicó, et que fue
preso, et tormentado, et después puesto en la cruz, et
que tomó ý muerte por redemir los pecadores, et que
descendió a los infiernos, et que sacó ende los Padres
que sabían que avía de venir et esperavan la su venida,
et que resusçitó al terçer día, et apaesçió a muchos, et
que subió a los çielos en cuerpo et en alma, et que
envió a los apóstoles [el Spíritu Sancto] que los con-
firmó et los fizo saber las Scripturas et los lenguages,
et los envió por el mundo a predigar el su Sancto Evan-
gelio. Et cree que Él ordenó los sacramentos de Sancta
Eglesia, et que los son verdaderamente assí commo Él
ordenó, et que ha de venir a nos judgar, et nos dará
lo que cada uno meresçió, et que resusçitaremos, et que
en cuerpo et en alma avremos después gloria o pena
segund nuestros meresçimientos. Et ciertamente qual-
quier veguzuela cree esto, et esso mismo cree qualquier
christiano.

Et, señor conde Lucanor, bien cred por cierto que
todas estas cosas, bien assí commo los christianos las
creen, que bien assí son, mas los christianos que non
son muy sabios, nin muy letrados, créenlas simplemente
commo las cree la Sancta Madre Eglesia et en esta fe
et en esta creençia se salvan; mas, si lo quisierdes [sa-
ber] cómmo es et cómmo puede seer et cómmo devía
seer, fallarlo hedes más declarado que por dicho et por
seso de omne se puede dezir et entender en l' libro que
don Iohan fizo a que llaman *De los Estados,* et tracta
de cómm[o] se prueva por razón que ninguno, [chris-
tiano] nin pagano, nin ereje, nin judío, nin moro, nin
omne del mundo, non pueda dezir con razón que el
mundo non sea criatura de Dios, et que, de neçessidat,
conviene que sea Dios fazedor et criador et obrador de
todos, et en todas las cosas: et que ninguna non obra
en Él. Et otrosí, tracta cómm[o] pudo ser et cómmo et
por quáles razones pudo ser et deve seer que Ihesu
Christo fuesse verdadero Dios et verdadero omne; et

cómmo puede seer que los sacramentos de Sancta Ecclesia ayan aquella virtud que Sancta Eglesia dize et cree. Otrosí, tracta de cómmo se prueva por razón que el omne es compuesto de alma et de cuerpo, et que las almas ante de la resurrectión avrán gloria o pena por las obras buenas o malas que ovieron fechas seyendo ayuntadas con los cuerpos, segund sus meresçimientos, et después de la resurrectión que lo avrán ayuntadamente el alma et el cuerpo; et que assí commo ayuntadamente fizieron el bien o el mal, que assí ayuntadamente, ayan el galardón o la pena. [942]

Et, señor conde Lucanor, en esto que vos he dicho que fallaredes en aquel libro, vos digo assaz de las dos cosas primeras que convienen para salvamiento de las almas, que son: la primera, que aya omne et viva en ley de salvaçión; et la segunda, que crea toda su ley et todos sus artículos et que non dubde en ninguno dellos. Et porque las otras dos, que son: cómmo puede omne et deve fazer [buenas] obras para salvar el alma et guardarse de fazer las malas por escusar las penas del Infierno, commo quier que en aquel mismo libro tracta desto [a]ssaz conplidamente, pero, porque esto es tan mester de saber et cumple tanto, et porque por aventura algunos leerán este libro et non leerán el otro, quiero yo aquí fablar desto; pero só çierto que non podría dezir complidamente todo lo que para esto sería mester. Diré ende, segund el mio poco saber, lo que Dios me endereçe a dezir, et quiera Él, por la su piadat, que diga lo que fuere su serviçio et provechamiento de los que lo leyeren et lo oyeren.

Pero ante que fable en estas dos maneras —cómmo se puede et deve omne guardar de fazer malas obras para escusar las penas del Infierno, et fazer las buenas para ganar la gloria del Paraýso— diré un poco cómmo es et cómmo puede seer que los Sacramentos sean verdaderamente assí commo lo tiene la Sancta Eglesia de Roma. Et esto diré aquí, porque non fabla en ello tan declaradamente en l' dicho libro que don Iohan fizo.

Et fablaré primero en el sacramento del cuerpo de Dios; que es el sacramento de la hostia, que se consagra en l' altar. Et comienço en éste porque es el más

[942] Véanse especialmente los capítulos 26-29 del *Libro de los estados*.

grave de creer que todos los sacramentos; et probándose esto por buena et por derecha razón, todos los otros se pruevan. Et con la merçed de Dios, desque éste oviere provado, yo provaré tanto de los otros con buena razón, que todo omne, aunque non sea christiano, et aya en sí razón et buen entendimiento, entendrá que se prueva con razón; que para los christianos non cumple de catar razón, ca tenudos son de lo creer, pues es verdat, et lo cree Sancta Eglesia, et commo quier que esto les cumplía assaz, pero non les enpesçe saber estas razones, [que] ya desuso en aquel libro se prueva por razón que forçadamente avemos a saber et creer que Dios es criador et fazedor de todas las cosas et que obra en todas las cosas et ninguna non obra en l'.

Otrosí, es provado que Dios crió el omne et que non fue criado solamente por su naturaleza, mas que lo crió Dios de su propria voluntat. Otrosí, que lo crió apuesto de alma et de cuerpo, que es cosa corporal et cosa spiritual, et que es compuesto de cosa duradera et cosa que se ha de corromper; et éstas son el alma et el cuerpo, et que para éstas aver amas gloria o pena, convinía que Dios fuesse Dios et omne; et todo esto se muestra muy complidamente en aquel libro que dicho es.

Et pues es provado que Ihesu Christo fue et es verdaderamente Dios, et Dios es todo poder complido, non puede ninguno negar que el sacramento que Él ordenó que lo non sea et que non aya aquella virtud que Él en l' sacramento puso; pero que si alguno dixiere que esto tañe en fe et que él non quiere aver fe sinon en quanto se mostrare por razón, digo yo que demás de muchas razones que los sanctos et los doctores de sancta Eglesia ponen, que digo yo esta razón:

Cierto es que nuestro señor Ihesu Christo, verdadero Dios et verdadero omne, seyendo el jueves de la çena a la mesa con sus apóstoles, sabiendo que otro día devía seer fecho sacrifiçio del su cuerpo, et sabiendo que los omnes non podían seer salvos del poder del Diablo —en cuyo poder eran caýdos por el pecado del primer omne, nin podían seer redemidos sinon por el sacrifiçio que dél se avía de fazer—, quiso, por la su grand bondat, soffrir tan grand pena commo sufrió en la su passión, et por aquel sacrifiçio que fue fecho del su cuerpo, fueron redemidos todos los sanctos que eran en l' Limbo, ca nunca ellos pudieran yr al Paraýso sinon por el sacrifiçio que se fizo del cuerpo de Ihesu Christo; et aun tienen los sanctos et los doctores de sancta Eglesia, et es verdat, que tan grande es el bien et la gloria del Paraýso, que nunca lo podría omne aver, nin alcançar, sinon por la passión de Ihesu Christo, por los meresçimientos de sancta María et de los otros sanctos. Et por aquella sancta et aprovechosa passión fueron salvos et redemidos todos los que fasta entonçe eran en l' Limbo et serán redemidos todos los que murieren et acabaren derechamente en la sancta fe cathólica. Et porque Ihesu Christo, segund omne, avía de morir et non podía fincar en el mundo et Él era el verdadero cuerpo porque los omnes avían a sseer salvos, quísonos dexar el su cuerpo verdadero assí complido commo lo Él era, en que se salvassen todos los derechos [943] et verdaderos christianos; et por esta razón, tomó el pan et bendíxolo et partiólo et diolo a sus disçiplos et dixo: "Tomat et comet, ca éste es el mio cuerpo"; et después tomó el cáliz, dio gracias a Dios, et dixo: "Bevet todos éste, ca ésta es la mi sangre"; et allí ordenó el sacramento del su cuerpo. Et devedes saber que la razón porque dizen que tomó el pan et bendíxolo et partiólo es ésta: cada que [944] Ihesu Christo bendizía el pan, luego él era partido tan egual commo si lo partiesse con el más agudo cochiello que pudiesse seer. Et por esto dize en el Evangelio quel conosçieron los apóstoles después que resusçitó en l' partir del pan; ca por partir el pan en otra manera commo todos lo parten, non avía la Sancta Scriptura por qué fazer mençión del partir del pan, mas fázelo porque Ihesu Christo partía sienpre el pan, mostrando cómmo lo podía fazer tan marabillosamente.

Et otrosí, dexó este sancto sacramento porque fincasse en su remembrança. Et assí, pues se prueva que Ihesu Christo es verdadero Dios et assí commo Dios pudo fazer todas las cosas, et es çierto que fizo et ordenó este sacramento, non puede dezir ninguno con razón que non lo devía ordenar assí commo lo fizo; et que non ha complidamente aquella virtud que Ihesu, verdadero Dios, en él puso.

Et l' baptismo, otrossí, todo omne que buen entendimiento aya, por razón deve entender [que] este

<hr>

943 derechos: rectos, justos. Vid. la nota 851 en la p. 262.
944 cada que: cada vez que.

sacramento se devió fazer et era muy grand mester; ca
bien entendedes vós que commo quier que el casamien-
to sea fecho por mandado de Dios et sea uno de los
sacramentos, pero, porque en la manera de la engendra-
çión non se puede escusar algún deleyte, por ventura non
tan ordenado commo seríe mester, por ende todos los
que nasçieron et nasçerán por engendramiento de omne
et de muger nunca fue nin será ninguno escusado de
nasçer en l' pecado deste deleyte. Et a este pecado llamó
la Scriptura 'pecado original', que quiere dezir, segund
nuestro lenguaje, 'pecado del nasçimiento'; et por[que]
ningund omne que esté en pecado non puede yr a Pa-
raýso, por ende, fue la merçed de Dios de dar manera
cómmo se alimpiasse este pecado; et para lo alimpiar,
ordenó nuestro señor Dios, en la primera ley, la cir-
cunçisión; et commo quier que en quanto duró aquella
ley cumplían aquel sacramento, porque entendades que
todo lo que en aquella ley fue ordenado, que todo fue
por figura [945] desta sancta ley que agora abemos, devé-
deslo entender señaladamente en este sacramento del
baptismo, ca entonçe circunçidavan los omnes, et ya
en ésta paresçe que era figura que de otra guisa avía
de seer; ca vós entendedes que el sacramento complido
egualmente se deve fazer, pues el circunçidar non se
puede fazer sinon a los varones; pues si non se puede
ninguno salvar del pecado original sinon por la çircun-
çisión, çierto es que las mugeres que non pueden este
sacramento aver, non pueden seer alimpiadas del pe-
cado original. Et assí, entendet que la circunçisión que
fue figura del alimpiamiento [946] que se avía de ordenar
en la sancta fe cathólica que nuestro señor Ihesu Christo
ordenó assí commo Dios. Et quando Él ordenó este
sancto sacramento, quísolo ordenar aviendo reçebido en
sí el sacramento de la çircunçisión, et dixo que non vi-
niera Él por menguar nin por desfazer la ley, sinon por
la complir, et cumplió la primera ley en la çircunçisión,
et la segunda, que Él ordenó, reçibiendo baptismo de
otri, commo lo reçebió de sant Iohan Baptista.

Et porque entendades que el sacramento que Él or-
denó del baptismo es derechamente ordenado para alim-

---

[945] *figura*: símbolo. Cf.: "Tres dones li ofreçieron cada uno
con su figura, / oro, porque era Rey e de real natura". Berceo,
Loores, 33ab.
[946] *alimpiamiento*: limpieza, purificación.

piar el pecado original, parad en ello vien mientes et entendredes quánto con razón es ordenado.

Ya desuso es dicho que en la manera del engendramiento non se puede escusar algún deleyte; contra este deleyte, do conviene de aver alguna cosa non muy limpia, es puesto uno de los elementos que es el más limpio, et señaladamente para alimpiar, ca las más de las cosas non limpias, todas se alimpian con el agua; otrosí, en bapteando [947] la criatura dizen: "Yo te bateo en l' nombre del Padre et del Fijo et del Spíritu Sancto"; et métenlo en el agua. Pues veet si este sancto sacramento [es] fecho con razón, ca en diciendo "yo te bateo en l' nombre del Padre et del Fijo et del Spíritu Sancto" ý mismo dize et nombra toda la Trinidat et muestra el poder del Padre et el saber del Fijo et la bondat del Spíritu Sancto; et dize que por estas tres cosas, que son Dios et en Dios, sea alimpiada aquella criatura de aquel pecado original en que nasçió; et la palabra llega al agua, que es elemento, et fázese sacramento. Et este ordenamiento deste sancto sacramento que Ihesu Christo ordenó es egual et complido, ca tan bien lo pueden reçebir, et lo reçiben, las mugeres commo los omnes. Et assí, pues este sancto sacramento es tan mester, et fue ordenado tan con razón, et lo ordenó Ihesu Christo, que lo podía ordenar assí commo verdadero Dios, non puede con razón dezir omne del mundo que este sancto sacramento non sea tal et tan complido commo lo tiene la madre sancta Eglesia de Roma.

Et quanto de los otros çinco sacramentos que son: penitençia, confirmación, casamiento, orden, postrimera unçión, bien vos diría tantas et tan buenas razones en cada uno dellos, que vós entendríades que eran assaz; mas déxolo por dos cosas: la una, por non alongar mucho el libro; et lo al, porque sé que vós et quien quier que esto oya, entendrá que tan con razón se prueva lo al commo esto.

Et pues esta razón es acabada assí commo la yo pude acabar, tornaré a fablar de las dos maneras en cómmo se puede omne, et deve, guardar de fazer malas obras para se guardar de yr a las penas del Infierno, et podrá fazer et fará buenas obras para la gloria del Paraýso.

[947] *bapteando*: bautizando, de 'batear', que aparece en la misma línea.

Señor conde Lucanor, segund desuso es dicho, sería muy grave cosa de se poner por escripto todas las cosas que omne devía fazer para se guardar de yr a las penas del Infierno et para ganar la gloria del Paraýso, pero quien lo quisiesse dezir abreviadamente podría dezir que para esto non ha mester al sinon fazer bien et non fazer mal. Et esto sería verdat, mas porque esto sería, commo algunos dizen, grand verdat et poco seso, por ende, conviene que —pues me atreví a tan grand atrevimiento de fablar en fechos que cuydo que me non pertenesçía segund la mengua del mio saber— que declare más cómmo se pueden fazer estas dos cosas; por ende, digo assí: que las obras que omne ha de fazer para que aya por ellas la gloria del Paraýso, lo primero, conviene que las faga estando en estado de salvación. Et devedes saber que el estado de salvaçión es quando el omne está en verdadera penitençia, ca todos los vienes que omne faze non estando en verdadera penitencia, non gana omne por ellos la gloria del Paraýso; et razón et derecho es, ca el Paraýso, que es veer a Dios et es la mayor gloria que seer puede, non es razón nin derecho que la gane omne estando en pecado mortal, mas lo que omne gana por ellas es que aquellas buenas obras lo traen mas aýna a verdadera penitencia, et esto es muy grand bien. Otrosí, le ayudan a los bienes deste mundo para aver salud et onra et riqueza et las otras bienandanças del mundo. Et estando en este bienaventurado estado, las obras que omne ha de fazer para aver la gloria de Paraýso son assí commo limosna et ayuno et oración, et romería, et todas obras de misericordia; pero todas estas buenas obras, para que omne por ellas aya la gloria de Paraýso, ha mester que se fagan en tres maneras: lo primero, que faga omne buena obra; lo segundo, que la faga bien; lo terçero, que la faga por escogimiento. Et, señor conde, commo quier que esto se puede assaz bien entender, pero porque sea más ligero aún, dezirvos lo he más declarado.

Fazer omne buena obra es toda cosa que omne faze por Dios, mas es mester que se faga bien, et esto es que se faga a buena entençión, non por vana gloria, nin por ypocrisia, nin por otra entençión, sinon solamente por serviçio de Dios; otrosí, que lo faga por escogimiento; esto es, que quando oviere de fazer algu-

na obra, que escoja en su talante si es aquélla buena
obra o non, et desque viere que es buena obra, que
escoja aquélla porque es buena et dexe la otra que él
entiende et escoje que es mala. Et faziendo omne estas
buenas obras, et en esta manera, fará las obras que
omne deve fazer para aver la gloria de Paraýso; mas
por fazer omne buena obra si la faz por vana gloria
o por ypocrisia o por aver la fama del mundo, maguer
que faz buena obra, non la faz bien nin la faz por
escogimiento, ca el su entendimiento bien escoge que
non es aquello lo mejor nin la derecha et verdadera
entençión. Et a este tal contezerá lo que contezçió al
senescal de Carcassona, que maguer a ssu muerte fizo
muchas buenas obras, porque non las fizo a buena nin
a derecha entençión, non le prestaron para yr a Pa-
raýso et fuesse para el Infierno. Et si quisiéredes saber
cómmo fue esto deste senescal, fallarlo hedes en este
libro en el capítulo XL°.

Otrosí, para se guardar omne de las obras que omne
puede fazer para yr al Infierno, ha mester de se guar-
dar ý tres cosas: lo primero, que non faga omne mala
obra; lo segundo, que la non faga mal; lo terçero,
que la non faga por escogimiento; ca non puede omne
fazer cosa que de todo en todo sea mal sinon fazién-
dose assí: que sea mala obra, et que se faga mal, et
que se faga escogiendo en su entendimiento omne que
es mala, et entendiendo que es tal, fazerla a sabiendas;
ca non seyendo ý estas tres cosas, non sería la obra del
todo mala; ca puesto que la obra fuesse en sí mala, si
non fuesse mal fecha, nin faziéndola escogiendo que
era mala, non seríe del todo mala; ca bien assí commo
non sería la obra buena por seer buena en sí, si non
fuesse bien fecha et por escogimiento, bien assí, aunque
la obra fuesse en sí mala, non lo sería del todo si
non fuesse mal fecha et por escogimiento. Et assí com-
mo vos di por enxienplo de[l] senescal de Carcaxona
que fizo buena obra, pero porque la non fizo bien non
meresçió aver nin ovo por ello galardón, assí vos daré
otro enxienplo de un cavallero que fue ocasionado [948]
et mató a su señor et a su padre; commo quier
que fizo mala obra, porque la non fizo mal nin por

_____

[948] *ocasionado*: de 'ocasión', 'desgracia', desgraciado, desafortu-
nado. Véase la nota 374 en la p. 117.

escogimiento, non fizo mal nin meresçió aver por ello
pena, nin la ovo. Et porque en este libro non está es-
cripto este enxiemplo, contarvos lo he aquí, et non
escrivo aquí el enxiemplo del senescal porque está es-
cripto, commo desuso es dicho.

—Assí acaesçió que un cavallero avía un fijo que era
assaz buen escudero. Et porque aquel señor con quien
su padre bivía non se guisó [949] de fazer contra [950] el
escudero en guisa porque pudiesse fincar con él, ovo
el escudero, entre tanto, de catar otro señor con quien
visquiesse. Et por las vondades que en l'escudero avía
et por quanto bien le sirvió, ante de poco tiempo fízol
cavallero. Et llegó a muy buen estado. Et porque las
maneras et los fechos del mundo duran poco en un
estado, acaesçió assí: que ovo desabenençia entre aque-
llos dos señores con quien bivían el padre et el fijo, et
fue en guisa que obieron de lidiar en uno.

Et el padre et el fijo, cada uno dellos, estava con su
señor; et commo las aventuras acaesçen en las lides,
acaesçió assí: que el cavallero, padre del otro, topó en
la lit con aquel señor con quien el su señor lidiava,
con quien bivía su fijo, et por servir a su señor, en-
tendió que si aquel fuesse muerto o preso, que su señor
sería muy bien andante et mucho onrado, fue travar
dél tan rezio, que cayeron entramos en tierra. Et es-
tando sobre él por prenderle o por matarle, su fijo, que
andava aguardando [951] a su señor et serviéndol quanto
podía, et desque vio a su señor en tierra, conosçió que
aquel quel tenía era su padre.

Si ovo ende grand pesar, non lo devedes poner en
dubda, pero doliéndose del mal de su señor, començó
a dar muy grandes vozes a su padre et a dezirle, lla-
mándol por su nonbre, que dexasse a ssu señor, ca,
commo quier que él era su fijo, que era vasallo de
aquel señor que él tenía de aquella guisa, que si non
le dexasse, que fuesse çierto quel mataría.

Et el padre, porque non lo oyó, o non lo quiso fazer,
non lo dexó. Et desque el fijo vio a su señor en tal
periglo et que su padre non lo quería dexar, menbrán-

---

[949] *guisó*: cuidó, procuró.
[950] *contra*: para con. Cf.: "mas so en grant vergüenza, en miedo
soveiano, / ca fui, mi Sennora, contra él mui villano". Berceo,
Milagros, 795.
[951] *aguardando*: escoltando. Véase la nota 231 en la p. 84.

dose de la leatad que avía de fazer, olbidó et echó
tras las cuestas [952] el debdo et la naturaleza de su pa-
dre, et entendió que si descendiesse del cavallo, que
con la priessa de llos cavallos que ý estavan, que por
aventura ante que él pudiesse acorrer, que su señor que
sería muerto: llegó assí de cavallo commo estava, toda-
vía dando vozes a su padre que dexasse a ssu señor, et
nombrando a su padre et a ssí mismo. Et desque vio
que en ninguna guisa non le quería dexar, tan grand
fue la cuyta, et el pesar et la saña que ovo, por commo
vio que estava su señor, que dio tan grand ferida [953] a
su padre por las espaldas, que passó todas las armadu-
ras et todo el cuerpo. Et aun tan grand fue aquel des-
aventurado colpe, que passó a su señor el cuerpo et las
armas assí commo a su padre, et murieron entramos de
aquel colpe.

Otrosí, otro cavallero de parte de aquel señor que
era muerto, ante que sopiesse de la muerte de su señor,
avía muerto el señor de la otra parte. Et assí fue aque-
lla lit de todas partes mala et ocasionada.

Et desque la lit fue passada et el cavallero sopo la
desaventura quel acaesçiera en matar por aquella oca-
sión a su señor et a su padre, endereçó a casa de todos
los reyes et grandes señores que avía en aquellas co-
marcas et, trahendo [954] las manos atadas et una soga
a la garganta, dizía a los reys et señores a que yva:
que si ningún omne meresçía muerte de traydor por
matar su señor et su padre, que la meresçía él; et
que les pidía él por merçed que cumpliessen en él lo que
fallassen quél meresçía, pero si alguno dixiesse que lo
matara por talante de fazer trayción, que él se salvaría
ende commo ellos fallassen que lo devía fazer.

Et desque los reyes et los otros señores sopieron cóm-
mo acaesçiera el fecho, todos tovieron que commoquier
que él fuera muy mal ocasionado, que non fiziera cosa
porque meresçiesse aver ninguna pena, ante lo preçia-
ron mucho et le fezieron mucho bien por la grand lea-
tad que fiziera en ferir a su padre por escapar [955] a su
señor. Et todo esto fue porque, commo quier que él

[952] *echó tras las cuestas*: no hizo caso, se echó a la espalda.
[953] *ferida*: golpe.
[954] *trahendo*: trayendo, llevando.
[955] *escapar*: librar. Véase la nota 156 en la p. 72.

fizo mala obra, non la fizo mal, nin por escogimiento de fazer mal.

Et assí, señor conde Lucanor, devedes entender por estos enxiemplos la razón porque las obras para que el omne vaya a Paraýso es mester que sean buenas, et bien fechas, et por escogimiento. Et las por quel omne ha de yr al Infierno conviene que sean malas, et mal fechas, et por escogimiento; et esto que dize que sean bien fechas, o mal, et por escogimiento es en la entención; ca si quier dixo el poeta: "Quicquid agant homines intençio judicat omnes", [956] que quiere dezir: "Quequier que los omnes fagan todas serán judgadas por la entención a que lo fizieren".

Agora, señor conde Lucanor, vos he dicho las maneras porque yo entiendo que el omne puede guisar [957] que vaya a la gloria del Paraýso et sea guardado de yr a las penas del Infierno. Et aún porque entendades quánto engañado es el omne en fiar del mundo, nin tomar loçanía, [958] nin sobervia, nin poner grand esperança en su onra, nin en su linage, nin en su riqueza, nin en su mançebía, nin en ninguna buena andança que en l' mundo pueda aver, fablarvos he un poco en dos cosas porque entendades que todo omne que buen entendimiento oviesse devía fazer esto que yo digo.

La primera, qué cosa es el omne en sí; et quien en esto cuydare entendrá que non se deve el omne mucho presciar; la otra, qué cosa es mundo et cómmo passan los omnes en él, et qué galardón les da de lo que por él fazen. Quien esto cuydare, si de buen entendimiento fuere, entendrá que non debría fazer por él cosa porque perdiesse el otro, que dura sin fin.

La primera, qué cosa es el omne en sí. Ciertamente esto tengo que sería muy grave de dezir todo, pero, con la merçed de Dios, dezirvos he yo tanto que cumpla assaz para que entendades lo que yo vos quiero dar a entender.

---

[956] M.ª R.ª Lida de Malkiel, ob. cit., p. 116, halla la sentencia en Jacob Werner, *Lateinische Sprichwörter und Sinnsprüche des Mittelalters* (Heidelberg, 1912), bajo el número 165, como proveniente de un ms. de comienzos del siglo XV, perteneciente a la Biblioteca de la Universidad de Basilea.

[957] *guisar*: disponer.

[958] *tomar loçanía*: enorgullecerse. Comp.: "concibió vana gloria e grand eufania, / entendiengelo todos que traye loçania". Berceo, *Milagros*, 747cd.

Bien creed, señor conde, que entre todas las anima-
lias que Dios crió en l' mundo, nin aun de las cosas
corporales, non crió ninguna tan complida, nin tan
menguada [959] commo el omne. Et el complimiento que
Dios en él puso non es por al sinon porquel dio
entendimiento et razón et libre albedrío, porque quiso
que fuesse compuesto de alma et de cuerpo; mas, desta
razón non vos fablaré más, que es ya puesto en otros
logares assaz complidamente en otros libros que don
Iohan fizo; [960] mas fablarvos he en las menguas et bile-
zas que el omne ha en sí, en cosas, tanto commo en
otras animalias; et en cosas, más que en otra animalia
ninguna.

Sin dubda, la primera bileza que el omne ha en sí,
es la manera de que se engendra, tan bien de parte del
padre commo de parte de la madre, et otrosí la manera
cómmo se engendra. Et porque este libro es fecho en
romançe (que lo podrían leer muchas personas también
omnes commo mugeres que tomarían vergüença en leer-
lo, et aun non ternían por muy guardado de torpedat [961]
al que lo mandó escrivir), por ende non fablaré en ello
tan declaradamente commo podría, pero el que lo leye-
re, si muy menguado non fuere de entendimiento, assaz
entendrá lo que a esto cumple.

Otrosí, después que es engendrado en el vientre de
su madre, non es el su govierno sinon de cosas tan
sobeianas [962] que naturalmente [963] non pueden fincar
en el cuerpo de la muger sinon en quanto está preña-
da. Et esto quiso Dios que naturalmente oviessen las
mugeres aquellos humores [964] sobeianos en los cuerpos,
de que se governassen las criaturas; otrosí, el logar en
que están es tan cercado de malas humidades et co-
rrompidas, que sinon por una telliella muy delgada que
crió Dios, que está entre el cuerpo de la criatura et

---

[959] *complida... menguada*: perfecta... imperfecta.
[960] Por ejemplo, en los primeros capítulos del *Libro de los esta-
dos.*
[961] *torpedat*: torpeza, vileza. Cf.: "son en la grand pereza miedo
e cobardia, / torpedat e vileza, suziedat e astrosia". *Libro de buen
amor*, 456ab.
[962] *sobeianas*: excesivas. Véase la nota 776 en la p. 227.
[963] *naturalmente*: por naturaleza. Vid. otro caso en la p. 52.
[964] *humores*: líquidos. Cf.: "Avie de los umores el bientre
tan inchado". Berceo, *Vida de san Millán*, 126.

aquellas humidades, que non podría bevir en ninguna manera.

Otrosí, conviene que suffra muchos trabaios et muchas cuytas en quanto está en l' vientre de su madre. Otrosí, porque a cabo de los siete meses es todo el omne complido et non le cumple el govierno de aquellos humores sobeianos de que se governava en quanto non avía mester tanto dél, por la mengua que siente del govierno, quéxasse; et si es tan rezio que pueda quebrantar aquellas telas de que está cercado, non finca más en el vientre de su madre. Et estos tales son los que nasçen a siete meses et pueden tan bien bevir commo si nasciessen a nuebe meses; pero si entonçe non puede quebrantar aquellas telas de que está cercado, finca cansado et commo doliente del grant trabajo que levó, et finca todo el ochavo mes flaco et menguado de govierno. Et si en aquel ochavo mes nasçe, en ninguna guisa non puede bevir. Mas, de que entra en el noveno mes, porque ha estado un mes complido, es ya descansado et cobrado en su fuerça, en qualquier tiempo que nasca en el noveno mes, quanto por las razones dichas, non deve morir; pero quanto más tomare del noveno mes, tanto es más sano et más seguro de su vida; et aun dizen que puede tomar del dezeno mes fasta diez días, et los que a este tiempo llegan son muy más rezios et más sanos, commo quier que sean mas periglosos para sus madres. Et assí bien podedes entender que, por qualquier destas maneras, por fuerça ha de soffrir muchas lazerias et muchos enojos et muchos periglos.

Otrosí, el periglo et la cuyta que passa en su nasçimiento, en esto non he por qué fablar, ca non ha omne que non sepa que es muy grande a marabilla. Otrosí, commo quier que cuando la criatura nasçe non ha entendimiento porque lo sepa esse fazer por sí mismo, pero nuestro señor Dios quiso que naturalmente todas las criaturas fagan tres cosas: la una es que lloran; la otra es que tremen[965]; la otra es que tienen las manos çerradas. Por el llorar se entiende que viene a morada en que ha de bevir sienpre con pesar et con dolor, et que lo ha de dexar aún con mayor pesar et con mayor dolor. Por el tremer se entiende que biene a morada muy espantosa, en que sienpre ha de bivir

---

[965] *tremen*: tiemblan. Vid. la nota 247 en la p. 89.

con grandes espantos et con grandes reçelos, de que es çierto que ha de salir aún con mayor espanto. Por el cerrar de las manos se entiende que biene a morada en que ha de bivir siempre cobdiçiando más de lo que puede aver, et que nunca puede en ella aver ningún complimiento acabado.

Otrosí, luego que el omne es nasçido, ha por fuerça de sofrir muchos enojos et mucha lazeria, ca aquellos paños con que los han de cobrir por los guardar del frío et de la calentura et del ayre, a comparaçión del cuero [966] del su cuerpo, non ha paño, nin cosa que a él legue, por blando que sea, que non le paresca tan áspero commo si fuesse todo de spinas. Otrosí, porque ellos non han entendimiento, nin los sus miembros non son en estado, nin han complisión porque puedan fazer sus obras commo deven, non pueden dezir nin aun dar a entender lo que sienten. Et los que los guardan et los crían, cuydan que lloran por una cosa, et por aventura ellos lloran por otra, et todo esto les es muy grand enojo et grand quexa. Otrosí, de que comiençan a querer fablar, passan muy fuerte [967] vida, ca non pueden dezir nada de quanto quieren nin les dexan complir ninguna cosa de su voluntad, assí que en todas las cosas an a passar a fuerça de sí et contra su talante.

Otrosí, de que van entendiendo, porque el su entendimiento non es aún complido, cobdician et quieren sienpre lo que les non aprovecha, o por aventura que les es dañoso. Et los que los tienen en poder non gelo consienten, et fázenles fazer lo contrario de lo que ellos querrían, porque de llos enojos non ay ninguno mayor que el de la voluntad; por ende passan ellos muy grand enojo et grant pesar.

Otrosí, de que son omnes, et en su entendimiento complido, lo uno por las enfermedades, lo al por ocasiones et por pesares et por daños que les vienen, passan siempre grandes reçelos et grandes enojos. Et ponga cada uno la mano en su coraçón, si verdat quisiere dezir, bien fallará que nunca passó día que non oviesse más enojos et pesares que plazeres.

---

[966] *cuero*: piel. Comp.: "dio grand golpe en la cabeça al lobo por castigar: / el cuero con la oreja del casco le fue arrancar". *Libro de buen amor*, 86bc.

[967] *fuerte*: dura.

Otrosí, desque va entrando en la vegedat, [968] ya esto non es de dezir, ca también del su cuerpo mismo commo de todas las cosas que vee, de todas toma enojo, et por aventura todos los quel veen toman enojo dél. Et quanto más dura la vegez, tanto más dura et cresçe esto, et en cabo de todo viene a la muerte, que se non puede escusar, et ella lo faze partir de sí mismo et de todas las cosas que vien quiere, con grand pesar et con grand quebranto. Et desto non se puede ninguno escusar et nunca se puede fallar buen tiempo para la muerte; ca si muere el omne moço, o mançebo, o viejo, en qualquier tiempo le es la muerte muy cruel et muy fuerte para sí mismo et para los quel quieren bien. Et si muere pobre o lazrado, de amigos et de contrarios es despreçiado; et si muere rico et onrado, toman sus amigos grand quebranto, et sus contrarios grand plazer, que es tan mal commo el quebranto de sus amigos. Et demás, al rico contesçe commo dixo el poeta: "Dives diviçias", [969] etc., que quiere dezir: "Que el rico ayunta las riquezas con grand trabaio, et posséelas con grand temor, déxalas con grand dolor".

Et assí podedes entender que por todas estas razones, todo omne de buen entendimiento que bien parasse mientes en todas sus condiçiones, devía entender que non son tales de que se diviesse mucho presçiar.

Demás desto, segund es dicho desuso, el omne es más menguado que ninguna otra animalia; ca el omne no ha ninguna cosa de suyo con que pueda bevir, et las animalias todas son vestidas, o de cueros o de cabellos o de conchas o de péñolas, con que se pueden defender del frío et de la calentura et de los contrarios; mas el omne desto non ha ninguna cosa, nin podría bevir si de cosas agenas non fuesse cubierto et vestido.

Otrosí, todas las animalias ellas se gobiernan que non an mester que ninguno gelo aparege, mas los om-

---

[968] *vegedat*: vejez. Comp.: "Ennos tiempos derechos que corria la verdat, / que non dicien por nada los omnes falsedat, / estonz vivien a buenas, vinien a vegedat, / vedien a sus trasnietos en septima edat". Berceo, *Milagros*, 502.

[969] M.ª R.ª Lida de Malkiel, op. cit., p. 116, encuentra la cita en la misma colección de J. Werner, ya citada, bajo el número 117, procedente de un ms. del siglo xv de la biblioteca de San Galo:

Diues diuitias non congregat absque labore,
non tenet absque metu nec deserit absque dolore.

nes non se pueden governar sin ayuda d'otri nin pueden saber cómmo pueden bevir si otri non gelo muestra. Et aun en la vida que fazen, non saben en ella guardar tan complidamente commo las animalias lo que les cumple para pro et para salut de sus cuerpos.

Et assí, señor conde Lucanor, pues veedes manifiestamente que el omne ha en sí todas estas menguas, parad mientes si faze muy desaguisado en tomar en sí sobervia, nin loçanía ⁹⁷⁰ desaguisada.

La otra, que fabla del mundo, se parte en tres partes: la primera, qué cosa es el mundo; la segunda, cómmo passan los omnes en él; la terçera, qué galardón les da de llo que por él fazen.

—Çiertamente, señor conde, quien quisiesse fablar en estas tres maneras complidamente, avría manera assaz para fazer un libro; mas, porque he tanto fablado, tomo reçelo que vós et los que este libro leyeren me ternedes por muy fablador o tomaredes dello enojo, por ende non vos fablaré sinon lo menos que yo pudiere en esto, et fazervos he fin a este libro, et ruégovos que non me affinquedes más, ca en ninguna manera non vos respondría más a ello, nin vos diría otra razón más de las que vos he dicho. Et lo que agora vos quiero dezir es esto: que la primera de las tres cosas, qué cosa es el mundo, çiertamente esto seríe grand cosa de dezir, mas yo dezirvos he lo que entiendo lo más brevemente que pudiere.

Este nombre del 'mundo' tómasse de 'movimiento' et de 'mudamiento', porque el mundo sienpre se muebe et siempre se muda, et nunca está en un estado, nin él, nin las cosas que están en l' son [quedas], et por esto ha este nombre. Et todas las cosas que son criadas son mundo, mas él es criatura de Dios et Él lo crió quando Él tovo por bien et qual tovo por bien, et durará quanto Él tobiere por bien. Et Dios solo es el que sabe quándo se ha de acabar et qué será después que se acabare.

La segunda, cómmo passan en él los omnes; otrosí, sin dubda, sería muy grave de se dezir complidamente. Et los omnes todos passan en l' mundo en tres maneras: la una es que algunos ponen todo su talante et su entendimiento en las cosas del mundo, commo en

⁹⁷⁰ loçanía: orgullo. Véase antes la nota 958.

riquezas et en onras et en deleytes et en complir sus
voluntades en qualquier manera que pueden, non ca-
tando a al si[non] a esto; assí que dizen que en este
mundo passassen ellos bien, ca del otro nunca bieron
ninguno que les dixiesse cómmo passavan los que allá
eran. La otra manera es que otros passan en l' mundo
cobdiçiando fazer tales obras porque oviessen la gloria
del Paraýso, pero non pueden partirse del todo de fazer
lo que les cumple para guardar sus faziendas et sus
estados, et fazen por ello quanto pueden, et, otrosí,
guardan sus almas quanto pueden. La terçera manera
es que otros passan en este mundo teniéndose en él
por estraños, et entendiendo que la principal razón para
que el omne fue criado es para salvar el alma, et
pues nascen en l' mundo para esto, que non deven
fazer al, sinon aquellas cosas porque meior et más
seguramente pueden salvar las almas.

La primera manera, de los que ponen todo su talan-
te et su entendimiento en las cosas del mundo, cierta-
mente éstos son tan engañados et fazen en ello tan
sin razón et tan grand su daño et tan grand poco seso,
que non ha omne en l' mundo que complidamente lo
pudiesse dezir; ca vós sabedes que non ha omne del
mundo que diese por una cosa que valiesse diez mar-
cos[971] ciento, que todos non toviessen que era assaz de
mal recabdo; pues el que da el alma, que es tan noble
criatura de Dios, al Diablo, que es enemigo de Dios, et
dal el alma por un plazer o por una onra que por
aventura non le durará dos días —et por mucho quel
dure a comparaçión de la pena del Infierno en que
siempre ha de durar non es tanto commo un día—
demás, que aun en este mundo aquel plazer o aquella
onra o aquel deleyte porque todo esto quiere perder,
es çierto quel durará muy poco, ca non ha deleyte por
grande que sea, que de que es passado, que non tome
enojo dél, nin ha plazer, por grande que sea, que mu-
cho pueda durar et que se non aya a partir tardi[972] o
aýna con grand pesar; nin onra, por grande que sea,
que non cueste muy cara si omne quisiere parar mientes
a los cuydados et trabajos et enojos que omne ha de
sofrir por la acresçentar e por la mantener. Et cate

---

[971] *marcos*: moneda antigua.
[972] *tardi*: tarde. Cf.: "El tiempo del tu fijo todos lo esperaban,
porque tardi venia mucho se aquexaban". Berceo, *Loores*, 14ab.

cada uno et acuérdesse lo quel contesçió en cada una
destas cosas; si quisiere dezir verdat, fallará que todo
es assí commo yo digo.

Otrosí, los que passan en el mundo cobdiçiando fazer
porque salven las almas, pero non se pueden partir
de guardar sus onras et sus estados, estos tales pueden
errar et pueden açertar en lo meior; ca si guardaren
todas estas cosas que ellos quieren guardar, guardando
todo lo que cumple para salvamiento de las almas,
açiertan en lo mejor et puédenlo muy bien fazer; ca
çierto es que muchos reys et grandes omnes et otros
de muchos estados guardaron sus onras et mantenieron
sus estados, et, faziéndolo todo, sopieron obrar en
guisa que salvaron las almas et aun fueron sanctos, et
tales commo éstos non pudo engañar el mundo, nin
les ovo a dar el galardón que el mundo suele dar a los
que non ponen su esperança en al sinon en él, et éstos
guardan las dos vidas que dizen activa et contemplati-
va.

Otrosí, los que passan en este mundo teniéndose en
él por estraños et no[n] ponen su talante en al sinon
en las cosas porque mejor puedan salvar las almas, sin
dubda éstos escogen la meior carrera; et digo, et atré-
vome a dezir que, çierto, [973] éstos escogen la meior
carrera, porque desta vida se dize en l' Evangelio [974]
que María escogió la meior parte la cual nuncal sería
tirada. Et si todas las gentes pudiessen mantener esta
carrera, sin dubda ésta sería la más segura et la más
aprovechosa para aquellos que lo guardassen; mas, por-
que si todos lo fiziessen sería desfazimiento [975] del
mundo, et Nuestro Señor non quiere del todo que
el mundo sea de los omnes desanparado, por ende non
[se] puede escusar que muchos omnes non passan en
l' mundo por estas tres maneras dichas.

Mas Dios, por la su merçed, quiera que passemos
nós por la segunda o por la terçera destas tres mane-

---

[973] *çierto*: ciertamente.
[974] San Lucas, 10, 42.
[975] *desfazimiento*: ruina, perdición. Comp.: "Mas estos tales que
non obran cosas de virtudes çiertas nin cosas aprovechosas, ante las
sus obras son deserviçio de Dios et danno de sus almas et de sus
cuerpos et desfazimiento e menguamiento del mundo et danno et
estragamiento de las gentes". *Libro del cavallero et del escudero*,
p. 62.

ras, et que vos guarde de passar por la primera; ca
çierto es que nunca omne por ella quiso passar que
non oviesse mal acabamiento. Et dígovos que desde
los reys fasta los omnes de menores estados, que nun-
ca vi omne que por esta manera quisiesse passar que
non oviesse mal acabamiento paral su cuerpo et que non
fuesse en sospecha de yr la su alma a mal logar. Et
siempre el Diablo, que travaja quanto puede en guisar
que los omnes dexen la carrera de Dios por las cosas
del mundo, guisa de les dar tal galardón —commo [se]
cuenta en este libro en el capítulo tal— que dio el
Diablo a don Martín, que era mucho su amigo.

Agora, señor conde Lucanor, demás de los enxiem-
plos et proverbios que son en este libro, vos he dicho
assaz a mi cuydar para poder guardar el alma et aun
el cuerpo et la onra et la fazienda et el estado, et,
loado a Dios, segund el mio flaco entendimiento, tengo
que vos he complido et acabado todo lo que vos dixe.

Et pues assí es, en esto fago fin a este libro.

Et acabólo don Iohan en Salmerón, [976] lunes, XII
días de junio, era de mil et CCC et LXX et tres
años. [977]

---

[976] Castillo en tierra de Murcia, ganado a los moros.
[977] La fecha es la de 1335, que se obtiene restando a la "era"
38 años.

ÍNDICE DE LOS EXEMPLOS * Y OTRAS PARTES

* Copio el índice que figura en los fols. 129v y 130 del códice que he usado para la edición.

ERRORES DEL MANUSCRITO ENMENDADOS *

51-2 todos le sirven // 56-16-7 et aquel paresçia // 57-17 Desto respondio // 61-2-3 se consejara // 62-6 sabra que muchas // 62-7-8 si non lo fiziesen // 63-5-6 manera lo puede fazer // 64-23 dé lo de aquellos // 64-25 en en ella // 65-11 et que yuan // 66-1 puedan trovar // 68-28 et de yr a las penas // 69-15 conte enl' // 69-23 que todas las gentes // 71-27 señor tan poderoso // 72-6 touieren que les // 72-10 tan buena mente // 73-3 catam // 73-9 non queredes seguir // 78-26 en qualquier manera // 81-7 et todo este el exiemplo // 81-26 sopieseses lo que // 82-1 que el su buen // 82-15 nin con los pies // 82-23 que metiesse // 83-4 vos puede // 83-24 ha en ellas // 85-2 avria si (repetido y tachado) // 85-6 que lo (rep. y tach.) // 85-11 non pongades de la vuestra // 87-2 CAVALLEROS CON EL // 88-30 podian (rep.) // 90-3-4 sean estranos // 90-20-1 et dizen estos viessos // 92-5 las atramices // 92-11 las atramices // 92-25 se ternien por por // 93-15 quanto puedo en // 95-32 peso mucho mucho // 96-3 arcobispo // 97-6 llegaren // 98-8-9 antendiesse del // 98-14 nigromençia // 99-18-9 otros que se me dan por amigos (rep.) // 100-10 es dar buen // 100-20 otras casas [que] // 103-13-14 vegadas enojan et daños // 104-14-5 non por vos fazer daño nin desonrra, et el enojo (rep.) // 105-8 que me conteçer // 106-18 que dixe assi // 108-5 que quiero // 108-7 vos dara siempre // 108-10 contra ellas ca el que dixieron // 109-15-6 alla a la puerta // 114-22 vn omne (rep.) // 114-26-7 entendiendo que me // 114-28 de muy grant // 115-13 envergonar se //

* La primera cifra indica la página y la segunda la línea o las líneas correspondientes a esta edición.

115-34 hel ruega (*por ortografía*) // 115-31 que aquel omne aquello // 115-35 flablara // 117-6 et ruego vos // 117-16-7 de cada quel // 118-18 estando grand tiempo // 118-26 luego (*rep. y tach.*) // 118-36-7 Et vos lo sacara // 119-3 pueden poner algun // 119-6 ca en esto (en *tachado*) // 120-2 que queriendo // 120-4-5 desenganar // 123-7-8 et mezelo // 124-23 de que esto // 124-24 et que fiziesse // 124-40 Et fallaren // 125-26 saber que sabian // 126-4 de mal recado // 128-7-8 et le passaba // 128-11 en la moçedat // 126-15 del (*rep. y tach.*) // 128-15 comenco // 130-16-7 [habia] saber // 131-2 quando lo yerra // 132-11 ensenorgauan // 132-16 por el ayuda (*rep. y tach.*) // 132-25 que trabaiassen (*rep. y tach.*) // 133-36 del pleito vino a esto et commo quier // 136-2 lo que fizo // 137-7 con tal entendimiento // 138-20 paresçen de dentro // 139-8 son preçiados et fermosos // 139-10 seer omne simple // 139-13 tales cosas muestran // 139-15 seer los omnes // 139-16 pues da señales // 139-19 señales de dentro // 139-21 señales de fuera // 140-3 fuessen con el // 140-10 que qual aljuva // 141-17 por todo (*rep.*) // 145-39 Et otrosi (*rep.*) // 146-5 et de ser // 149-33 fallaren // 154-5-6 mostrauan // 154-8 mentiras crebles // 154-13 reheñes // 154-28 estaua (*rep.*) // 155-2-3 era la para el que // 155-40 al arbol // 157-2 cada vno (*rep.*) // 157-16 duenas // 161-4 el tal guisa // 162-19 fue alla tan // 162-22-3 porque el fizo // 163-8 seyendo que // 163-11 Alver Heñez // 163-14-5 preguntol por que era (*por que al margen*) // 165-6 al Aluar // 165-19 Et tanto llego esta // 166-25 todo lo fizo // 168-1 al marido // 171-25 estranar // 172-1 que el es // 172-22 cabelllos // 173-27 fecho o alguna cosa que son grand // 173-30 derecho o su onra // 175-20 que se descabeçase // 175-25 lloraua que // 177-14 de escuchar // 180-36 pano // 184-11-2 tomaba a la // 189-12 Al su amigo // 189-13 su fijo querian // 189-25 quanto buena mente // 189-27 encomencosse // 190-20 buena mente // 191-12 buena mente // 191-25 et tan buena mente et el tal son // 192-2 cuydaronlos mas // 192-19 comencar // 192-23 ca el sabia // 195-14 querria Dios // 195-33 toto este por // 196-23 enderecassen a lidiar // 197-2 vos daran // 199-4 et fizolo // 199-28 el del roydo // 200-9 el que nos esta // 201-4-5 de Cartassona // 202-16 lo faredes en // 202-23 de la que // 202-26 que sientan omne // 202-36 les tiene pro // 203-16 Fazer bien // 204-25 que tales (*rep. y tach.*) // 204-35 que non (*rep.*) // 205-7 comencaron // 210-28 reçiobolo // 211-4 falsa leguina

// 211-12 recudieren // 211-30 gatos religiosios // 214-24-5 la faria // 215-2 lo quiso dar // 215-32 renta del vano // 216-14 et fazedle // 217-2 Nunez // 221-10 me dixeste veer // 223-5 debestura commo // 226-7 que los (*rep.*) // 226-15 siempre ouieren // 227-21 nin en alguno // 228-35-6 muchas pocas pros // 228-39 paral la fama // 230-5 porque el deuiesse // 230-9-10 la galardone // 230-16 por que el deua // 231-3 que fazen las gentes // 231-9 paral el alma // 232-23 de todos // 233-2 daquel sueño // 238-19 li avia // 238-30 li librar // 239-8 sera a quanto se pararen // 239-29 et non dexan // 240-14 a su fijo padre // 241-7 lo que vierdes lo // 241-40 do sabian // 242-7 menguassen // 242-9 le tomaren el señorío et le echaren // 242-19 leuar enl' mundo // 243-1-2 vna vida // 244-7 enganades // 244-17 et a por este // 244-20 et lo que nunca // 244-37-8 malas conteciones // 245-1 grant prinçipe // 247-31 por que seer // 248-7 rebcado' // 248-21 et toparon // 249-5 su pa su padre // 250-11 de fazer omne todas // 251-11 lo lo quel avia // 251-13 quel el mismo // 251-36 dixosse caer // 252-42 vergüenca // 253-6 la peña que // 256-19 la mas encubierta mente // 260-16 fazen que et yo // 260-28 lagremas // 260-40-1 esto perdigo verdadera mente // 262-7 mas a todos // 262-18 las estoria // 264-1-2 mantinineo // 264-21 quieran que // 265-13 commo me (*rep.*) // 265-20 et ligero // 266-3 enganar // 268-33 boca de dañoso // 269-9 Etl que es // 269-21 non sufre al loco ante le faz // 270-7 Usad la... et lo que (Usad *corregido encima*) // 270-11 non esseñan // 271-3-4 guardasse // 271-26 abia de fazer // 272-10 pies lo piensa // 274-23 [que] muchos // 275-9 desbuelde // 276-22 largueza et mengua // 277-28 fuerça fuerça desfaz // 278-10 vida buena vida da vida // 279-14 pues çinquenta // 281-7 Et mal // 282-7-8 al de qui es (*rep.*) // 282-26 sabrosas (*rep.*) // 285-24-5 guardaua la su // 287-8 que lo avian // 288-27 a aya aquella // 291-6 vnos delos // 291-37 yo pudo acabar // 296-4 et por que la razon que lo que // 297-27 tan soberuias // 302-24 dexe por vna

GLOSARIO

abastamiento, provisión 273
abés, apenas 65, 157
acarrear, conducir 148; guiar 258
acertar, concurrir 160
açertar, hallar 68
acomendar, encomendar 71, 127
acordar, concordar 138; meditar 247
acorrer, socorrer 71, 110
adebdado, obligado 121
adelantado, gobernador militar o civil de un territorio 51
adolesçer, enfermar 75, 201
afazimiento, confianza 89, 237
afincado, apremiado 85
affincamiento, aflicción 92
afincar, apremiar 82, 97
aguardada, acompañada 84
aguardar, escoltar 294
agorero, que interpreta agüeros 128
aguisado, conveniente, acertado 141, 142; advertido 279
¡Ahá!, ¡Ajá! 165
aina, vid. *ayna*
al, otro 54
alançar, lanzar, en cetrería 148
albogón, flauta 204.
alboroço, tumulto 111
albuhera, albufera 175
alçada, apelación 225
algalina, algalia 175
algaravía, lengua árabe 176

312

aljuva, gabán con mangas cortas 140

alimpiamiento, limpieza 290

almexía, manto pequeño 140

alongado, alejado 70

alongar, alargar 128

alongarse, alejarse 148

alquilé, salario 218

alquimia, arte para transmutar metales 123

alueñe, lejos 266

allegado, cercano 47

allanar, estirar, arreglar 181

allongado, lejano, lejos 100

ambra, ámbar 175

amanecer, *amaniciese* 59

amidos, de mala gana 265

amor, amistad 60

amorteçer, desmayarse 233

amortiguamiento, debilidad 137

amos, ambos 64

amuchiguar, aumentar 270

andança, buena, buena fortuna 55, 84

andantes, bien, dichosos 72

andar, *andido,* anduvo 140, 148

animalia, bestia 132

aoiar, aojar, dar mal de ojo 172

aparejado, dispuesto 63

aparejamiento, oportunidad 108

apartadizo, huraño 146

aperçibimiento, preparativo 108; entendimiento 136

apremiar, oprimir 132

apoderar, dar poderes 147, 163; delegar el poder 58

aponer, atribuir 281

apostar, embellecer 151

apostada, abastecida 76; apuesta 153

apostura, gentileza 79

apuesta, adornada, decorada, 95; hermosa 52

ardid, valiente 126

arrebatarse, apresurarse 67

arrincar, arrancar 82

artería, maña 222

artero, astuto 278

asil, así le 80

asmar, pensar, estimar 84, 158

assacar, achacar 117; *asacol* 217

assacador, difamador 207
assaz, bastante 60
assessegado, tranquilo 124; ¿respetable? 123
assosegado, pactado 95
asusiego; sosiego, paz 77
atán, tan 51
atender, esperar 98, 249
atramuces, atramices, altramuces 91
aun, et, y aun más 131
aver, dinero, riqueza 60
avenir bien, tener suerte 181
avenir en uno, ponerse de acuerdo 87, 107
ayna, pronto, presto 95, 148
ayuso, abajo 113

balde, de, sin motivo 101, 146
baño, casa de baños 215
barvacana, aspillera 109
bastecer, abastecer, *batescades* 108
batear, bautizar 291
begizuela, vejezuela 285
beguina. Vid. *veguina*
bendicho, bendito 117
bolver, revolver 175
bolliçio, alboroto 57
boto, tonto, torpe 274
brava, irascible 157
buena andança, vid. *andança*
buena mente, de, con gusto 153
buyo, buho 120

ca, porque 50, 55, 164
cabo, cerca 92
cabo, de, al comienzo 224; extremo, fronterizo 101
cabo, en, al final 234
cabo, en su, a solas 223
cada, cada vez 63, 117, 289
caer, convenir 112, 264; *caya,* 107
çafondar, hundirse 198
campo, lugar para lidiar 220
capiello, capillo, capirote 204
carrera, camino 47
casa, leonera, establo 89
castigado, aconsejado 242

castigamiento, consejo 269

castigar, aconsejar 63, 128; gobernar 192

catar, encontrar, buscar 56, 122, 223

catar por al, atender a otra cosa 136

catar agüero, pronosticar 128.

cativo, infeliz, desgraciado 101, 258

cava, foso 109

cerco, círculo mágico 226

çerrar, encerrar 179

cevar, cebar, encarnizarse 149

çierto, ciertamente 303

çinta, cintura 214

cobrar, recobrar 55

cobro, medio, solución 158; recurso 223

cognoscer, reconocer 239

cocer, *coxiessen*, cociesen 219

colpes, golpes 101

combusco, con vos 75, 115

comendado, encomendado 54

comendar, encomendar 85

commo quier que, aunque 50, 142

compaña, compañía, 133; conjunto de personas 228; compañera 153; conjunto de caballeros 122

compañón, compañero 70

complido, perfecto 53, 163, 297

complimiento, perfección, ornato 78

complisión, complexión 138

conçejo, junta, reunión 238

conçertar, concordar 180

conortar, consolar 79

conorte, consuelo 91

conoscer, reconocer 91; agradecer 99

conosçiente, conocido 115

conquerir, conquistar, arrebatar 90

conseio, remedio 82, 199

consentir, *consintría*, consentiría 80

contenente, gesto 129, 190

contenerse, detenerse 268

contienda, disputa 110

contra, hacia, para 71, 191, 294

contrallar, contrariar 162

contrallo, contrario 63

contrecho, contrahecho 269

correr monte, cazar 248

cosa, nada 189

cosa, por, por mucho 118

costa, gasto 177

cras, mañana 191, 225

crebar, quebrar 233

creer, *creó,* creyó 80

criado, educado 57

criar, educar, 58, 127, 217

cudiçiar, codiciar 210

cuento, punta de lanza 109

cuero, piel del rostro, 299

cuidar, vid. *cuydar*

culpa, poner la, echar la culpa 48

culuebra, culebra 129

cumplimiento, abundancia 271

cumplir, convenir 51, 161; compensar 162; bastar 218

cuydar, pensar 55, 130

cuyta, pena 59

dar passada, tolerar, 134, 173

dar vagar, dejar pasar 178

debdo, obligación 120

defender, prohibir 214

dejarse venir, descender 184

delibrar, deliberar 151

dellos...dellos, unos...otros 138, 284

demás, a lo, las más veces 66, 68

demoniada, endemoniada 201

demudar, alterar 259

dende, desde allí, 57, 139, 248

denuesto, tacha 142

derecho, recto, justo 262, 289

derechudero, recto 271

derechurero, recto 185

derranchado, temerario 213

***derranchar,** desmandarse, acometer, *derrangedes* 130

dezir en uno, decir juntos 213

departimiento, diferencia 50; conversación 229

desaguisado, injusticia 65

desbariadamente, contrariamente 157

desbariado, distinto 228

desconocer, olvidar 176

desfazimiento, ruina 303

desapoderar, perder autoridad 275

desnudar, *desnuyóse,* desnudóse 215
desnuyo, desnudo 182
despagado, descontento 271
despagar, descontentar, hastiar 56
despender, gastar 137
despensa, gasto 125
desque, después que 80
dessa, de eso, de ello 190
desterramiento, destierro 60
desuso, anteriormente 92
desvolver, desenredar 275
días, edad, años 62
dicir, descender 64
diez tantas, diez veces tantas 130
dinero, moneda castellana. 124
dizir, llamar a uno, 53, 109
dizir razón, decir algo razonable 64
do, donde 64
dobla, moneda de oro 59, 123
doliente, enfermo 86
donaire, gracia 138
donarie, donaire 139
donario, donaire 139
durada, duración 265

echar tras las cuestas, no hacer caso 295
eguada, igualada 121
elegir, *eslerían,* elegirían 96
embargado, impedido, turbado 116
embargar, impedir 63
enbargo, impedimento 78, 187
encaesçer, dar a luz 214
ende, de ello 56, 162
endereçar, dirigirse 189; guiar 230
endonado, por favor 61
enduresçer, endurescríe, endurecería 228
enflaqueçer, debilitar 160
enformar, informar 56
engafezer, adquirir la lepra 218
enpeçer, dañar 101, 274; *enpesca* 104
enseñorgar, enseñorear 132
entergar, entregar 58
entramos, entrambos 87
envergoñarse, avergonzarse 115

enxiemplo, ejemplo, fábula, cuento 47
ermar, asolar, yermar 130
erbizuela, dim. de 'hierba' 137
errar, faltar, defraudar 236
escapar, librarse 72, 238, 295
escanto, remedio, encanto 199
escarnido, escarnecido 109, 246
escarnimiento, derramamiento de sangre 276
escaso, avaro 247
escatima, afrenta 171, 212
escodriñar, escudriñar 276
espanto, temor 268
especiero, boticario 123
espedir, despedir 98
espic, nardo 175
espierto, despierto 141
esquimo, esquilmo 213
estar, *estedes* 73; *estido,* estuvo 164; *estó* 85; *estudierdes* 92; *estudieron* 95
estar de vagar, estar ocioso 265
estar mal en uno, estar desavenidos 87
estado, condición, profesión 47
estoria, cuento, historia, ¿miniatura? 61
estrado, estrado 76
estraña, diferente 138
estrañar, alejar, evitar, rehuir 90, 104 171, 232
estraño, extranjero 90
estroyr, destruir 88
estrumente, instrumento 141
evad, he aquí 150

fablado, criticado 228
fabliella, refrán, dicho 194
falcón garçero, el destinado a cazar garzas 183
falcón sacre, especie de halcón muy apreciada 183
falagueras, halagüeñas 52
fallecerá, fallará 155
fallesçido, incumplido, fallado 97
fata, hasta 229
fazaña, historia ejemplar 150; sentencia, refrán 166, 204
fazer, fazer vos he, os haré 50; *fezo,* hizo 69, 172
fazer aguisado, obrar razonablemente 115
fazer razón, tener razón 117
fazerio, pena 265

maguer que, aunque 80, 136

malenconía, melancolía 257

maltraer, maltratar 58, 98

maltraydo, maltratado 90

mancebía, mocedad 127

mandado, dejado mandas 201

mandado, salir de. Vid. *salir*

mandar, orden 220; demandar 149

mandaderos, mensajeros 96

manera, costumbre 266; materia 53, 264; razón, causa 57, 232

manzellamiento, daño, deshonra 122

mañana, de grand, muy de mañana 128, 140

mañana, tan, tan temprano 140

maravedí, moneda 225

marco, moneda 302

mayoral, jefe 121, 133

melizina, medicina 52

membrar, recordar 170

mengua, falta, necesidad 48, 54, 223

menguada, miserable 188; imperfecta 297

menguar, faltar 124

mensura contra mí, piedad 214

mercado, buen, en buenas condiciones 215

mercaduría, comercio 194

merchandías, mercancías 76

mester, necesidad 52, 76

mientre, mientras 137

migaja, miaja 161

mintroso, mentiroso 135, 281

miraglo, milagro 217

moço pequeño, niño 172

montar, remontar la caza 183

morar, pasar 248; permanecer 194

morir, *morredes,* moriréis 73

mover, *movrá,* moverá 111; promover 145

movimiento, alteración, suceso 193

mueso, mordisco 89

muncho, mucho 72

musgo, almizcle 175

naturalmente, por su propia naturaleza 52, 68, 297

nieve, nevada 174

nigromancia, arte mágica 94

noble, notable 180
nobleza, cosa notable 142
nol, no le 98
nueba, noticia 194

ó, donde 76, 265
ocasionado, desgraciado 117, 293
ocasión, suceso, desgracia 117, 220
omenaje, juramento de fidelidad 154
omildad, rendimiento, acatamiento 141
omne, uno, alguno 240
omne de grand guisa, poderoso 103
omne bueno, noble, honrado 97
oras, las horas canónicas 177
ordir, urdir 134
otra pro, otra cosa de provecho 149
otro, en, que otro 179
otrosí, también 60

pagadera, atrayente 153
pagamiento, atracción, gusto 52
pagarse, contentarse 51
palabra, refrán, sentencia 77, 106
palancada, golpe 257
pan, trigo 136
panarizo, panadizo 172
pañizuelo, dimin. de paño 255
paral, para el 69
parar, disponer, colocar 103, 237, 269; *pararse a la guerra*, prepararse para guerrear 111; *parar mientes*, atender 62.
pararse, hacer frente 65
paresçencia, apariencia 153
paresçer, aparecer, verse 75, 153
partir, apartar 63; divorciar, separar 158, 218; renunciar 162; eludir 232; preparar 101
passada, paso 186; medio de vivir 188
passar, tratar 188
passo, despacio 192; quedo, en voz baja 256
pavón, pavo real 79
pechados, ¿enjaezados? 88
pedir raçiones, pedir comida 219
pella, pelota 123
pensar, cuidar de alguien 94
peorar, empeorar 245

son, tono 191
sonar, divulgar 205
sortero, adivino 226
sosacar, sonsacar 260
sospecha, sin, inesperadamente 160
sotileza, sutileza 63
suar, sudar 106
sueno, son 232

tabal, timbal 140
tabardíe, nombre arbitrario 123
taiar, tajar, cortar 181
talante, genio 70; voluntad 105
talle, forma 181
tanmaña, tan grande 79, 259
tanto, con, con eso 161
tanto, más de, pero con todo 157, 181
tañer, *tanga,* taña 177
tardi, tarde 302
tener, *ternía,* tendría 58; *tenedvos* 118; pensar 93
tener en coraçón, tener el propósito 74; *tener en premia,* oprimir 111
terrerías, amenazas 172
terrazuela, jarro de barro 232
tiempo, ocasión 223
tierra, país, territorio 57, 97
tirada, quitada 244
tirar, atraer 52; arrastrar 154; quitar 233; *tiróvoslo,* os lo quitó 260
tiseras, tijeras 172
tomar, adoptar, usar 152; *tomar loçania,* enorgullecerse 296; *tomar dubda,* dudar 71
tornar su passo, volver despacio 109
torpedat, torpeza, vileza 297
tortiçeria, injusticia 266
trabajarse, esforzarse 55, 123, 279
trasladar, copiar 47
traer, *troxiesse,* trajese 125
travar, censurar 62, 227; discutir, poner trabas 159
trebejar, jugar, tornear 51, 125
trebejo, burla, juego 75
treble, triple 154
tremer, temblar 89, 298
triaca, remedio, droga 275

ÍNDICE DE LÁMINAS

SE TERMINÓ DE IMPRIMIR EN LOS
TALLERES VALENCIANOS DE
ARTES GRÁFICAS SOLER, S. A.,
EL DÍA 21 DE JUNIO DE 1969

TÍTULOS PUBLICADOS

...cillo   ***** *intermedio*   ****** *doble*